做最好的自己
走过通江三小的那段时光
ZUO ZUIHAO DE ZIJI

审视自己
我不是一个很好的校长
只是一个对教育有想法、有追求、有责任的老师

当一名学生能记住的老师
就是老师最大的快乐与幸福

周 涛⊙著

四川大学出版社

责任编辑:张　晶
责任校对:陈　蓉
封面设计:阿　林
责任印制:王　炜

图书在版编目(CIP)数据

做最好的自己：走过通江三小的那段时光 / 周涛著.
—成都：四川大学出版社，2017.3
ISBN 978-7-5690-0442-7

Ⅰ.①做… Ⅱ.①周… Ⅲ.①小学－校长－学校管理
Ⅳ.①G627.1

中国版本图书馆 CIP 数据核字（2017）第 066024 号

书　名	做最好的自己
	——走过通江三小的那段时光

著　　者	周　涛
出　　版	四川大学出版社
地　　址	成都市一环路南一段 24 号 (610065)
发　　行	四川大学出版社
书　　号	ISBN 978-7-5690-0442-7
印　　刷	成都蜀通印务有限责任公司
成品尺寸	170 mm×230 mm
印　　张	18
字　　数	293 千字
版　　次	2017 年 5 月第 1 版
印　　次	2017 年 5 月第 1 次印刷
定　　价	54.00 元

◆ 读者邮购本书,请与本社发行科联系。
电话:(028)85408408/(028)85401670/
(028)85408023　邮政编码:610065

◆ 本社图书如有印装质量问题,请
寄回出版社调换。

◆ 网址:http://www.scupress.net

版权所有◆侵权必究

自 序

2011年8月28日，我没有思想准备就来到通江三小，开始了新的工作。但，回到学校，站在教学第一线，一直是我的愿望。

城镇化进程不断加快，城郊学校变成城镇学校。通江三小没有跟上城镇化发展的步伐，多半校舍是危房，十三个班在危房中上课，没有一间功能教室，最大的班额近百人，老师没有办公室和桌椅。上任伊始，一刻也不敢懈怠，学校必须加快发展速度。制定危房改造和校舍建设规划成了第一件大事。2011年年底快放假的时候，因旧教学楼厕所一角垮塌，一名学生受伤，此事件加快了危房改造的进程。学校采取紧急行动，在操场上搭建了过渡板房，拆除了最危险的教学楼，按照规划分步进行建设，8 000多平方米的教学楼开建。硬件建设全面启动，软实力建设也必须同步跟进，切入点是校园文化建设：成功申请为全省晏阳初研究会实验学校，成为首批九所实验校之一，省晏阳初研究会的领导亲临学校指导；邀请重庆师范大学陈星橙教授对学校的文化建设进行了系统设计，虽然方案最终没有被完全采用，但是给"三小"的校园文化建设留下了宝贵的经验；省教育报刊社王建强老师多次来学校，对学校的文化建设提出了宝贵的意见。我们在实践中不断思考、总结，校园文化系统有了初步轮廓，研究成果还获得了教育部教师发展中心的课题成果奖励。课程是一个学校的核心竞争力，当然也是学校软实力的核心，课程建设是我踏入"三小"第一步就牢牢抓在手里的工作。课程建设对接办学理念和校园文化体系，通过实践、总结、再实践、再总结，具有"三小"特色的课程体系基本形成，受到来自北京名校校长的高度评价：他们充分肯定了我们对学校发展的顶层设计，对一个偏远山区的城镇小学有这样的思考表示赞赏。虽是这样说，但我们深知一切才刚刚起步，未来的路还很长，需要一届一届往下干，才能逐渐形成自己的特色。

在"三小"的四年里,两次培训对我的帮助很大,为形成学校的教育思想产生了巨大的影响:一是在2012年至2014年期间,我参加了北京大学举办的"第四期教育家型校长高级研修班";二是2014年7月底到8月初,我在北京参加了由中国国际民间组织合作促进会主管的"第五届中国贫困山区优秀校长国际领导力奖学金项目"。这两个项目的培训目的就是帮助校长站在高处看教育,跳出教育看教育。通过这两个培训项目我认识了不少朋友,他们成了"三小"发展的重要资源。中国国际民间组织合作促进会决定第六届海外学子支教项目——"七彩英语周"活动在通江三小举行,2015年暑假举行了为期十天的活动;上海真爱梦想基金会为"三小"捐建了"梦想中心",特别是经华东师范大学开发的梦想课程,助推了学校的课程建设,让"三小"的课程体系更有特色,并且在2015年暑假期间还对全体教师进行了为期三天的培训,这是"三小"难得的、宝贵的教育资源。

四年只是"三小"发展史上的一个瞬间,我不敢奢望自己的工作,特别是记录的这些点滴能对"三小"发展起多大的作用,这些只不过是留在"三小"发展史上的几个脚印而已,将这些文字整理出来,既是对自己的要求,也是对四年工作的交代。如果能对"三小"的持续发展有点帮助,对其他学校管理者有所启发,使其少走弯路,将是这些文字的最大益处。"最美三小学生"评选活动已经进行了三届,当初最原始的想法就是树正能量,学身边榜样,让孩子做最好的自己。在梳理学校理念系统时,我想把"做最好的自己"作为学校的校训,所以最终这本集子以"做最好的自己——走过通江三小的那段时光"为名。

四年里,不少专家、学者、领导和朋友给了"三小"和我极大的支持、指导,在他们的帮助下我才做了一些事,才有这些文字,这本书首先是他们的成果；四年里，学校全体教职员工和几千名学生对我的信任、理解，为"三小"的发展脚踏实地工作、学习，为我提供了丰富的素材，这本书，更是全体师生的成果。

为本书付出辛勤努力的海昌、洪波、琼香、岳竞等好朋友，我在此一并向你们表示感谢！

周 涛

2017年4月

第一部分　且思且行——实践篇

新学年寄语	3
平常的一天	4
又"拖堂"了	5
"角的认识"观后感	6
需要结构性思考	8
"我们等得起，学生等不起"	9
给校报征名	10
小鬼当家	10
留足生命发展的空间	11
家访小记	12
我的见面课	13
难以丢掉的"包袱"	15
今天的"流水账"	16
今天工作小结	17
春天的寄语 　　——写在学校网站上的校长寄语	18
今天小记	20
让"雷锋"驻在心里	20
昨天回顾	22
写在《小脚丫》创刊之际	23
几句不该说的话	23
也"痛并快乐着"	25

根深才能叶茂
　　——参加全县学校管理工作现场会后的反思 26
给同学的一封信 29
办有"根"的学校 30
一个月来的回顾 31
创新精神的培养就是这样落实的 36
为生命发展留足空间 37
相约西昌 38
学校教育要回归自然 40
"分数"的背后 40
家访 42
改不了的文章 43
从变化思变化
　　——党的十八大精神学习心得 45
和孩子一起春游 47
把权放到底 49
什么是学校教育的主要矛盾？ 50
让学生在课堂中收获什么？ 50
晏阳初教育思想在学校管理中的实践探索 51
重拾师道尊严 53
在互助中共同进步 54
孩子健康成长是天大的事 55
当我们被"分数"裹挟 55
办一所理想中的学校 57
相依为命 58
"小蝌蚪"找妈妈 58
把自己的画买回来 60
为"最美三小"奠基 60
孩子们的心愿 61
"理得清""讲得明""行得通""走得远" 62

欠发达地区以学校为主开展"平民教育"的思考……………………… 64

第二部分　声音传递——讲话篇

享受尊严，美丽人生
　　——在第一次全体教职工大会上的讲话 ……………………… 75
新教师　新课堂　新学校　新学生
　　——在新学期第一次校本培训会上的讲话 …………………… 77
在学雷锋总结表彰大会上的讲话………………………………………… 86
让课堂因我更精彩
　　——在全县小学科学专委会年会上的讲话 …………………… 87
在全县红军文化研讨会上的发言………………………………………… 88
在2012年"六一"庆祝活动开幕式上的讲话…………………………… 90
在2012届六年级毕业教育座谈会上的讲话（提纲）…………………… 91
在2012年秋季开学升旗仪式上的讲话…………………………………… 93
在我校省级电教课题"信息技术环境下小学生公民教育实践的研究"
　　开题会议上的发言 ………………………………………………… 94
在"四川省晏阳初研究会实验学校"挂牌仪式上的致辞………………… 95
在2013年春季开学典礼上的讲话………………………………………… 96
统一思想，理清思路，新年度更上新台阶
　　——在学校行政扩大会议上的讲话（提纲）…………………… 98
抓住三个关键词　建现代学校制度……………………………………… 99
让梦想伴我们前行
　　——在4月教师全员校本培训会上的讲话 …………………… 101
县人大来校调研工作汇报（提纲）……………………………………… 104
做最美"三小娃"
　　——在2013年"六一"庆祝大会暨首届"最美三小学生"颁奖仪式上的讲话　108
做更好的自己
　　——在2013年六年级同学毕业座谈会上的讲话 ……………… 109
在2013年春学期学生家长会上的讲话…………………………………… 111

为幸福人生奠基
　　——在2013年秋学期开学典礼上的讲话 ············· 112
爱与责任
　　——教师职业道德专题讲座提纲 ················· 114
为生命发展留足空间
　　——四川省通江县通江三小办学理念简介 ············· 127
站起来看教育
　　——北大第四期"校长高研班"第三次集中学习情况汇报 ····· 130
在新年度工作动员大会上的讲话 ···················· 137
在学校正风肃纪工作会议上的讲话 ··················· 139
做最美的自己
　　——在2014年"最美三小学生"颁奖典礼暨"六一"庆祝大会上的讲话 ····· 148
在通江三小2014届毕业生座谈会上的讲话 ··············· 149
系统研究，顶层设计，用思想办学校
　　——通江三小文化建设的实践与思考 ··············· 153
办一所让生命自然生长的学校
　　——在贫困山区优秀校长国际领导力奖学金项目培训会上的学员交流材料 ··· 161
在2014年下学期开学典礼上的讲话 ··················· 162
在"三小"新春团拜会上的致辞 ····················· 163
站在新起点，实现新跨越
　　——在学校2015年春新学期开学工作会议上的讲话 ········· 164
在第三届"最美学生"颁奖仪式暨"六一"庆祝大会上的讲话 ······· 168
以换骨的勇气，用较真的态度，扎实抓好我校群众路线教育实践活动
　　——在通江三小党的群众路线教育实践活动动员大会上的讲话 ····· 170
走向卓越的"三小"
　　——迎接素质教育实施情况评估汇报提纲 ············· 178
尽最大的努力，做最好的自己
　　——通江三小2015届毕业教育之校长寄语 ············· 180
在诺江镇庆祝中国共产党成立94周年大会上的发言 ············ 183

适应新常态　做好"三小人"

　　——在2015年春期末总结会上的讲话························· 185

第三部分　学无止境——心得篇

读温家宝"一定要把农村教育办得更好"随想························· 193
读《在与众不同的教室里》（一）······················· 195
读《在与众不同的教室里》（二）······················· 196
北大第四期"校长高研班"学习随笔（一）················ 198
北大第四期"校长高研班"学习随笔（二）················ 200
北大第四期"校长高研班"学习随笔（三）················ 202
教育春天的期待·· 206
读《向着太阳唱出歌》有感······························· 207
抬头看路·· 209
创新人才培养还得从娃娃抓起

　　——北大第四期"校长高研班"第三次集中学习心得一········· 210

不断放大优点和特长

　　——北大第四期"校长高研班"第三次集中学习心得二········· 212

尽力而为就好

　　——北大第四期"校长高研班"第三次集中学习心得三········· 213

在交流中学习

　　——北大第四期"校长高研班"第三次集中学习心得四········· 215

不能缺少生命的冬天

　　——北大第四期"校长高研班"第三次集中学习心得五········· 216

教育的问题在观念不在技术

　　——北大第四期"校长高研班"第三次集中学习心得六········· 217

改到深处是课程

　　——中小学课程领导力提升培训心得······················· 220

挂职跟岗学习随笔（一）································· 222
挂职跟岗学习随笔（二）································· 224
挂职跟岗学习随笔（三）································· 225

挂职跟岗学习随笔（四） ··· 226
挂职跟岗学习小结 ··· 227
为了山区孩子的微笑
　　——第五届中国贫困山区优秀校长国际领导力奖学金项目学习心得 ····· 228
揣回思想，追逐山区教育梦想 ··· 235

第四部分　离别反思——日记篇

校会课程的实施需要回到最初的状态 ··· 239
送教重在送思想 ·· 244
"规范""责任"是管理和管理者的必备素养 ································· 245
如果我们的家访都能这样 ·· 247
善良的力量，民间的力量 ·· 248
发展就是不断解决不满意的问题 ··· 250
认识孩子是爱孩子的基础 ·· 252
"世界因我多温暖" ··· 253
过程和结果都是课程的重要内容 ··· 256
让老师走出去就是学习 ··· 258
这是"三小"宝贵的财富 ·· 260
教育追求：志同道合，方向一致 ··· 261
坚持就是特色 ··· 266
让梦想伴我们远航
　　——在海外学子支教活动汇报演出活动上的讲话 ···························· 268
告别了，"三小"！ ··· 269

后　记 ·· 277

第一部分

且思且行——实践篇

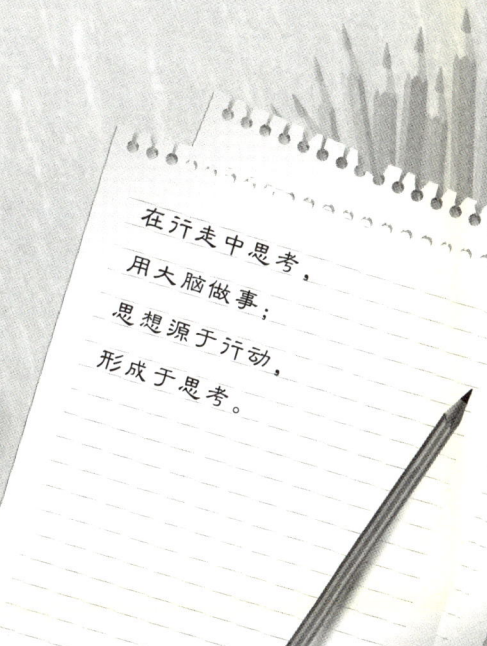

在行走中思考,
用大脑做事;
思想源于行动,
形成于思考。

新学年寄语

亲爱的老师们、同学们：

今天是2011年9月1日，我们在这里隆重举行新学年的升旗仪式，这标志着我们通江三小踏着胜利的步伐又将开始新的征程。首先热烈欢迎老师们、同学们回到校园开始新的工作和学习！

从今天起，同学们将升入新的年级学习，在学海生涯中又向前迈进了一步，让我们把最热烈的掌声献给我们自己吧！

在新学年开始之际，我要送全体老师和同学们12个字——"我自信，我快乐；我拼搏，我成功！"

作为你们的新校长，在新学年里，我想对同学们提三点希望：一是要把身体锻炼得棒棒的，二是"我的习惯是最好的"，三是"我的学习是快乐的"。同学们，相信自己——"我是最棒的！"大家一起大声对自己说："我是最棒的！"

在新学年里，我也想对老师们提三点希望：第一，"我的身体是健康的"；

第二,"我的工作是幸福的";第三,"我的进步是显著的"。

同学们、老师们,新学期奋进的号角已经吹响,让我们一起努力,共同放飞心中的理想,用我们的智慧和勤奋,共同书写通江三小更加绚丽多彩的篇章!

(2011-09-01)

平常的一天

一

今天上午第一节课我到新校区的三个教师办公室转了转,条件确实很差。一间大大的教室中间摆放了三四张办公桌,几个老师共用一张。正是上课时间,办公室里有两三个老师在埋头改作业,高高堆起的作业本掩盖了老师的身影。靠墙的地方几张烂了的课桌上仍然堆满了学生的作业本。这一转,我发现了三个问题:一是老师要批改的作业太多,就语文来说,有课堂作业、练习册、习字本、家庭作业、作文等,每个班七八十人,不但作业种类多,而且作业总量多。二是教师办公室没有电脑,不能上网查资料。三是没有必备的办公设施,每位老师一把椅子都达不到……

二

第二节课时间,我到一年级听了一堂语文课。前几天,我听一位一年级老师说,一节课多数时间在训练学生的学习习惯。今天正好看看刚入小学的一年级孩子在课堂上有多么淘气!这节课是复习第一单元。一节课听下来,我也觉得很累,六七岁的孩子在课堂上很难有五分钟集中注意力的时间,上一年级的课很考教师的水平。不过这些孩子非常可爱,他们在课堂上很活跃,想说什么就说什么,不管说得对不对。年级越高越不敢说,也不想说了。有个孩子说"昨天晚上停电了",另一个孩子说"昨天晚上我们那儿也停电了"。他们的语言表达非常清楚、准确,意思表达完整。几天前,我到四年级听了一堂作文课,有好几个学生都没有清楚完整地说出一句话。如何保护学生想说、敢说的天性,培养学生良好的与人交流的习惯，值得研究。

三

第二节课下课后，因下雨没有做课间操。利用课间操时间我们学校领导班子开了一个小会，教务主任和教科室主任参加了会议，重点就"上周五'微型科研专题培训'后我们将如何办"进行讨论。大家一致认为这项工作该抓，并且每个人都必须参与微型课题的研究。大家还觉得我们没抓好，主要原因在于老师们疏懒了，平时工作就是发现问题和不断解决问题，但是缺少深入的思考，缺少总结。会议决定以年级组为单位，本月内各组分别确定本组要研究的问题，制定出研究方案，从下月起开始实施研究，期末进行全面总结。实施过程中及时记录，不断修正，注意收集影像、图片、文字资料，注意个案材料整理，做到人人参与。蹲点年级的校级领导负责对本年级组工作的指导和督查。

四

学校的教学管理实行教务处领导下的年级组长负责制，校级领导分配到六个年级组，我被分到一年级组。原打算在下午放学后召开一年级组教师会，应老师的要求改在下午2点30分召开。吃过午饭，我早早来到学校，准备好资料，在椅子上小憩了一会儿，准时赶到会议室，老师们已经在等我了。会上我先向大家推荐了我读过的几本书，包括《给教师的建议》《不做教书匠》《杜郎口"风暴"》《中国新教育风暴》《奠基中国——教师的爱与责任》等。接着，我对一年级组的微型课题研究进行了布置，最后听取大家对今后工作的意见和建议。

（2011-09-19）

又"拖堂"了

"宁停一分，不拖一秒"，这是我一向坚持的观点。自到"三小"半个月来，共开了两次全体教师会，两次会议都"拖堂"了。

第一次是在9月4日上午，新学期工作会议。为了开好这次会，学校于8月31

日召开了学校行政扩大会议,年级组长、教研组长均参加并听取了大家对本学期工作的意见,还针对一些问题进行了讨论,最后根据讨论的意见和我的想法提出了新学年的工作思路。会后,各分管领导针对分管工作制订了学期工作计划。所有工作计划草案将于9月4日在全体教职工会议上宣读、征求意见再修订。会上五位分管领导按议程分别宣读了分管工作的计划。我围绕"享受尊严,快乐人生——如何做一个幸福'三小'教师"这个话题,与大家交流想法。11点30分,很多老师坐不住了。一坐几个小时,中间没有休息,这是一个原因;学校女老师多,要回家做午饭,要带孩子,这也是一个原因;我讲的一些内容老师不太感兴趣,也许才是重要原因。这些都不怪老师,还是我没有把握好时间,没有组织好内容。会议结束,我听了一些老师的意见,暗自决定以后的会议不"拖堂"。

第二次是9月16日的教师培训会。新学期我们决定每个月举行半天专题校本培训活动,这是第一次培训。在老师们《心曲——教师之歌》的歌声中这次培训开始了,主题是"微型科研",特别邀请了全县"微型科研"带头人——永安小学陈副校长来我校对老师进行专题辅导。他的报告既有理论指导,又有案例分析,深入浅出,非常贴近老师的工作实际。从老师的表情可以看出,他们收获不小。接下来,我就新课程改革的六大目标、杜郎口等山东素质教育对我们的启示和高效课堂的基本思想与老师们进行交流。因为内容多,好多观点没有讲透彻,加之超时,老师听得很不耐烦。最后,我利用"校长特权"硬压住大家的烦躁情绪,草草结束讲座,又一次"拖堂"。现在回想起来,我不讲或少讲,可能效果更好,更能突出这次主题,更有利于老师消化报告内容。"什么时候老师讲少了,学生就学多了。"这句话亦可用于我们今后的校本培训。

(2011-09-17)

"角的认识"观后感

数学教研组每周二第二节课为一节公开课。今天,我急急忙忙开完行政会后直奔二年级二班教室听X老师讲"角的认识"。我从隔壁教室提了一张凳子悄悄坐在门边，生怕打扰老师和同学们。

听了这堂课后，有几个细节给我留下了深刻印象。

细节一：一个男孩儿在讲台上向全体同学边演示边说："我用一只胳膊创造一个角，我用两条腿创造一个角，我用两只胳膊创造一个角，我用两根手指创造一个角……"说得非常流利、清楚，表现得非常自信，落落大方，他的气势让我感觉到了一种力量。这对于一个二年级的孩子来说是了不起的，高年级学生回答问题常常不如低年级学生。

细节二：我刚坐下，有人问我："校长，这个听课记录表要交吗？"我有点疑惑，没反应过来。她接着说："我是学生家长。""哦，"我说，"老师让你交就交，不让交就不交吧。"后来打听才知道，她有两个孩子在这个班上读书，今天下雨，她专程送雨伞来，正好赶上听课。

细节三：课后，老师们在一间宣布是危房的办公室里评课。没有椅子，大家都站着，但是都很认真，徐老师站着做记录。这一幕，让我既欣慰，又心酸。

听了这堂课，我提出以下几点建议与老师们讨论：

第一，数学课一定要遵循学生的认知规律。我晚到几分钟，老师正在展示有角的特征的实物，如剪刀、钟、扇子等，但是在黑板正中间，已经画上了一个角，并标注了顶点和边。角这个几何图形概念应该是对大量生活中的实物的认识抽象出来的。由具体到抽象，由个别到一般，由现象到本质，这是认识事物和思维发展的一般规律。数学符号或概念要在大量的实物或实践中产生，这个产生的过程比知道这个结果更重要。

第二，数学课要有数学课的特点。动手实践、大胆猜测、合作探究、反证等是新课程倡导的学习数学的重要方法。比如这堂课中，可以让学生在大量的实物中去发现共同的特点，可以小组探索，可以大胆猜想，甚至让学生给抽象出来的这个图形取个名字。二年级虽然不要求说出什么是角，但要能认出哪些是角，哪些不是角，就是要通过对不是角而与角近似的图形的分析判断，加深、明晰对角的认识。

第三，课堂一定要有真情实感。课堂上，X老师对其中一个图形的判断画错了，同学们没发现。后来听课的老师提醒她，X老师马上到黑板前进行了纠正，此时学生正在开展小组活动，也没有注意到老师的这个举动。课后想起来，其实老师并不需要这么紧张，如果在课堂上如实告诉同学们，听课的老师发现刚才有个图形判断有误，请同学们找找，这样一定比前面的处理方法要好很多。一来老师勇于承认自己的失误，二来学生可以进一步巩固知识，三来也可借机提醒同学们做题一定要小心，不能马虎。

当然，旁观者清，如果换成自己在课堂上也许会出现同样的问题。这需要不断积累，同伴之间不断讨论，才能提升教学智慧。

（2011-10-11）

需要结构性思考

从8月28日到学校受命以来已近两个月。因网上的一则信息，好多朋友、领导通过多种形式给予我关心和帮助，还提出了很多工作建议。我也在反思：我做了什么？变了什么？该不该变？该怎么变？变得怎样？在不断的追问中总结，在不断的总结中理清思路。

近两个月来，主要开展了以下五项活动：一是坚持每周至少两堂公开课，学科老师参加听课；二是鼓励老师建立个人博客，要求每位老师每周写一篇教育随笔；三是落实课外活动时间，努力保证学生每天一小时体育锻炼时间；四是开展每天"早阅读、午习字"活动；五是学校每月举办一次为期半天的主题校本培训。第一学期的重点就是把教师队伍建设和学校建设规划两项工作抓在手上。每天下班后我会问自己：今天深入学生没有？今天深入教师没有？今天反思工作没有？今天发脾气没有？

一位领导来学校检查工作，他听了我的工作汇报后，认为我刚到学校深入得太细，没有从关键的事情入手，没有和老师更深入地沟通，融入集体的速度慢了点。话虽不多，却一语中的。我曾制定过一个融入"三小"老师群体的方案，也努力尝试每天与老师座谈，但都没有很好地落实。下一步工作应在这方面多努力才行，不能想得太多："老师可能在上课""老师没课了可能回家了"……想多了事就难办了。

"三小"的工作需要进行结构性思考。改革的切入点是课程，因为我们要把学生培养成什么样的人，取决于我们给学生提供了什么样的"套餐"——课程。全面构思学校的课程建设，通过结构性课程对学生进行系统性"影响"。国家课程和地方课程是必修课程，校本课程中的养习课程、健体课程也是必修课程，这些必修课程突出其基础性；加强选择性校本课程的开发与实施，满足学生的个性特长的发展以及兴趣与爱好的培养。学生有选择才能有自由，有自由才能有发展。课程是对受教育者实施影响的一切经验与活动的总和，活动、经验与环境都需要我们围绕课程进行结构性思考。学校的文化核心还是课程文化，校园文化建设也需要围绕课程来建设。

（2011-10-25）

"我们等得起，学生等不起"

　　中午，我利用课前半小时，召集八位特岗老师开了座谈会。特岗老师都是近年来刚从大学毕业的，他们思维活跃，听听他们的意见，应该有很大帮助。

　　老师们对自己作了简单介绍后，重点就如何改进学校工作提出建议。不出所料，每个人都表现得很积极，大胆提出自己的想法一起讨论，体现了当代大学毕业生和年轻教师应有的责任和水平，着实让我感动。

　　他们的建议归纳如下：

　　幼儿班下午放学时间偏晚了点；美术兴趣小组和学校合唱团的训练时间不够；各班级教室在小学阶段相对固定，不能频繁变动，可方便学生装扮自己的教室；为了提高公开课的质量，每学期由各年级组选拔二至三名教师参加，效果更好；学校要多开展学生竞赛活动；各班级要创建自己的特色；校本培训最好少讲理论，多讲实用信息；不能体罚学生，但可以适度惩罚学生；对学习困难的学生利用课外活动时间补课；利用校训通平台每周给家长发一条关于家庭教育方面的短信，帮助家长正确教育自己的孩子；对留守学生开展一些特别的关爱活动；校园广播定期更换歌曲；学校艺体专业学科教师太少，可以让专业学科教师多上几个班，每班少上一些课时，不够的课时安排另外的老师上，这样可以保证学生都

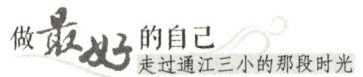

能上到专业教师的课……

　　因为学校危房多，功能教室被挤占，我提出要大家等两三年，待危房改造结束就能满足教学需要了。这个想法马上遭到老师的反驳："我不同意这个想法，我们可以等，但学生不能等，可以租音乐教室和美术教室来解决这个问题。"是呀，我们等得起，但学生等不起。能够提出这样不同的意见，是怀着对教育、对学生无限的热爱和深厚的感情；这样的想法和思考方式是站在学生的角度来思考管理，不是站在管理的角度来思考学生。坚持"以人为本""育人为本"，需要我们在实际工作的小事和细节中做起。

　　听了大家的意见，我想说：老师们，谢谢！

（2011-10-26）

给校报征名

　　到学校以后，我一直想办一份内部传阅的校报，准备向全体师生征名。今天下雨，我利用课间操时间召开全校班主任会议，落实这件事。

　　利用这次机会还就以下项目征求师生意见：给学校校刊征名，征集师生喜欢的校园广播歌曲，征集每个班的班训或座右铭等。

　　我要求以班为单位开展，所有学生参与征集活动，突出征集过程。师生参与思考、讨论的过程，是一次提升凝聚力和向心力的过程，是一个自我完善与提高的过程，也是一个思想感情交流的过程。

（2011-11-01）

小鬼当家

　　根据学校安排，本学期每位教职工联系一名有困难的学生进行帮扶。一个偶然的机会让我走近并认识了六年级的小帅（化名）。初识他是在办公室，他有点腼腆，是个名副其实的白白净净的小帅哥。他就是我本学期的联系对象之一。

　　为了进一步了解他本人及家中情况，中午放学后，我随他一道来到他的家。

他的家离学校很近，出校门两分钟就到了。楼道内没有路灯，虽是白天，仍然黑乎乎的，我扶着栏杆才到了门口。小帅从开在楼道里的小窗看见屋里开着灯，说可能是妹妹先回来了，"是我的表妹，也就是我姑姑的女儿，在我们学校读三年级"。小妹妹开了门，我们到屋里。小帅告诉我，这是他爸妈买的房子，几年前爸爸因病去世，后来妈妈又和现在的爸爸结婚了。现在的爸爸、妈妈都在外打工，姑姑带着小表妹住在他家里，照顾他和姐姐。

我们来到厨房，菜板上摆放着切好的菜，小帅熟练地淘米，放进电饭锅，加上水，盖上盖，通上电。他告诉我，姑姑今天上班，她把菜切好了，我回来只需要煲好饭就行。"你会炒菜吗？"我问。他说，只要姐姐没回来，都是他炒菜。

平时，多是三个孩子待在家里，屋子整洁、有序，收拾得干干净净。小帅、姐姐，还有小妹妹，真的好乖！爸妈不在家的日子里，他们自立、自强。在我们"三小"，像这样的"小鬼当家"还有很多，他们独立、自主，但他们也需要亲情的抚慰，或许也想撒撒娇，也想淘淘气。特别是在管不住自己时，多么需要老师帮一把，拉一下，这是我们能做的，也应该做的。

（2012-03-09）

留足生命发展的空间

三年级某班教室外站着两名学生。

"为啥子站在外面不进教室？"

一个学生回答："昨天晚上没把数学作业做完。"

"是做不来，还是忘记了？"

"不是，语文作业太多了。"

"你呢？"我问另一名孩子。

"我和他一样，就是语文作业太多了，没有把数学作业做起。"

好几次，在好几个班都出现类似情况。是不是要研究一下学生的家庭作业？每天早上，在我住处的楼道梯步上，都有好多学生（另外一所学校的学生）趴着抄其他同学的作业。这样做作业来哄老师意义何在？

学校里一切行为的终极目标就是学生的成长。成长需要空间，需要足够的新鲜空气。留足学生发展的空间一定比占有学生空间更有研究价值。但老师思考的往往是学生如何挤时间多做作业，特别是自己所教学科的作业。很多孩子怕放假，原因就是作业太多。也有很多学生因为老师经常布置较多的作业而不喜欢该科老师，不喜欢这门学科。作业越多效果越好？对于不同的学生应区别对待，极个别学生可能喜欢，效果也好；但对绝大多数学生来说，并非如此。

（2012-03-07）

家访小记

我作为一年级组的一员，请年级组长李老师给我安排一位学生作为联系帮扶对象。李老师问，他班有一位叫小宝（化名）的男生性格内向，不善言语，学习很吃力，敢不敢联系？我们就是要联系这样的学生，他们才最需要关心和帮助！上午课间，我和小宝有了第一次接触，问他叫什么名字，他没有回答。

为了深入了解他的情况，今天放午学，我陪小宝回家。他走路速度很快，我几乎要小跑才能赶上。为了拉近距离，我问了一些日常生活中的问题，但他要么不回答，要么说几个我什么也听不懂的字。我还有意去牵他的手，他躲开了。

一路小跑到了通江大道，我紧随其后，没有和他过多交流。我们一直沿着大道北面行走，不需要穿越马路。我观察他通过小匝道时，先要左右看看，再通过；有个地方人行道被占，他先停顿了一下，随后才从车行道路上绕过。快到家了，老远就看见他爷爷在大街上等他，他一下子冲过去，拉着爷爷的手。他没有介绍我是谁，我主动作了自我介绍。我随他们爷孙俩拾级而上，转了几个弯就到他家了。爷爷拿出钥匙准备开门，但小宝抢着要钥匙开门，爷爷不干，我说，就让他开吧。小宝熟练地打开了房门。

这套住房的面积近100平方米，客厅里摆放着一张餐桌，一组旧沙发，一台21英寸的电视机，陈设很简单。一回到家，小宝就打开电视机，看电视连续剧。我和他爷爷聊天，了解他的家庭情况。爷爷曾当过兵，后来回家到家乡工作，现在退休在家；有两个女儿，小宝是大女儿的儿子。大女儿长年生病，生活不能完全自理，随女婿在外打工，小宝的婆婆，身体也一直不好，今天恰好不在家。

我让小宝带我看了看他的卧室，这是他每天做作业的地方。他卧室的一张小桌上放着很多药瓶，爷爷说是小宝婆婆的药。

随后我和小宝爷爷交换了关于小宝读书、学习等教育问题。对于小宝来说，首先要有个健康的身体，其次要学会做人，最后是尽可能多地学习知识。这些观点我们是一致的。爷爷还说，没有去想小宝将来考什么大学，以后准备让小宝到部队锻炼，因为自己当过兵，知道当兵对一个人的成长有很大的帮助。

从今天的家访中可以看出：第一，小宝的智力发育有些滞后，七岁了，很多字的发音不准；第二，他具备基本的安全意识；第三，他在家中能够得到亲情的温暖；第四，他只是性格有些内向，没有人际交往的障碍。对这样的孩子，家里的希望和要求不高，就是让他长大后能靠自己的双手养活自己，成为一个身心健康的人。在他的成长中，学校可以帮他奠定基础，这是能做的，也是应该做的，只要我们用心做事。

（2012-03-13）

我的见面课

按照学校规定，新到学校来的老师都要上见面课。我是去年调到学校来的，刚来不久就被派出去学习，回到学校时就临近放假了，我的见面课推迟到本学期。

本学期教务处并没有安排我的公开课。当然，我得自觉，上周向吴主任申请，本周三在六年级上一堂语文见面课。

授课的内容是七年级上册第26课——《皇帝的新装》。我曾在重庆参加过一次学术会议，看过洋思中学刘金玉老师上这一课的录像。当时我非常震撼，真正明白了什么叫课堂中以学生为主体，明白了"老师讲少了，学生就学多了"的道理。回来后，一直想模仿着上一次。选择上这一课也算是实现我的愿望，我也想把这一思想传递给"三小"的老师们。平时在教研会上，我虽努力灌输"课堂上要把少讲做到极致"，但没有现实中的例子供老师们参考。

有老师让我把课文复印下去，让学生先熟悉。我思考再三，还是决定不让学生预习。因为即使老师布置了预习，也不会有几个同学落实到位的；同时现在很多课都要求学生预习，每门功课都要预习到位也不太现实。这篇课文比较长，我读完一遍大概需要10分钟，解决学生熟悉课文的问题是首要任务。我开门见山，引入新课，接下来设计了三个读书环节，实现四个学习目标。第一个环节是初读课文两遍，第一遍默读，第二遍朗读，时间20分钟，检验初读效果的办法是讲述故事梗概。第二个环节再默读一遍，时间8分钟，读后完成两个任务：一是分析这篇童话的写法（特点），二是对主要人物做出评价。第三个环节是浏览课文一遍，时间3分钟，读后任务是总结这篇童话的寓意。三个读书环节，要求不一样，形式不一样，目的也不一样，所用时间也是越来越短。特别是在第一个环节，我做到了让每个学生都完成通读的任务，这一点非常重要，如果对课文不熟悉，接下来的任务就很难完成。第一个环节比我预设的时间多用了一些，但我不着急，我知道"磨刀不误砍柴工"，只要基础工作扎实了，后面的事情就容易些。对于第二和第三个环节中稍难的问题，我留了一些时间做小组讨论。我到每一个小组了解讨论的情况，讨论有了效果才在全体同学中汇报交流。本应两个课时完成的内容，我用了70分钟，基本实现了预定的学习目标。

　　回过头来看，我觉得有四点是满意的：一是在没有预习的情况下，学生很快熟悉长约2 600字的文章，完成四个有一定难度的学习目标，可以看出同学们学得很认真，基础也是扎实的；二是体现了新课程倡导的自主、合作、探究的学习方式，把课堂的学习权还给了学生，是学生学懂的，不是老师教懂的；三是很好地实现了方法目标和情感态度价值观目标，学生知道了如何写故事梗概，如何欣赏童话，如何写童话；四是基本体现语文课的特点，把语文课上得像语文课，突出了语文课要让学生充分地"读"，多种方式地"读"，让学生读懂，读出味道。仍有几个方面需要改进：一是抽学生回答问题没有照顾到全体学生，有同学回答了几次问题，有同学一次也没有被点名回答；二是学生展示自己学习成果的机会太少，如说故事梗概时还应让更多的同学展示他们的风采；三是对课堂时间不敏感，1分钟有多长，10分钟有多长，把握不准；四是自己的语文知识功底不够，语言表达能力、普通话水平等都需要加强。

总体来说，我觉得这堂课还是成功的，主要因为学生很优秀。同时，这也是我从教二十多年来上的第一堂语文课。

（2012-03-14）

难以丢掉的"包袱"

昨天听完一堂公开课后，心情难以平静。

评课结束后，在教学楼的过道里，L老师对我说："我曾经也是按你说的那样来设计课堂目标并组织教学，但是本学期我把知识与技能的目标放在最重要的位置，过程与方法方面的目标重要性减弱了许多。"

昨天听了一堂四年级语文课——《翠鸟》。本课有三个学习目标，第二个学习目标是体会作者是如何抓住事物的特点进行描写和说明的。本课就是要让学生了解作者是如何抓住翠鸟外形特征和动作特点把翠鸟写得如此形象、生动和准确的。在课后的评课中，大家认为讲课的老师在引导学生总结翠鸟的特点、寻找描写翠鸟特点的关键词语方面做得不够，对利用体现事物特点的关键词语来描写或说明事物的方法总结不到位。学生在平时作文中，问题就出在抓不住特点，找不出关键的字、词，对事物写不具体，写不生动。所以，这堂课教给学生抓住事物特点进行描写或说明的方法应是重要的目标。

在评课时，大家的这一观点是一致的。令我诧异的是，L老师作为学校里很有思想的教师，即使认同这样的观点，平时教学中却"走老路"。我问为什么，她说："这样考试分数才会高呀，因为你们这期不是要考核分数吗？"我笑了笑说："原来是上有政策，下有对策哟！"话虽说了，但心里很不是滋味。分数真有这么大的能量吗？关注了三维目标就一定影响学生的考试分数吗？老师难以放下"分数"这个包袱，陷入片面追求"假分数"的怪圈中。我也要反问自己：我能放下这个包袱吗？敢不敢三年不考核老师的分数？三年课堂教学改革后和同类学校对比，学生的考试分数一定会低吗？

（2012-03-22）

今天的"流水账"

本学期我有三件大事要做：一是校园文化建设的理念系统定位，二是省级课题立项，三是学校危房改造。

晚上回到家里，坐在电脑旁，整理了今天的思路，重新调整了课题研究方案，终于有了合乎自己原始想法的思路。现在虽然夜已深，但我还是很兴奋，想把这几天的事简单记录一下。

星期五，我们课题组的同志到县教科室就课题修改情况再一次作汇报。此课题在向市里汇报前已经向县教科室汇报了一次。这次汇报与讨论，我不知咋的，就是没多少想说的，总觉得从市里回来后，感觉不对路。

前天，参加了"四川省晏阳初研究会提高教育国际化水平专题讲座"，受益颇丰。聆听了省晏研会两位副会长申在望教授和卿光亚校长的精彩报告。申教授重点介绍了以色列、德国、美国教育的基本情况和特色，介绍了中国教育国际化的一些形势与途径。卿校长就教育国际化的核心价值取向作了专题讲座，让听众明白本质的教育原来应该这样做。中午，我参加了教育局举办的欢迎宴会。让我更为荣幸的是，午饭后省晏研会的两位副会长与晏研会的程副秘书长一起到我们学校指导工作，并当场表态，同意挂牌"巴中通江晏阳初小学"，同时力促10月授予我校为"晏阳初教育思想实验基地"。我一直想做的事终于有了眉目。

今天，我一早来到学校，参加完升旗仪式，进办公室批阅完新收的文件，随后立马赶到北校区参加科学课赛课活动。这几堂课体现了科学课的学科特点，学生仔细观察、充分讨论，通过探究获取知识。

下午，我把课题组的几位同志找来再讨论。大家认为几次的材料越改越找不到感觉，特别是在"村镇居民""市民化"等关键词中绕来绕去，走不出来。是不是应该回到初衷去看看，会不会有什么新发现。最早的课题是"以校为本开展平民教育策略的实践研究"。市里论证时的题目是"家校互动构建平民教育'立交桥'的实践研究"。论证后建议最好避开"平民教育"的提法，把题目改为"城乡接合部学校服务村镇居民市民化途径的实践研究"。我对教科室主任说，还是回到最初题目上，作一些改动，改为"城乡接合部学校开展居民教育策略的实践研究"。这次修改后，指导我们课题的C副校长私下里对我说，现在越改越不清晰了，不能把最初的想法丢掉，现在变得完全成了另外一个课题。

教研室主任非常认同，她说在修改"课题提出"部分时，一改初衷，总是回不到"村镇居民的市民化上去"。在下班路上，我把想法报告给教科室Z主任，她同意修改；又电话联系C副校长，他表示支持。晚上，我坐在电脑旁，打开最先的论证报告，从修改课题题目做起，改为"城郊学校以校为主开展居民教育策略的研究"，列出"课题提出"部分的提纲，接着再充实内容。这样思路越来越清楚，虽没写完，但剩下的工作就简单了。

接下来的工作，就是睡觉。零点过了，该睡了！

（2012-03-27）

今天工作小结

清早，上学路上，和一个咳嗽的小女孩同行。我和她闲聊："家住哪里？""住在××，平常是坐公交车到下面，再步行到学校。""这么远呀？为啥不到近一点的学校读书呢？""在我们学校读书很开心，老师不歧视我们，我们定期换座位，老师也不乱收费。""谢谢你选择我们学校，我们会努力把学校建设好，管理好。"孩子的一番话，给我们学校管理者留下太多要思考的问题：是不是我们学校老师都做得很好？是不是我们的管理很到位？同时也要想想，一些细节和小事有可能成为学生、家长甚至社会大众关注的焦点。学校无小事，事事须谨慎。

上午第一节课后，我参加了一年级组工作会，主题是评选"学雷锋 树新风"先进个人、先进班级。每个班都介绍了他们在活动中的一些做法，分享了典型事例与个人事迹。一班被评选为优秀班级，二班班主任被评为先进个人，优秀学生由各班评选产生。

第二节听了L老师的数学公开课，这堂课是为参加市里的赛课做准备。课后L老师对这堂课非常不满意，认为远没收到预想的效果。他说：自从接到这个任务，压力很大，特别是最近几天失眠严重，今天上课自己都迷迷糊糊的。大家给他提了一些建议，让他放下包袱，经历这个阶段是正常的，过了这个坎，上课的水平就会上一个新台阶。

下午，县政府分管教育的县长在教育局领导的陪同下，来我校视察D级危房的拆除和学生的安置工作，察看了学校的建设规划，并深入板房视察学生的学习情况。县长详细询问了如何解决降温、如何控制教室之间的干扰等一系列情况。我们一一作了汇报。她强调，城区学校要加大投入力度，加快建设进度，切实解决超大班问题，这是最大的、最紧迫的民生工程。她们一行没有来得及到学校办公室坐坐，便匆匆赶往下一所学校。

放学前，我在办公室门口遇到了三年级二班的班主任L老师，讨论由她执笔的校歌。随后聊到她班上的一个智障孩子。孩子十多岁了，每天连放学回家的路都找不到，长期以来是由班上的一名女同学帮助他，三年从未间断，学校和老师发的任何通知都由这位女同学向他家长传递。"做好事并不难，难的是一辈子做好事"，这就是我们身边的"雷锋"。我得抽出时间专门见见这位女同学。L老师说，尽管这位智障孩子是很多学校都不接收的学生，尽管管理难度很大，但是我们没有放弃，尽量让他在学校里也能感到快乐。看到他和其他同学一起游戏，一起劳动，我们真的很高兴！应该说，孩子是不幸的，但遇到L老师这样的好老师是他和家长一生的幸运。教育需要这样的老师，哪怕孩子不会给我们带来分数。不放弃每一个孩子，这才是真正的教育。

放学后，我参加了学校教职工男子篮球队的常规训练。

（2012-03-27）

春天的寄语
——写在学校网站上的校长寄语

这是3月的春天，这是"三小"的春天！

在春天的阳光里，在春天的歌谣里，在春天的鼓点里，"三小"的网站更新改版了！

一个敞亮清新的家园，"三小"的新家园，正以她满腔热忱，殷殷期待，等着你，等着他，等着大家——"三小"的孩子回来！一起回来，一起行动起来，把我们的新家园装点得更漂亮，建设得更美好！

"三小"地处城乡接合部，拥有2000多名在校师生的大家庭其乐融融。每学期都会有近200位新同学成为我们的新成员。

你们来自不同地方，或居住在这里，或租住在这里，或寄住在亲戚家中。

但是，你们都是"三小"的孩子，大家都是为了一个共同的目标——为人生打下扎实的基础，培养自由的精神——走到一起的。

寄语新时期的"三小娃"，希望大家能独立自主：自主锻炼、自主学习、自主生活。学习一定是自己的事情，别人可以帮助但不可以代替；生活中自己能做的事情一定自己做，自己还做不好的事情要努力做，自己还不能做的事情要做好准备等待做。

寄语新时期的"三小娃"，希望大家有高度的自觉性：学习自觉、行为自觉、生活自觉。爸爸、妈妈在身边我们要自觉，爸爸、妈妈不在身边我们更要自觉。我们要学会自己管理自己，学会自己严格要求自己，要让自觉成为习惯，做一个"自信、自律、自立"的新一代好少年。

寄语新时期的"三小娃"，希望大家向往自由：个性自由、思想自由、精神自由。要学会张扬自己的个性，展示自己的特点；要利用自己的特长为他人服务，让自己进步；要在努力学习的过程中形成自己的观点，善于表达自己的想法；要有远大理想，更要不断追寻自己的理想。

小学阶段是人生最美好的时光：远大的理想在这里孕育，高尚的情操在这里萌生，良好的习惯在这里养成，生命的辉煌在这里奠基。这么重要的人生时光，有我们一起走过，一起在"三小"走过，这是我们的荣光，也是"三小"的荣光！

我相信，这是"三小"的春天，这是"三小娃"的春天！

（2012-03-10）

今天小记

因身体不适，好几天没动笔了。

前几天六年级进行了单元检测，今天我到校后直奔六年级五班，急了解小帅同学的学习状况。我问及检测情况，他说"数学考差了"。"为什么差了？""计算的问题。"关于考试我没多说，只让他以后注意就行。"最近和爸妈通电话没有？""通过。""每周通一次吗？""没有。""以后每周和他们通一次话，汇报一下你的学习情况。他们很不容易，在外特别辛苦，要让他们在外放心工作。"还教他如何帮初三的姐姐分担一些家务。

上午，围绕着学校文化设计与建设合同的细节我和班子成员展开了讨论，形成一致意见传给设计方。学校新建教学综合楼的地质灾害评估方代表赴学校现场勘察，与学校签订了合同。

明天要开"学雷锋"活动总结表彰大会，还要开教师会。下午上班第一件事就是准备会议的讲话材料。初稿完成后，交办公室修正。然后我直奔一年级一班，想了解一下小宝同学的情况。不巧的是他病了，今天没有来上学。旁边一个班没人上课，教室里很吵。原来L老师到另一个班上课去了，为参加市上的赛课做准备，他给自己班上孩子布置了学习任务。他们完成任务后没事做。正好，我来上几分钟吧。"我看哪个孩子勇敢，上来给同学们讲个故事？"孩子们你推我，我推你，没有主动上来讲的，我看很多同学拿着课外书，蹲下身子，让第一排的一个小男孩读读。小男孩没推辞，看着拼音读物，虽读得很慢，但读得还是很准的，不错！毕竟才一年级。但是，自信心不足，需要以后在学习活动中加以培养。

明天的会很重要，如何将活动深入持久地开展下去是要解决的问题。

（2012-03-31）

让"雷锋"驻在心里

"学习雷锋好榜样，忠于革命忠于党，愿做革命的螺丝钉，集体主义思想放光芒……"

今天早上，广播里传出那再也熟悉不过的声音，好亲切。这歌声让我一下子回到那懵懵懂懂的年代。那时虽不认识几个字，但认识"雷锋"。在那个年代，很多学校、机关等公众场所都挂有巨幅的雷锋画像，还有毛主席写下的"向雷锋同志学习"几个大字。虽然不识字，只知道毛爷爷叫我们学雷锋；也不知道雷锋精神真正的内涵是什么，留在我记忆中的就是雷锋扶老奶奶过马路，帮助他人洗衣服，手里随时拿着一本书等这些片段。年龄增长后才知道要学习他的远大理想，钉子精神，乐于助人、无私奉献的精神，知道要像雷锋一样，学做好人。读师范期间，学校经常举行文艺演出，《学习雷锋好榜样》成为很多班的合唱曲目。毕业那年实习期间，在全县"学雷锋，树新风"表彰大会上，我作为先进个人代表在会上发言，现在都想不起是什么原因被评为先进。这些都是过去有关雷锋的零零碎碎的记忆，读小学时每到3月，老师会让我们每人做一件好事，并写成作文。

新加坡的朋友过来了，要到会家小学与孩子们共进午餐。学生的午餐按每人十元的标准由食堂提供，学生免费，所有的费用都由他们出。他们到通江来从事民间慈善事业好多年了，不与官方接触，采用民间自发行动的方式，形式简单灵活。每次过来，只要有时间，我都要陪他们到乡下去，给他们当向导，偶尔作联络员。和他们在一起很快乐，很随意；和他们在一起很享受，很感动。他们没有私心杂念，就是想帮助他们认为应该帮的，也能帮的人和事。他们不允许以任何方式宣传和报道他们所做的事情。其实，他们也是很普通的人，吃得简单，穿得简单，想法也很简单；他们更是了不起的人，都是成功的企业家。但是，他们远涉万水千山，不辞旅途劳累，长途驱车几百公里，到巴山深处，和孩子们在一起。他们好多都已六十多岁，孩子叫他们"叔叔"，因为他们的心永远年轻。

今天一路都在整修，走走停停，很不畅通。这样的行进可忙碌了我们的手机，不停地了解道路状况。11点，终于到了会家小学，孩子们在操场上集合，大家一起分发带来的食品，他们拿起手机和孩子们不停地拍照。原打算还要和孩子们共进午餐，但是，晚上还要到500公里外的重庆，担心堵车，不得不留下遗憾，匆忙驱车往回赶。

昨天，我们的局长也和他们一行到了另外一所学校。局长说：我不是以局长身份去参加这个活动，我也去学习，去学他们如何思考人活着为什么，人应该如何活着。

今天是学习雷锋的一个特殊日子，他们也许并不知道雷锋，但在他们内心深处，永远驻着自己的"雷锋"，他们的行动就是落地的雷锋精神。又是一年3月5日，我们该做什么，我们能做什么？

人人行动起来，每天都是"3月5日"。

（2012-03-05）

昨天回顾

昨天早早起床便奔赴学校，准备参加升旗仪式。校门口本来就狭窄，不到开门时间，已经围得水泄不通。是学生来早了，还是应该早点开门？这个问题一直争论不休，没有一个两全其美的解决办法。如果开门过早，学生就会来得更早，开门前可能同样拥挤；开得过早，给校内管理加大难度。学生还是不能提前太多到校。本周加大值周管理的力度，要求值周教师和领导提前到达校门口，迎候师生到校，加强校门口安全管理；同时，给家长发一封信，共同保证学生上学安全，做到不早到，也不迟到。

第二节课时间，召集校级干部开会，学习县局下发的［2012］82号文件《关于围绕中心做好当前工作的通知》，并针对学校情况研究贯彻落实意见。对"家校联系工作"和"两个十分钟活动"作了特别详细的安排。关于这两件事，我已经思谋好久。"家校联系工作"在开学初就出台了专门文件，我们的工作开展先于县上的安排，我也非常看重这两件事。可能老师不是都很理解，因为这给他们增加了额外的工作量，但这是我们"三小"几年后学校的核心竞争力所在，前提是必须坚持做好。学校真正的特色应该表现在学生身上，是学校立足的最根本问题——培养什么样的人，如何培养人。"三小"给他们留下的根深蒂固的、对他们一生都有帮助的东西，就是"三小"的特色。

会后，学校班子成员分赴各年级了解、督查相关工作。

10点多钟，县上组织的安全检查到我校检查幼儿园的安全工作。

下午，墨蜀公司来学校进一步洽谈文化建设的相关事宜。放学前，我匆匆忙忙召集相关人员对学校拟申报的省级课题再一次讨论，准备今天赴市里请教科所对课题进行第二次论证。

晚上回到家里，吃过晚饭，坐在沙发上，翻开万玉霞校长的《生命长青》，认真品味书中《战略制胜：做好当下，眺望未来》这篇文章，我很受启发，也更坚定了我的"两个十分钟活动"和其他一些工作的想法。

（2012-04-10）

写在《小脚丫》创刊之际

诺水河畔，壁山对岸，一双双小脚丫奔向美丽的校园；久久地等待，殷殷地期盼，我们迎来了《小脚丫》的创刊！我们用她记录美好的童年，留下前行的脚丫；我们用她书写阳光的生活，展示成长的风采。

《小脚丫》是每一个"小脚丫"真诚的家园、自由的家园，也是我们共同的家园；她和我们一起呼吸，一起成长。因为有你，她的生命将更加生动；因为有她，我们的生活会更加精彩！

我们都是自主的小脚丫，脚丫虽小，只要我们勇敢向前，今天一步，就是成功的起点；脚丫虽小，只要我们不懈向前，每天一步，必有灿烂的明天！

《小脚丫》，我们的大舞台！

《小脚丫》，我们的大乐园！

《小脚丫》，我们从此天天相伴！

（2012-04-13）

几句不该说的话

上周课间操期间，体育老师通过广播系统反复强调、纠正、要求一些有关两操的事情：要么老师没有按时下课，要么学生拖拖沓沓，要么跟班老师不到位……

只要通过学校广播系统在反复说的事，一定是这方面的工作存在问题，或者有其他问题表现在这件事上来了。昨天听完L老师的公开课，正好课间操时间，我没参加评课，直接到各班教室转了转。有过半的班级在做眼保健操，做眼保健操的班级也有个别老师没在教室里；没做眼保健操的班级中有老师不在的，有老师在上课的，有老师在讲台前改作业而学生自习的。

本学期以来，关于课间操的问题，我在全体教师会上专题讲过两次，希望在我们师生中树立起"健康第一"的思想，身体健康与心理健康才是人生最大的财富。但是，从两操来看，有差距。我需要静下来思考。

昨天下午放学后，全体老师开会，布置安全疏散演练的相关工作。下午放学后开会本来时间就晚了，为了不影响大家的休息时间，我尽快结束了会议，但有一些话仍想说出来。

首先列举了课间操的问题，也武断地下了个结论：这种布置了的工作老是落实不了的现象，不仅是课间操的问题。接着说了几句我回过头来想不该说的话："我布置的事落实不了，要谁布置才能落实？""我安排的工作，大家是不是觉得不是我们应该重视的问题？""是不是工作安排，要到发气了才能落实好？""如果我们的管理到达这种状态，是我的悲哀，是学生的悲哀，也是老师们的悲哀"……

落实不了是不是老师的问题？会不会是布置工作中的方法问题？是不是我说的就是对的？统一的行动、执行的力度，是建立在统一的思想认识上的。可能我们的观念没有达成一致，我们的思想还没有统一。

生气时不讲话，生气时不作决策。尽量带着笑脸讲话，应该坚持这样。

（2012-05-10）

也"痛并快乐着"

"痛并快乐着",好多人都有过这样的感受,也以此语来享受来自身或心之"快乐痛"。

父母年龄越来越大了,还在农村种庄稼,当我们兄弟姊妹的"后勤部长",为我们供应绿色的无公害农产品。虽然回家的路并不远,但一年中回去的时间还是很少,闲暇时想起他们,心里还是很愧疚。母亲是地地道道的农民,母亲节那天,也没有给她打电话,因为在她心中根本就没有这个节日的概念(给自己找的借口)。星期六,天空晴朗,找了个便车,买了些吃的,我们兄弟一起回乡下老家看望他们。事先没有打电话,回到家里,母亲说:"想也没想到你们回来了,正好明天栽秧。"从她的话语与表情中可以看出,她有点激动。

下午4点钟,初夏的太阳褪去了火辣的光芒,我们下田扯秧苗。我还是读初中的时候下过水田。赤脚踩入秧母田中,肥沃的烂泥从脚趾间溜过,痒痒的、滑滑的，双腿周围不断冒出的气泡发出"咕噜咕噜"的声音，偶尔还有那调皮的泥鳅拱拱小腿肚，感觉真的好爽！好像又回到了童年。

扯秧的活儿技术上并不难，只要注意一点，抓住秧苗靠近根部的位置，用力一扯就行，如果田里缺过水，或个别地方冒出水面的话，苗根与泥土就抓得紧些，扯秧时就容易扯断，时不时就扯断了几根。好久没有做过这活，有两点还是让我有点犯难：一是扯大把秧就要用秧草绑起来，绑的方法学了好一阵子才勉强学会，始终没有他们的动作那么潇洒；二是这个活儿要一直弯着腰，一会儿就难以忍受，腰都直不起来。他们都是两手扯，我就不行了，一手扯秧，另一只手臂靠在大腿上支撑着身体。

傍晚7点钟，太阳落山了，催促劳累了一天的人们回家休息。我们也基本完成了任务，准备好了第二天栽秧所需的秧苗。回家冲洗完，我的腰过了好几分钟才伸直。当时还不要紧，第二天，我的大腿又酸又痛，下楼梯都感到很困难。这种感受好久都没有过了，虽然"痛"，但很快乐，很享受！

根深才能叶茂
——参加全县学校管理工作现场会后的反思

为期两天的全县学校管理工作现场会隆重召开，会议形式多样，内容丰富，效果显著。从农村小学校长到机关工作，再到县城小学校长的岗位上，我参加的会议数不清，但是这次会议让我感到激动甚至震撼，印象极为深刻。这次会议充分展示了近几年来我县在教育发展中取得的成就，这支校长队伍是能干事的，也能干成事的，让人激动；在这次会上，很多学校都有声音，作为城区的一所学校没有一个画面展示，让我震动。不进则退，慢进则相对后退，让通江教育有"三小"的声音，使命光荣，责任重大。作为"三小"校长必须认清形势，静下心来思考，潜下心来工作。下面我分别从启示、差距、出路三方面说说自己的感悟。

一、启示

思想决定出路。"思想"指教育理念和工作态度。不论是参观的学校、大会发言的学校，还是音像交流的学校，无不体现出他们是在正确的教育理念指导下，以积极的工作态度作支撑，脚踏实地干工作。实验小学按照自己的教育思想办学，按照教育规律开展教育活动，静心教书育人，少了一些功利成分，教育质量稳居全县前列；铁溪小学牢固树立了"健康第一"的思想，以竹竿舞、竹竿操和竹竿游戏为形式，把学生的锻炼落到实处，将体育与艺术教育有机结合，实现了教育目的；碧溪小学长期研究学困生的转化策略，扎实开展各项活动，认真实施转化措施，学生成绩稳步提升，在各种考试中，在片区长期名列前茅。这些学校都是在正确的思想指导下正确地做事，做着正确的事，彰显出他们的办学业绩。

坚持成就特色。这次学习使我更加坚定"特色形成的关键在于坚持"的看法。实验小学几十年来坚持把每届学生的毕业照和学生的签名留下来，把一件简单的事情做得很不简单。陈河小学以"建书香校园"为切入点，围绕这一主题开展系列活动，打造校园环境，建设校园文化，坚持四年不松劲，一所特色学校初步显现。平溪片区多年来坚持低年级不办大班，坚持教育质量管理不动摇，不折腾，经过量变，全片区学校整体办学水平不断提高，教育环境不断美化，实现了质的提升。

作为决定地位。通过近几年的努力，麻石小学和泥溪中学的校园建设发生了根本性的改变，从表面看是因为抓住了难得的发展机遇，但是，我们既要看到，在这个建设过程中，校长是吃尽了苦头的，老师们吃苦也不少；我们还要看到，即使没有这样大的投入力度，这两所学校都是出类拔萃的。麻石小学坚持开展国学经典诵读，长期举办科技创新大赛，取得了可喜的成绩，为学生的成长打下了扎实的基础。泥溪中学过去是一所乡初中校，在校学生从300多人发展到今天的1200多人，并逐年上升，在农村学校学生数不断减少的背景下，这是值得研究的现象，不得不说他们是在办人民满意的教育。家长认可他们，教育系统内应体现他们的地位。

二、差距

办学条件落后。和参观的学校相比，我校在硬件上的差距是不得不面对的。

在危房改造过程中，学校暂时没有活动场地，课间操和体育活动不能正常开展，功能教室全被挤占，教学秩序很不正常。迅速新建校舍是摆在我校面前的紧迫任务。

职业倦怠突出。不论是学校领导班子，还是教职员工，都不同程度地存在职业倦怠的情况。觉得到了"三小"也算进了城，只要评了中级职称，有了一份稳定的收入，工作环境宽松一点，就很满足了。工作立足于不出安全事故，按时完成教学任务；安于现状，不读书，不反思，不研究，不进取。

管理工作粗放。突出表现在制度不完善、制度不落实、管理效能低三个方面。评优、评职无制度，绩效考核制度落实困难，管理以说教为主，以人治为主。工作布置得多，落实不到位。管理干部示范作用发挥不够好，工作时间没有得到保证。工作中布置什么做什么，不主动干，没有创造性地干。

特色不很明显。学校长期抓三大习惯教育没有形成亮点，抓科技教育没有出色作品，抓教学质量没有形成特别优势，抓教师队伍建设没有产生特别突出的个案。

三、出路

整合思想力。着力改变"观念不新、思考不深、境界不高"的问题。把师德师风建设和工作作风转变作为队伍建设的首要任务，通过抓班子来带队伍，通过转作风来树形象。加大校本培训力度，提高培训的针对性，加强教师的自我发展意识与能力，大力开展老师读书活动，认真写教育反思或随笔，扎实做好常规教研活动。

提升学习力。着力改变"不会学、不愿学、不能学"的现状。进一步完善业绩考核制度，"逼"大家读书，"逼"大家参加教学研究，"逼"大家开展教学反思，让老师随时处于研究的状态之中，让读书成为习惯，让反思成为自我需要。

解决执行力。着力改变"软、懒、冷"的状态。能力不足就软，态度不正就懒，激情不够就冷。通过提升能力，实现能执行；通过思想引领，实现愿执行；通过示范影响，解决冷热毛病。

教育是周期很长的一项事业，我深知仅凭一时的冲动是办不好学校的，需要扑下身子，除去浮躁的心态，潜下心来教书，静下心来育人，坚持不渝，根深才能叶茂。

（2012-05-30）

给同学的一封信

亲爱的小×同学：

你好！

你的来信，我一口气读了两遍，让我很感动。对于那天的"师生座谈会"，你的理解如此深刻，我真没有想到。很感谢你这么信任我，讲出内心的想法，道出了你的心里话，有你这样的好学生，我感到很幸福，你是我们学校的骄傲。

从你的来信中可以看出，你受到了良好的家庭教育，父母亲为你树立了做人与做事的榜样，你们一家都是有高尚道德品质的人。一个家庭是否富有，从短期来看，是金钱的富有程度，但从长期来看，还是取决于精神的富有程度。我们来自农村，出自农民之家；农村的朴素与自然、农民的朴实与真诚，是人生路上的宝贵财富，我们要倍加珍惜。

你在信中说，爸爸、妈妈和老师经常说你的成绩差，他们这样做给你很大的心理压力，形成了心理负担。首先，他们经常这样说是不对的，他们应更多地看到你的优点。比如你能给我写长达五页的信，这是你们班很多成绩好的同学做不到的，分数高不一定能力就强。每次考高分当然好，但分数也不是人生的唯一目标。人们常说"大胜靠德，小胜靠智"，这句话我非常认同。身体健康与心理健康是一个人的根本，良好的人品是做人的关键；同时，打好一定的知识基础也是必要的，只要我们在努力学习，没有虚度光阴，这就很好了。要经常想到自己的长处，想到自己的优势，给自己增添信心；若在学习上注意方法，不断努力，一定会取得进步的。虽然老师和父母的说法有时不太妥当，但你一定要理解他们其实是在鼓励你，你要把压力变成动力。

在这个世上，没有不爱自己孩子的父母。你在信中说："是父母给予了我灿烂的生命，让我活在这个世上，我就要好好做人。"你是多么懂事的孩子，爸爸、妈妈为你高兴，老师为你高兴！

  你怕考试成绩差给"三小"丢脸，你要放下这个包袱。我们学校评价一个好学生，不是以分数来定的。能考高分，我们高兴；能打篮球，我们高兴；看到同学们一个个成为有道德的人，我们更高兴。分数不是成才的唯一标准。

  初中不会按毕业考试分数而是根据你的户口所在地来分配学校。这方面如有什么困难，就与我联系。

  谢谢你给我写这么长的信，谢谢你真诚的话语，谢谢你把我当成你的知心朋友！

  此致

你的朋友：周涛
2012年6月23日

办有"根"的学校

  下午，在片区督导的陪同下，宣传部副部长来学校检查"魅力通江"诗（散）文和摄影作品大赛的落实情况。领导视察了教学楼北楼的环境文化建设后，对我们的想法与做法进行了充分的肯定。

  他说："最近我走访了六十多所学校，都在进行校园文化建设，很相似，但在这里我看到了与众不同的构想。""通江三小的校园文化建设立足我县县情，办的是通江的学校。""通江三小办的是县委、县政府的学校。""热爱祖国就应该从热爱家乡开始。""热爱家乡必须首先认识家乡。"……

  教学楼的走廊上悬挂着老师们自己的格言。教室门口有同学们的照片、老师寄语、课程表等。楼梯的转台处是学生的风采展示栏。每层楼梯都有一幅围绕一个主题字的格言图，一边楼梯是体现做人的"真、善、美、爱"，一边是体现做事的"静、净、实、恒"。特别是两个楼梯间每层有五幅图组成的组图：每组一个主题，一是体现通江特色的，二是展示通江魅力的；一边的主题有"红色生态旅游、连片扶贫开发、绿色经济、山水红军城"，另一边的主题有"秀美山水、珍稀动植物、民间剪纸、特色产业"，副部长很感兴趣。他指出，我们通江的教育，就是要让孩子们了解通江，认识通江，培养热爱通江的情感，增强为家乡发展做贡献的决心。

培养学生对生育养育自己的这方山水的情感，是教育的责任，教育人才是在办有"根"的学校。"真、善、美、爱""静、净、实、恒"是想告诉同学们做人的准则和做事的态度，孩子们通过在"三小"六年的学习与生活，建立起做人做事的"根本"，为以后的发展奠定坚实的基础。我们在教室黑板上方悬挂了一面五星红旗，下面是一句话——"我是中国人，我爱我的祖国"。学生坐在教室里，一抬头就看到，目的就是让这句话根植于他们的内心深处。

办有"根"的学校，育有"根"的学生，是基础教育工作者不懈的追求。

（2012-09-19）

一个月来的回顾

没有沉下去

9月，开学、工程招标、校园环境建设、全县新招教师培训、全县教职工运动会……日子在忙忙碌碌中度过了。中秋和国庆双节，我陪新加坡"新星阳光"项目组到农村走访学校和贫困学生家庭。一收假又是学校项目签合同，又是教师办公室设备设施更换，事情一件接着一件……好久没进过课堂，总觉得工作飘着，没有沉下去，心里不踏实。

开学

今年开学，较之往年没有多大的区别，唯一多出的一项工作就是转入学生除了必须把学籍提交到我校，还要进行入学考试。考试是分班的依据和将来考核教师的基本数据。原本认为这样分班更加公平，没有矛盾，可事与愿违，大家还是一个劲儿地争优秀生源。尽管我们的考核制度把学困生转化作为教学业绩考核的一个重要内容，每转化一个学困生有加分，新增加一个就要减分，如果班上接收一个学困生就有转化的机会，就可能会加分，如没转化也不扣分，但是老师们还是不想要学困生。看来如何关注学困生，转化学困生，仍然是需要认真研究的问题。

今年学校又新增加了几位老师，他们来自农村学校，是非常优秀的老师，有些还是学校领导。学校危房改造中，教室严重不足，上大班，教师反倒比较充足，但是，排课着实让教务处犯难。人多了，排课的难度反而增大了，这还是个怪事呢！后来认真想了想，其实不是人多不好安排，而是工作压力小惰性随之增加的缘故。

工程招标

说起工程招标，真的很让人不开心。从去年11月开始，我们就着手项目前期工作，寒假中又拆除了危房，办理各种手续花去了大半年时间，终于在9月10日这天工程开标了。教师节，尽管阴雨绵绵，也没能和老师在一起庆祝节日，但心中还是很高兴，和县发改局、建设局、教育局的相关人员一道到巴中政务中心组织开标工作。开标工作很顺利，一切按程序走，下午4点多评标结束，我们便全部返回。

校园文化建设

在全县学校文化建设的大背景下，我们从去年秋季开始思考学校的文化建设。请了专家、教授到学校指导，请了公司为学校设计，还请了本地教育精英出谋划策，但至今没有一个令人满意的结果。王建强老师"留足生命发展空间"是学校工作的核心价值观，我很同意他的观点。我校作为城郊学校，转入学生多，留守学生多，学校不能用时间和过重负担来填充学生本来就充足的缺少监管的"自由"空间，我们要培养学生的独立自主的意识与能力，督促他们养成自觉的行为习惯，要把学生的"自由"转变成更高层次的真正自由。这需要我们引导学生自主学习，把学习的空间留给学生；需要我们唤醒学生的行为自觉，把行为的空间留给学生；需要我们尊重学生的精神自由，把自由的思想播种在学生心中。同时也要把生命发展的空间留给老师，让老师的教育教学个性自由发展。在校园里，我们留下了老师们的格言，留下了同学们的风采展示，把一切可能的空间留给老师和同学们。"每个孩子都是一个家庭的希望""课堂因我而改变,教育因我而精彩"这两句话刻在老师办公室墙上,这是我的信念,希望也能成为老师们的信念。

新教师培训

今年全县向社会招收百余名小学教师,9月中下旬县上举行岗前培训。根据局里的安排我给他们"讲"了一堂有关教育政策法规方面的课。我准备把参加培训听到的内容,结合工作中的一些感受与大家分享。暑假就接到这个任务,我认真准备,原先让我准备三个小时的内容,后来只给了我一个半小时的交流时间。我只能择其重点和要点,我不太满意,很多内容没有说透说明白。培训即将结束时,百余名新教师到我们学校参加了听课与评课交流活动。

教职工运动会

今年全县的教职工运动会规模盛大,每个片区和每所高完中、城区直属学校都参加了男女篮球和男女乒乓球比赛,历时五天。我们学校作为通江镇片区的主力,共派出了13名队员参加。一开学就开始训练,用了近一个月时间,幸好今年新进了几位老师,学校的教学秩序才基本正常。但是有一位家长非常不满,到学校来提意见。我们片区的男篮和男乒没进入决赛,女篮和女乒进入前四,虽有冠军实力的女篮最终获得亚军。

在旅行中度过的国庆节

今年的国庆长假,没有特别的安排,先是回了趟老家,看了看在家中为我和弟妹提供"后勤保障"的父母亲。从10月3日起,我开始陪新加坡"新星阳光"项目组一行来我县考察,并落实资助对象。

10月3日这天一大早,我们先到涪阳小学,查看了上次资助项目的落实情况,随后到涪阳镇和草池乡两个贫困学生家中家访。

我们赶回城里吃过午饭,已经是下午两点半了。接着我们又带上他们捐的书赶到碧溪小学。碧溪小学的教学楼和办公楼作为危房被拆除了。学校在租的民房

做最好的自己
走过通江三小的那段时光

中上课，条件非常简陋。学校还通知了个别贫困家庭学生赶到学校来。项目组对校舍、学生食宿等情况进行了详细的了解，但他们对贫困学生更感兴趣，详细记录了孩子们的家庭情况，并和孩子们一起做游戏。

  我们在碧溪小学待的时间不长，又急急赶往会家小学。到会家小学时5点多了。这次到会家小学主要目的就是看看他们给孩子们捐的床和桌凳的落实情况。看到新床搬进学生的寝室，摆放整齐，还布置了一些吊饰，非常温馨，他们很满意。上次来学校捐赠的一些图片挂在墙上，他们更是感动。学校也通知了部分学生来到学校，项目组给他们分发了图书和食品。最后把前次捐助过的四个贫困学生召集在一起聊天、讲故事、做游戏，他们很开心，孩子们更开心。几个孩子变化很大，开朗了许多，更可喜的是几个孩子的成绩提高了不少。要不是我一再催促，他们真还舍不得离开。

  10月4日，我们到临江的村子里两个通中贫困高中生的家中家访。9点从城里出发，驱车近三个小时，才到了临江峡谷的谷口。学生家就在临江丽峡的山顶上。道路路况极差，我们的车不能上山了。我们分成两组，一组步行前进，一组随另一辆越野车前行。上海来的几个大男孩对大山很新鲜，他们要求步行，我们几个和两位女士坐车。虽说是大男孩，其实都是留学回国的企业高级管理人才。我们坐的越野车在机耕道上艰难爬行，盘山而上。仪表盘上的高度表由500，600，700，不断向上增加，数字到1035时，W同学说：我们停车吧，走一分钟就到我家了。在行车过程中，W同学的爸爸叫了一辆当地的小货车去接另一组的朋友。

  在W同学家里，我们吃过午饭，继续向山顶进发。虽然也有一条机耕道，但越野车去不了，只有当地勇敢的摩托车手才敢骑车上去。我们步行前进。一个小时后，当在山脚下仰望的山峰退到我们脚下时，终于到了H同学家。在H同学家座谈了一个小时，同他的爸爸、奶奶聊聊家中的情况，我们又要下山了，因为天气有变，要下雨了。看着这一群来自上海，来自国外的男孩、女孩们对工作这样认真，这样执着，看着他们一瘸一拐走路的样子，我深受感动。我一路反思："三小"老师对班上贫困的孩子家庭了解吗？到家中去家访过吗？我们学校开展的联系困难学生活动效果不好，真的就很难吗？真不难，因为我们没有"用心做事",我们可能还没有一颗真正善良的心。

当我们返回城里,吃过晚饭,已经10点了。

10月5日,我们驱车赶往云县小学。云县小学和碧溪小学一样,危房教学楼被拆,学校在外租房上课。中午在一户农家吃过午饭,又赶到三合乡L同学家中家访。她患有肾病,在通中读高一,母亲患有糖尿病,姐姐在读大学,全家靠父亲一人打工维持生计,供两个女儿读书。"新星阳光"项目组人员送了一些礼品和零花钱。在她家坐了一会儿,我们全部返程。"新星阳光"项目在通江的执行人Y女士随我们返回县城,等新加坡的两位先生过来,其他几位直接从三合乡到达州坐飞机回上海。

这些学生家庭真的贫困,他们将受到"新星阳光"和"艾米基金"资助,直到他们完成高中或大学学业。"新星阳光"项目组人员的行程不让地方政府知道,不要地方接待,全部依托民间力量来开展工作。我有幸作为民间力量的一分子来帮助他们,帮助他们其实也在成就我自己,净化自己的心灵,提升自己的品位,修炼自己的品性。我做慈善工作的能力有限,但能为他人做慈善事业尽一点微薄之力,也非常高兴。

签合同

经过漫长的等待,终于到了签合同的日子。10月9日,广安一个建筑工程有限公司派出代表来我校签订工程承包合同。由于长假前对合同的细节进行了磋商,并报请教育局同意,且双方达成了一致意见,所以正式的签字仪式很顺利。接下来就是合同备案,办理相关许可证和开工通知书。合同备案、图纸备案、审图备案等在网上进行,可能还要几天才能办下来。总之,光明就在眼前。

老师们有了新办公桌

今天,老师的新办公桌送到了学校,实现了我刚到学校的愿望。以前"三小"的老师把作业本放在大腿上批改,放在走道的栏杆上批改。后来有了新教学楼,但没有办公桌,没有椅子,老师把学生课桌拼起来办公,一个胶凳子几个人轮流坐。现在老师们终于有了像样的工作环境,我略微安心了些。

必须沉下去

作为校长，我知道我应当做什么，该把心思放在哪里。近来，一些琐事花费了大量的精力，对教学工作有所忽视，我心里很不踏实。这两天，我到校园里多转了几圈，清洁卫生状况糟糕，校园很不宁静，喧哗声此起彼伏，应该是常规管理出了问题。常规管理的问题折射出学校管理者，特别是校长管理的问题。必须沉下去。

今天第二节课，外出学习归来的X老师向全校语文老师汇报学习情况，也是新来的Y老师的数学公开课，本打算去听X老师的学习汇报，但有教务处和教科室的同志们参加，我还是去听了听Y老师的课。Y老师上的是一年级数学，这节上"6、7、8、9、10的认识"。总的来说，这节课我还是满意的，实现了预期目标，学习效果还不错。在教学时间的分配处理上，在学生自主学习关注上做得还不够，老师多了，课堂训练少了。特别是小学低年级，要让学生在课堂上完成训练巩固任务。

沉下去，就从听课开始吧！

（2012-10-10）

创新精神的培养就是这样落实的

今天上午第一节课下课，和Z老师简单沟通了几句，便提着凳子到一年级四班教室听她讲课。

Z老师很年轻，今年刚从乡下一所学校调到我们学校工作。很早就听说她是一位优秀的语文老师。在开学之初的教师会上，她的自我介绍虽不太长，但给我留下了深刻印象。

她上的是声母复习课。通过对课堂的组织调控、板书、普通话、语言表达、突发事情的处理，可以看出这是一位很有功底的老师。这堂课有一点让我特别高兴：她让学生准备一根线和几支铅笔，用它们来摆刚学过的拼音字母，学生特别感兴趣。虽是一个小小的游戏，但对培养学生的动手能力和积极思考、大胆创造、勇于创新精神很有帮助。

（2012-10-11）

为生命发展留足空间

针对学校的办学实际，对接我们的办学主张，秉承"公民教育"理念，践行"以人为本"的办学思想，通江三小建构了自己的文化理念体系。

使命：把"留足空间，奠基未来，一切为了生命的蓬勃发展"作为"三小"师生的共同使命与责任。学校的一切行为均"为了生命的发展"，着眼学生的未来；学校的一切行为都要"为生命发展留足空间"，实现生命的可持续发展，实现生命的蓬勃发展。今天我们为生命留了多大空间，生命的明天就有多大的发展空间。为学生的终身发展负责，把"学习自主、行为自觉、精神自由"作为永恒的目标，让生命在学校里得到充分的舒展与张扬。

愿景：一是在不采取题海战术的前提下，学生的综合素质及文化成绩位居全县前列，在更大范围有较强的影响力；二是成为全县素质教育的示范学校；三是成为全县艺体教育的特色学校；四是所有经过"三小"教育的学生，公民素养与众不同，带有"三小"特有的"烙印"；五是成为晏阳初教育思想实验基地示范点。

价值观：第一，孩子是家庭的希望，每个孩子都可以走向卓越（对每个学生怀着高度的成功期待，让他们相信自己，充分了解每个孩子的学习、生活和心理困难并悉心跟进，决不放弃任何一个学生）；第二，学生是课堂的主人，把"老师尽可能少讲"作为课堂的行为准则；第三，追求学生的"真"分数（不用题海战术获取高分数，通过提升学生综合素质来提高学生分数）；第四，学校是教育责任的主体，不将教育责任推给家庭，引导家长提高家庭教育品质；第五，只有教师才能让课堂改变，只有教师才能让教育精彩。

（2012-10-22）

相约西昌

在较长的一段时间里，我在网上搜索晏阳初的故事，领悟他的思想，还在网上花一百多元淘了一本定价才几元的《晏阳初教育思想研究》。去年我到华东五市的一些学校考察，被它们深厚的文化底蕴打动，人杰地灵，人才辈出。自此后，我更加坚定了走近晏阳初、学习晏阳初、继承和发展晏阳初教育思想的想法。四川省晏阳初研究会副会长卿光亚校长、申再望副会长和程遥副秘书长一行到通江举办"教育国际化"专题讲座，我有幸邀请到他们到我校指导工作，表达了申请为四川省晏阳初研究会实验学校的想法，并递交了申请报告。

2012年10月26日，由四川省晏阳初研究会主办、西昌学院承办的四川省晏阳初研究会2012年年会暨"晏阳初的平民教育思想与民族地区教育发展"研讨会在西昌举行。我校应邀参加会议，会上将向我校授"四川省晏阳初研究会实验学校"的牌。

此次会议成立了"四川省晏阳初研究会民族教育研究中心"，向四川地区九所中小学授牌"四川省晏阳初研究会实验学校"。其中有三所来自晏阳初的出生地——巴中：巴州四小（巴中晏阳初小学）、通江实验中学、通江三小。

凉山彝族自治州人民政府副州长、西昌学院党委书记出席了开幕式。四川省晏阳初研究会会长、副会长、四川省晏阳初博物馆馆长、四川省人民政府对外友好协会文化顾问，以及四川大学、四川民族大学、四川师范大学、西华师范大学、西南大学、阿坝师专、兰州大学、内江师范学院、宜宾学院等高校专家和有关中小学校长，近一百名专家、学者出席了此次研讨会。

巴州区第四小学、巴中市通江第三小学、通江实验中学、西昌民族中学、西昌阳光学校、西昌川兴中学、邛崃羊安中学、邛崃白沫江学校等九所中小学被命名为"四川省晏阳初研究会首批实验学校"。这九所学校为晏阳初平民思想的深入研究和实践，增添了新鲜血液，壮大了研究队伍，搭建了研究平台。今后，省内将有更多的晏阳初实验学校加入，扩大晏阳初教育思想的实践范围。

会长在交流中指出：晏阳初先生坚持民主自由、开明开放、严谨治学，在校内强化制度建设，民主办校，让学生自治、自习、自给、自强。晏先生认为：自治是培养学生的纪律和战斗力，自习是培养学生的知识力，自给是培养学生的生产力，自强是培养学生的健康力。我校在校园文化建设中，正是针对学校的办学实际，对接学校的办学主张，秉承"公民教育"精魂，践行"以人为本"的办学思想，为学生的终身发展负责，以培养学生的"学习自主、行为自觉、精神自由"作为永恒的追求，让学生的天性在学校里得到充分的舒展与张扬。通江三小正在建构自己的文化理念体系核心，在继承中发展晏阳初的教育思想。

相约在西昌，晏阳初教育思想一定会在通江三小落地，生根，发芽。

（2012-11-06）

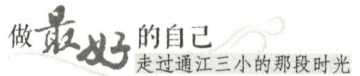

学校教育要回归自然

《中国教育报》10月23日第五版"校长周刊"上的第一篇文章《学校教育：需要更多的自然情怀与田园感受》，我反复读了好几遍。作者是上海浦东教育发展研究院院长程红兵。

"现在学生仅仅局限在三个世界里，一是家庭世界，一个是学校世界，一个是网络世界。而充斥在家庭和学校世界的其实大多是教辅读物、试卷题目；而充斥在网络世界的基本上是无聊游戏、虚拟世界。"看来，不论是大城市，还是农村学校，学生远离自然，对自然常识无知，对自然美无体验，对田园没有感受，不是哪一个地方的问题。我来到"三小"后鼓励老师把学生带到社区去，走到大自然中，搞好春、秋游野外活动，只要做好安全预案，落实好安全措施，出了安全事故，学校负责，不追究老师的责任。但是，一年多过去了，没有哪位老师去冒这个险。我们的教育，特别是基础教育，真可能是"赢"得了短暂安全，却输掉了孩子更远的未来。

（2012-11-06）

"分数"的背后

上学年期末全县统考，其中六年级为毕业考试，也是全县抽考的年级。考试结束后，县教科室作了详细的分析报告，列出了考试评估中全县前30名的班级。梓潼乡中心小学六年级英语考试位居全县第一名，引起了很多人的关注。近期出版的《教育导报》第一版发表了《通江县，乡村学生考过城区学生》这篇文章，激起了我很多想法。

任教梓潼乡中心小学六年级英语的是Z老师。Z老师所教的班级英语学科考如此高的分数是他努力的结果。在我县小学阶段，不论是城区还是农村，英语成绩普遍比较差。尽管文中说他的教法有些老套，用过去传统的、应试的方法开展平时的教学工作，但老套的不一定就不好，传统的不一定就落后，至少通过这样的教学，这个班孩子的英语基础知识还是比较扎实的，到初中后学习英语的难度要相对小些。从文中也可看出，老师的责任感和事业心对学生的成长甚至分数的提升起着举足轻重的作用。

《通江县，乡村学生考过城区学生》这个标题背后的一个核心词语是"分数"。分数不是素质教育的禁区，素质教育也看分数，应试教育也看素质。唯一不同的是应试教育是片面追求分数，素质教育是通过提升学生的综合素质来提高分数，是学生真实素质的外部表现。不知这篇文章要向人们传达对分数什么样的看法。

当前，教育均衡发展还面临诸多需要解决的问题。就县城来说，城区班超大农村班超小，城区优质师资集中和农村师资力量薄弱等问题，严重影响了区域教育的均衡发展。城区的优质师资多而班大，农村师资力量薄弱而班小，在此背景下比较哪里比哪里考试分数高，没有太大的意义，这也决不是教育均衡发展的价值追求。

20世纪末召开了改革开放以来的第三次全教会，中共中央、国务院制定了《关于深化教育改革　全面推进素质教育的决定》，全面开启了素质教育的新里程；21世纪以来，从新课程改革入手，素质教育的推进力度加大了；2010年的第四次全教会进一步坚定了大力实施素质教育的决心，制定了《国家中长期教育改革和发展规划纲要》，明确了"培养什么样的人"和"怎样培养人"这两个关于素质教育最根本的问题。但是，回到现实中，看看我们今天的基础教育，有几个学校真正摆脱了"分数"对我们的束缚？学生仍然淹没在题海之中，课余还在大量补课，家长还是花重金择校……

我虽从事二十余年基础教育，面对政策与现实，还时常在"分数"面前左右摇摆。

愿我们都做"分数"的主人，不做"分数"的奴隶！

（2012-11-12）

家访

今天中午放学，我和班主任李老师到小瑶瑶（化名）同学家做家访。

当我匆匆赶到校门口，李老师和瑶瑶已等了好一会儿了。我还是第一次近看瑶瑶：她穿着还算整洁，头上扎着长长的马尾，显得很精神。但是看她的眼睛似乎哭过。"瑶瑶，你认识这位老师吗？"李老师指着我问。她看了我一眼，没回答，只是摇了摇头。"这是我们学校的周校长。"她又看了我一眼。李老师悄悄告诉我："她很精明，有时在家里和外婆大吵大闹。""瑶瑶今年几岁了？"我问她，她说："七岁。"

出了校门，穿过几条小巷子，不到五分钟，便到了她家楼下。她家住在顶楼。李老师叫住我："我们先不忙上去，在门外听，她外婆一定要骂她，因为今天等我们，她回家晚了。"果然，不出李老师所料。"到哪里去了？咋这个时候才回来？"小瑶瑶没有吱声；"我问你嘛！！"……我让李老师走前面。瑶瑶外婆见李老师来了，有点不好意思，马上让我们进屋。李老师说："瑶瑶，回来晚了，要给外婆解释清楚，不能不说话。"

屋里陈设简陋，一间厨房，一间卧室，一间客厅。房屋没有装修，室内几乎没有什么家具，最显眼的就是墙壁上小朋友用粉笔画的画。外婆说这是租的房，每年要交租金3 000元。公共卫生间在一楼。我们四人围着一张方茶几坐下，屋里也就四张小胶凳。

通过座谈，我们对瑶瑶家的基本情况有了更深入的了解。瑶瑶外婆有三个孩子，两个儿子一个女儿。瑶瑶的妈妈排行老二，在外务工，维持一家生计，爸爸是外省人，与妈妈离婚多年，小瑶瑶对爸爸没什么印象了。在整个座谈过程中，小瑶瑶一直在流泪。谈到两件事时，她特别伤心：一是说到爸爸的有关话题，二是谈到最近瑶瑶撒谎的事。可以想象，一个七岁孩子对完整家庭的渴望，对父爱的渴望，或许还有对父亲的恨（在这个过程中外婆给孩子灌输了一些不正确的思想）。几天前，瑶瑶悄悄拿了其他同学的报纸，回家向外婆要了14元钱订报纸（其实没订），后来被老师和外婆发现，这几天外婆老是拿这事说她。从外婆的言谈中我们知道，瑶瑶平时在家经常和她争吵。

此次家访，可以看出：第一，瑶瑶的家庭教育是有问题的，外婆根本就不懂如何教育孩子；第二，瑶瑶的家庭经济困难，生活环境差；第三，瑶瑶亲情缺失，特别是缺少父母的关爱。关于孩子的教育问题，我们向外婆提出了三点建议：第一，不能动不动就骂孩子，更不能打孩子；第二，要当着孩子的面定期给她妈妈打电话表扬孩子，不能让孩子仇恨自己的亲生父亲；第三，不能拿撒谎这件事来反复说教孩子。同时，我们也告诉瑶瑶：不要恨自己的爸爸，或许他现在正面临很大的困难，可能有一天他解决了困难就会来看你；一定不能私拿别人的东西，借别人的东西一定要归还，一定不能撒谎，以前的那件事自己做错了，必须改正，知错能改就是好孩子。我们也对瑶瑶提了三点希望：第一，坚持每天做十分钟家务劳动；第二，每周给妈妈打一次电话，报告自己这一周最大的进步；第三，把自己的心里话讲给外婆听，把想说的话讲给好朋友或老师听。

我们擦干瑶瑶和外婆的眼泪，一起合了张影。家访，虽不能给她们很多的帮助，但至少可以为她们送去一点温暖，让她们知道我们的学校和这个社会还是充满着阳光，充满着爱！

（2012-11-14）

改不了的文章

今天上午，我带上听课笔记，来到板房区教师办公室，准备听课。六年级六班Z老师说："校长，这篇文章您帮忙改下好吗？"

哦，还是交的打印稿哟！最近，学校开展"诵读经典·传承文明"读书征文活动，这是准备参赛的稿子吧。署名为"通江三小六年级六班王宏涛"，是本学期转到我们学校的同学，据老师说他非常优秀。正好，看看他的文章——《我爱读书》。读罢第一段，我心想：他不得了！把读书与看电视的优劣谈得如此深刻与透彻！他在文中说："我爱读书……每一次作文我都能信手拈来，而且妙语连珠，内容丰富，别具匠心。"

他在读书中找到了快乐，他在读书中收获着成长，在人生前进的道路上，他也一定会在读书中收获一个又一个成功!

"这篇文章,我改不了!还给您吧!"拿出手机,拍了一张照片,把稿子还给了Z老师。

（2012-11-20）

从变化思变化
——党的十八大精神学习心得

党的十八大和十七大报告，对教育的表述有些不同，主要表现在以下几个方面：

第一，十七大报告指出"教育是民族振兴的基石，教育公平是社会公平的重要基础"，十八大报告中表述为"教育是中华民族振兴和社会进步的基石"。

第二，十八大报告中提出"要坚持教育优先发展"，而在十七大报告中没有这一提法。十七大报告中提出"坚持教育公益性质，加大财政对教育投入"，十八大报告表述为"大力促进教育公平，合理配置教育资源，重点向农村、边远、贫困、民族地区倾斜"。

第三，关于对教育方针内涵的表述，十七大报告为"要全面贯彻党的教育方针，坚持育人为本、德育为先，实施素质教育，提高教育现代化水平，培养德智体美全面发展的社会主义建设者和接班人"。十八大报告为"要全面贯彻党的教育方针，坚持教育为社会主义现代化建设服务、为人民服务，把立德树人作为教育的根本任务，培养德智体美全面发展的社会主义建设者和接班人"。

第四，关于实施素质教育的表述，十七大报告为"更新教育观念，深化教学内容方式、考试招生制度、质量评价制度等改革，减轻中小学生课业负担，提高学生综合素质"。十八大报告为"全面实施素质教育，深化教育领域综合改革，着力提高教育质量，培养学生社会责任感、创新精神、实践能力。"

第五，十七大报告指出"促进义务教育均衡发展，加快普及高中阶段教育，大力发展职业教育，提高高等教育质量。重视学前教育"。十八大报告表述为"办好学前教育，均衡发展九年义务教育，基本普及高中阶段教育，加快发展现代职业教育，推动高等教育内涵式发展"。

第六，关于教师队伍建设，十七大报告说"加强教师队伍建设，重点提高农村教师素质"。十八大报告为"加强教师队伍建设，提高师德水平和业务能力，增强教师教书育人的荣誉感和责任感"。

党的报告集全党智慧，代表了党治国理政的最新思想，也体现了党的最高理论水平。从十八大和十七大报告对教育表述的不同中可以看出党对教育的新思想和新要求。根据我个人的理解，新思想和新要求主要体现在以下方面：

第一，进一步明确了教育在民族复兴和社会进步中的地位和作用，教育的现代化才是实现"中国梦"的基石，建设"美丽中国"，必须依靠教育。

第二，十七大报告中提出"坚持教育公益性质，加大财政对教育投入"，虽然十八大没有提，但我认为，加大对教育的投入不会改变，十八大报告换了个提法"要坚持教育优先发展"。这体现在三个优先上：教育规划优先，教育投入优先，资源配置优先，在《纲要》中有具体论述。从十八大报告中也可以看出，今后教育投入的重点要解决的是教育公平的问题，"合理配置教育资源，重点向农村、边远、贫困、民族地区倾斜"。这就进一步明确了今后教育投入的基本原则和方向。

第三，十八大报告对教育方针有了新的要求，明确提出"立德树人"是教育的根本任务。《纲要》提出的"德育为先，能力为重，全面发展"，是实施素质教育的三大途径，在十八大报告里得到进一步明确，也是对《纲要》中相关论述与要求的高度浓缩。对我们要办什么样的教育，怎样办教育，有了简明而具体的要求。

第四，十八大报告进一步明确了素质教育的内涵。提出了实施素质教育，提高教育质量，重点就放在"培养学生社会责任感、创新精神、实践能力"三个主要方面上，这是对"培养什么样的人"的具体化，也是对"立德树人"的具体化。

第五，关于学前教育，十七大提出的是"重视学前教育"，并把位置放在义务教育、高中教育、职业教育、高等教育之后；十八大的提法是"办好学前教育"，并把它放在义务教育、高中教育、职业教育、高等教育的前面。可以肯定，学前教育发展会迎来崭新的时期。

第六，从十八大关于教师队伍建设的提法中可以看出，今后教师队伍建设的重点要从农村教师队伍建设转向全体教师的整体素质提升上，这说明教师总量基本能满足教育发展需要，现在的主要矛盾体现在教师队伍素质与教育发展要求的不适应上。提高师德水平是首要任务，提高业务能力是主要任务，要增强教师教书育人的荣誉感和责任感，肯定会从多方面提高教师的社会地位，让有作为、有成就的老师获得应有的荣誉，受到社会应有的尊重。

十八大报告中，"优先发展，素质教育，教育公平，队伍建设"是教育相关内容的主题词，提出了"把立德树人作为教育的根本任务"。我们必须深刻领会其精神实质，才能把握正确的办学方向，贯彻党的教育方针，全面提高教育质量。

（2012-12-12）

和孩子一起春游

记得小时候在农村老家村小上学，到了春天和秋天，老师都要选一个日子带领我们全体同学到学校附近去爬一座小山——棋子顶。到了山顶，老师让我们寻找她提前藏在树丛中的小纸条。纸条上有猜谜语，有数学计算题，有应用题等，只要答对了就有橡皮擦、铅笔、作业本等奖品。所以，在山脚下，只要老师一声"出发"令下，同学们便像小兔子一样奔上山。现在，忘了是谁最先上的山顶，也忘了获得过什么奖品，但是，当时的那种高兴劲儿，现在都让人神往！

还记得，二十几年前，我刚参加工作，学校坐落在四座山围着的一条河谷里的一个小乡镇边上。当时学校有初中班，我当初一·1班的班主任，教数学。工作第一年的春天，我选了一个天气晴朗的日子，和另外几位班主任带着学生，趟过两条大河，翻过两座山，行程三十余公里，到爱国主义教育基地——王坪烈士墓（现在已经是全国最大的红军烈士陵园，4A景区）参观、瞻仰。第一天，参观后在当地镇上住一晚，第二天返回。记得返回时，有几个同学要去参观"大井坝"水库，我指定了学生组长。我带着大部队学生抄近路返回，在返回途中的山上，还在一个学生家里吃了便饭。当天晚上，全部学生返回学校，回到教室上课。现在想起来，简直是不可思议的事情。如果再回去，我也许没有这个胆量：一是要把安全放在绝对重要的位置，二是不敢冒如此大的风险，三是现在已经不相信学生有那样的身体素质和克服困难的意志力了。

二十多年后的今天，我在多个单位周转后还是回到我最钟爱的校园。当我们的教育大踏步迈进21世纪十多年后，为了保证安全，孩子们最喜欢的春游没有了。春游成了我们这代人最美好的回忆，现在孩子的童年真的很可怜。刚来三小时，我打算赌一把，在会上宣布：只要老师做好预案，落实措施，带学生去郊游，出了问题，完全由学校承担责任。一年又半年过去了，没有一个老师提出带学生走出校园的要求。

我真不服气，这件事就这么难吗？"三八节"那天和老师一起爬山，我与教科室刘主任谈了想带一些学生春游的想法，刘主任也有这样的想法。回校后，刘主任和教务处吴主任在他们任教的班级进行动员，在家长的支持下，各班有近三十名同学参加。在两位班主任和两位教科主任、部分学生家长的带领下，"通江三小远足队"出发了。我们的目的地是距学校不远后山上的营盘梁。上午8点30分出发，10点多就到了目的地，做了一些游戏，举行了"争做绿色小卫士"宣誓仪式。这个地方虽有同学来过，但他们和老师、同学一起仍然很兴奋。看着他们高兴的劲儿，我真的感到很欣慰。午餐是同学们自带的熟食品。下午1点钟，孩子们打扫完场地，带着垃圾返回了学校。

整个过程，没有一个学生不听话，出乱子。我们要还孩子们童年应有的快乐，还孩子们应有的空间。

（2013-03-16）

把权放到底

"为了解放教师和学生，局长和校长主动放弃权力。约束自己，顶住压力，往往让他们咬紧牙关。'只有自由呼吸的教育，才能创造动人的奇迹'，如何打破制度障碍成为他们前进路上最为艰苦的努力。"（《有一种力量叫梦想》，记者李帆，载《人民教育》）

当我们在呐喊学校应有办学自主权时，是不是要思考如何用好"办学自主权"？当我们站在教师的角度来看学校管理，办学自主权最主要的体现还是教师的教学自主权。当前有哪些制度约束了教师的教学自主权？

前不久，我听了学校老师的一堂语文课。课后我在想，假如老师不讲这堂课，让学生自己学习，学生的收获可能差不了多少。后来我把想法与一些老师交流，他们都说：要考试呀，不讲不行。以前我也和我们学校最权威的语文老师讨论过这个问题，得到的回答一样。老师们都认为：只有反复讲学生才会懂，才会懂得更多。从表面上看是老师的能力问题，但问题背后的根源还是制度。当未来没有掌握在自己手中时，他是不自由的，是不敢大胆放手的，因为老师的一切工作均由学校掌控，由考试掌控，由学校的考核制度掌控。《中国教育报》有篇文章指出："真正的教育家都是自由的。"学校把"思想自由"作为师生的追求目标，作为办学理想。给老师放权，让老师在教学中有自己的话语权，也是我一直思考的问题。3月27日，在学校的校本培训会上，我宣布了一个重要决定：我校一年级赵老师、二年级向老师的语文教学，教材上的内容每周只上三课时，其余时间由老师自主安排；不参加学校组织的一切考试，不参加全县的统一检测；根据课标要求，老师自己决定考什么，如何考；要求两位老师每周写好教学周记。准备最近召开这两个班的学生家长会，让家长参与，并获得他们的支持。和两位放权的老师座谈，她们感到压力大。这种压力可能是对突来的权利还不适应，需要一个过程。

放权就放到底，我的信心一是源于这两位老师的能力和敬业精神，二是源于我对教育理想的执着追求。当然会遇到很多阻力，我们在实施中一个一个来解

决。只要我们目标对了，达到目标就只是时间问题。

（2012-04-24）

什么是学校教育的主要矛盾？

了解过当前社会发展的主要矛盾，思考过"后两基"时代教育的主要矛盾，真就没有想过"什么是学校教育的主要矛盾"。这个问题应当是当校长首先要思考的。对它有了深刻认识，我们才能明白最应该做什么，学校的财、物如何用。学校的人、事如何安排，也才能抓住主要矛盾和矛盾的主要方面。

最近一期《四川教育》（2013年7-8期）卷首文章回答了这个问题："什么是学校教育的主要矛盾？个性学生的无限发展之需要和相对有限资源的矛盾。"这个回答对于我校来说是非常准确的。学校的主要矛盾一定要指向学生的发展，因为"育人为本"是我们教育的工作方针和根本任务；学校的资源一定要为学生的发展服务，是管理的根本任务和工作要求。明白了这一点，那么学校纷繁的事务孰轻孰重就一目了然。

文中最后一句："还权于学生，逐步引领学生自治，这是一种更为理性的选择，学校管理应始于学生止于学生。"学生自治，也就是实现学生的自我管理。苏霍姆林斯基说："自我管理才是最有效的管理。"这是学校管理的最高境界，我一直就梦想着有一天能达到这种状态。当前的学校管理，特别是对学生的管理，不是不足，而是太过，包办太多，信任不足，指责有余。让学生管理自己本身就是应该利用的教育资源，让学生管理自己是对我们管理工作的要求，让学生管理好自己是我们要实现的目标。应当充分开发此资源。

（2013-09-22）

让学生在课堂中收获什么？

《中国教师报》最近办了一期关于"好课堂"的教师节特刊。在"微论好课堂"板块中，湖北武汉的李松林这样论"好课堂"："好的课堂应该是学生成长的乐园，学生收获的不仅仅是知识，更重要的是学习方法，与人交往、合作的能力，敢于展示自己的勇气；好的课堂应该是老师成长的空间，老师在讲台上得到解放，有更多的时间去反思课堂，去总结经验，不断成长。"

知识、学习方法、与人交往和合作的能力、敢于展示自己的勇气，这是学生在课堂中应该收获的。"不仅仅"和"更重要"两个词组让我们不难看出什么才是最重要的，才是为学生终身学习打基础、为学生走向社会打基础的。新课程改革的具体目标之一就是要改变过去过于注重传授书本知识的状况，强调养成主动学习的习惯，使获得基础知识与基本技能的过程成为学会学习和价值观形成的过程，即从长期以来坚持的一维目标向三维目标转变：从过于重视知识与技能的目标转向既重视知识与技能，又重视过程与方法、情感态度价值观。《国家中长期教育改革和发展规划纲要》中提出了素质教育的三个关键方面：着力培养学生的社会责任感、创新精神和实践能力。好课堂的价值取向也就显而易见。这些思想都要靠我们在每一堂课上去实现。提高教育质量就是要提高每堂课的质量，把每堂课都变成好课堂。

最近听了几堂课，从老师的授课过程可以看出他们潜意识中还是把知识目标放在最重要的位置，还是主要以"教教材"为重，教学指向是为了学生能考试，"用教材教"对大部分老师来说还是较高的要求。方法比知识更重要，就拿高考应试来说，要考教材中现成的阅读与理解的可能性非常渺茫，还是要让学生掌握阅读与理解的方法，这才能解决问题。

（2013-09-23）

晏阳初教育思想在学校管理中的实践探索

我校在文化建设中与晏阳初教育思想有机结合，构建了以"自主、自觉、自由"为关键词的核心体系，确立了学校的使命、愿景和价值观，在教育教学管理中，针对学校的办学实际，对接学校的办学理念，在继承中发展晏阳初的教育思想，在课程、队伍、常规、课堂、教改等方面的管理进行了探索。

课程管理：学校正在进行三级课程建设，构建适合我校实际的特色课程体系。学校不折不扣地落实好国家课程和地方课程，加大校本课程的开发力度。把国学教育、经典诵读、硬笔书法作为拓展课程和学生必修的校本课程，把家务劳动、社区服务、阳光体育、远足活动作为活动课程和学生必修的校本课程，把学校的社团活动和年级选修课作为学生的校本选修课程。必修校本课程已经全面实施，选修课程正在逐步开发。

队伍管理：一是加强教育思想的领导，逐步完善学校的核心理念体系。把"学习自主、行为自觉、思想自由"作为学校的培养目标，把"引导自主、唤醒自觉、尊重自由"作为教师的教育教学行为的最高准则，确立了学校发展愿景和老师认可的教育教学价值观，并与平时的教育教学行为和学校管理对接，树立共同的追求目标。二是加强校本培训的引领，引导老师对教育理想的追求。坚持每月一次主题校本培训，培训会上有"教师交流、名家指引、学校引导"等板块。重视走出去培训，去年外出培训支出超过15万元；今年，校长参加了北大教育家型校长高级研修班学习，四名省级骨干教师参加了省级培训，二十多名教师走出学校参加全国、省、市级的活动。三是加大集本研究的力度，促进教师队伍均衡发展。对教学常规管理进行了改革，减少对教师个体行为的检查，加大对集体活动和活动效果的检查。年级组内的学科组每章节一次集体备课，同伴相互培训，相互帮助，共同提高。四是注重教育随笔的撰写，鼓励老师及时总结，深入思考。每月要求中青年教师写随笔四篇，每位中青年老师建好自己的教研博客。五是抓好观课议课的管理，坚持常规教研长抓不懈。每门学科坚持每周一堂公开课，学校领导坚持听随堂课。

常规管理：一是改革教学常规检查。做好备课工作，坚持集体备课与个人备课相结合，以集体为主；坚持单元过关分析，多关注学习困难的学生；建立适应我校学生的综合评价办法，健全成长档案；不再简单地以分数评价教师的教学成绩，加强过程评价在业绩考核中的比重。二是用"流程"管理常规。学校为提高教育质量，尝试用"流程"管理学校，规范管理过程，提高管理效率。目前已形成了《集体备课流程图》《评选最美学生流程图》《毕业生教育流程图》《转入学生管理流程图》《常规检查流程图》，《绩效分配流程图》《评选书香班级流程图》等将逐渐完善。

课堂管理：在课堂教学上，引导学生自主学习。积极构建"自主、高效"课堂，真正做到把时间还给学生，为学生留足空间，努力实现"老师不讲学生能会的老师坚决不讲，老师讲了学生也不会的一定不讲，能学生讲的老师不讲，能少讲的一定不多讲"；能让学生提出的问题老师不提，尽量让学生在课堂中提出自己的问题。各个学科每周一课，围绕"老师如何少讲"和"从解决问题向提出问题转变"开展议课。

教学改革：学校设立了三个语文教学实验班，充分下放教学自主权，要求教材上的内容只用一半的时间完成，其他时间完全由老师自由支配，老师根据课标的要求选择教学内容，自主确定对学生的考试与考核办法，不参加学校和上级组织的所有统一考试（毕业考试除外）。改革的作用在于：一是迫使老师改变教和学的方法，用较少的时间完成国家课程的教学任务，提高效率；二是促使老师参与到校本课程建设中来，自觉进行课程建设；三是有利于老师按自己的思想开展教学活动，给足发展空间，展现教学个性（没有教师的教学个性就没有学生的个性）；四是有利于促进教师专业发展，为未来一线"教育家"搭建成长平台，因为教育家的教学和思想都应该是自由的。

我校研究晏阳初教育思想才起步，学习需要更加深入，实践需要不断总结，我们在探索中继承和发展晏阳初的教育思想，学校也在他的教育思想指引下不断变化、成长。

（2013-11-20）

重拾师道尊严

近期《中国教师报》"总编七日谈"中写道：教师，本来应该是安安静静办教育的群体，却屡屡被置于社会批评的风口浪尖。师德，一个本不该成为热点的话题，却每每成为大众街谈巷议的焦点。这是社会的悲哀，还是教育的悲哀？

几千年来，无数崇高的师者以自己朴素的言行建立起了让人仰望的师道尊严，然而现在尊严受到挑战。体罚学生、有偿家教、乱订购教辅资料等现象，让学生、家长怨声载道，成为全社会责罚的焦点。为什么几千年来形成的"师道尊严"就这么不堪一击？如果是一个教师或一个学校出了问题，这肯定是教育内部有问题；如果是从幼儿园到大学，从南到北，从东到西都出了问题，还单单是教育的问题吗？应当是社会的问题。

人类社会共同的基本价值取向排序应当是安全、健康、财富、自由、公正、和平。我们的经济总量上去了，增长速度上去了，但是社会进步也应同步，我们必须意识到"两手抓，两手都要硬"。

社会问题不是一时半会儿就能解决的，需要顶层设计，需要系统解决，但是重拾师道尊严已经等不起了！教育部《中小学教师违反职业道德行为处理办法（征求意见稿）》出台了，从制度层面规范教师行为，恢复教师应有的社会地位，是不得不做出的选择。

（2013-12-12）

在互助中共同进步

按教育局的安排，松溪小学与我校是城乡结对帮扶学校，准确地讲，应该是互帮互助学校，因为我们两校的教育资源不一样，各有各的优势。农村的孩子更加亲近大自然，能看到四季轮回，能看到花开花落，能感受到庄稼生长的节奏，能看到春华秋实……进入眼中的、映在心里的一切尽在变化中，这些是城里孩子无法感知的。农村学校的孩子大多从三年级起开始到中心校住校，过寄宿制生活，课内课外都和同伴在一起。他们大多是留守学生，自己照顾自己，很小就学会了独立；我们学校的孩子35%是留守学生，课外基本上是隔代监管，不但没有学会独立，反而有很多问题。

城区学校的相对优势在于师资配套，信息获取更加充分，培训机会更多。在教育均衡发展的道路上，结对帮扶，对城区的学校也是有帮助的。我们的老师在理念上、方法上可能有一些优势，但我们在教育理想、敬业精神方面要向农村教师学习。

今后，我们将每两个月开展一次支教活动，共同举办每次的校本培训，同步开展教研活动。愿我们两校在交流与合作中共同进步!

(2013-12-18)

孩子健康成长是天大的事

"校长,我们学校有个现象,大同学欺负小同学,很普遍,希望校长在下周星期一校会上,着重强调这个问题。"一位家长发来这条短信。

我回道:"好,谢谢您!"

"校长,我们应该谢谢您才对,因为我们以前多次给班主任说过,都不管用,只好向您求助。这些以大欺小的行为已经严重影响低年级学生的身心健康。特别是五六年级学生,经常横行霸道。"他又回短信说。

看来家长对这个问题意见很大,我们学校对此没有引起高度重视,还没有发现这个问题如此严重。

在12月23日的升旗仪式结束时,学校安保处王主任就这种现象进行了严厉的批评,并提出了严格的要求。

23日中午又收到家长的回信:"校长,谢谢您!孩子今天回来说,早上集合的时候着重提到关于大同学欺负小同学的事。对一个普通学生家长所提之事您都如此上心,对于孩子来说这将是他一生都难以忘怀的事!"对学校来说这是举手之劳,对孩子来说是多么的重要。

我回道:"不用谢!为孩子营造健康成长的环境是我们共同的责任。"其实,问题更多的是我们管理不到位所致。群众利益无小事,孩子健康成长更是天大的事。

(2013-12-23)

当我们被"分数"裹挟

长期以来,不论是作为在一线教学的教师,作为基础教育工作的一名管理者,还是作为学校的领头人,我都努力让自己不要被"分数"裹挟。但是,在今年的转学工作中我再次接受被"分数"绑架的现实。

上学期全县统考，我校各年级、各学科的考试分数在通江镇片区公办学校居中间位置，与实验小学和二完小的平均分差距在5分左右，与私立小学的差距更大。片区还将抽考年级各班、各学科的成绩进行排位，我校绝大部分班级在全镇近三十个班中排第15名以后。

成绩一出来，学校领导在关注，学生在关注，老师更关注。尽管我们大会小会讲"只要努力了，什么结果都能接受"，但是，大家暗地里仍然在自觉不自觉地"比分数""比名次"。《国家中长期教育改革和发展规划纲要》颁布以来，无论是学校、学生、老师，还是政府官员、教育专家、家长和社会各界，都在口诛笔伐以分数为中心的应试教育。可是，不论是政府还是学校，不论是老师还是家长，无不围绕升学在"舞蹈"。去年高考结束后，来自各方面的压力又让我们从幼儿园到高中回到"一切为了教育质量"（其实就是抓分数）这条老路上来，破坏了教育改革本已发展较好的势头。

期末公布考试结果，老师看到去年的统考成绩后都在反思。我们很努力了，为什么与他们的差距没有减小？为什么我们每年都要接收那么多的学困生？老师的抱怨指向学校对转学生的控制，特别是对学习特别困难的学生的控制。面对此形势，今年我们让转入学生进行入学考试，打算对各个学科均差的学生进行控制。考试时，学生在教室内考，家长在教室外更着急，时不时把焦急的目光投向教室。还有些家长知道自己的孩子成绩很不好，神态沮丧。成绩一出来，各科均在20分以下的没有拿到入班通知书。没有拿到入班通知书的家长着急了，要么找各种关系给学校打招呼，要么直接找老师说情。有一位家长为孩子转学，在我办公室里委屈流泪，甚至惩罚孩子两顿不给饭吃。往往成绩不好的学生家庭也很困难，为了让孩子有更好的学习环境，家长想尽办法，花费人力和财力租房子、买房子进城来送孩子读书。追求优质教育是他们应该有的权利，家长没有错。看着他们无助的眼神，我心里很不是滋味。

面对考核，我们不想收学习困难的学生；面对家长，我们不忍心拒绝他们；面对孩子，我们必须帮助他们建立自信和自尊；面对教育，我们一定要叩问本真和良心！

最终语文和数学只考了4分和8分的同学还是转入了我校就读。

（2014-02-18）

办一所理想中的学校

自到"三小"后，我一直思考要把"三小"办成一所什么样的学校。想到了文化建设，想到了课程支撑，想到了管理跟进，但我对学校的思考还不够系统，不够深入。上个月到北京玉泉小学挂职学习，玉泉小学为我们学校的发展路径做了很好的示范。

我们理想中的教育应该是学校自主、自由的教育，是能够使"每个孩子都能成为最好的自己"的教育，是师生都能自由呼吸的教育。我长期行走在追随"自由呼吸的教育"的道路上，我想打造一所自由的学校：

第一，办一所规范的学校。自由的学校不是自由散漫的学校，自由的学校首先是规范的学校。在这里，每一项教育管理、每一个教育活动都是按一定流程运转的，人、财、物、事全都在这个流程中高效、自动运转。建立起学校的流程体系，是我们正在进行的重要工作。

第二，办一所自觉的学校。自由学校的重要特征是师生高度自觉。养成良好的行为习惯，是自律的基础工程，好习惯长期坚持就是自觉，让自律作为自觉的保证，让自觉成为重要的培养目标，让自觉成为师生的标志。

第三，办一所自主的学校。自由学校有高度的自主权，自主的学校最主要的体现是学生学习自主。把课堂还与学生，让学生成为课堂的主人，让学习成为学生自己的事情；提供尽可能多的课程，让学生自主选择；为老师提供自由的空间，尽可能减轻心理和行政上的压力，搭建自主发展的舞台；校长有自主支配人、财、物和事的权利，自主决定教学的权利。

第四，办一所自由的学校。也就是办一所成就"完整的人"的学校，办一所"随心所欲"而"不逾矩"的学校。

（2014-04-13）

相依为命

昨天和前天,我陪"新星阳光"项目的Y老师分别深入铁佛中学、小学,文峰小学,至诚中学、小学,龙凤小学,与在校的孤儿和贫困学生进行了面对面座谈,了解家庭情况。两天一共与近八十人座谈。我们还到六名同学家中进行了家访。

至诚中学高二文科体育专业的小明(化名)同学很引人注目,高高瘦瘦的,一眼就看出他营养不良。通过了解才知:他父亲在其八岁时因家中修房发生意外去世,第二年母亲也去世了。现在他和年近七十岁的爷爷相依为命(奶奶也去世了)。我们决定到他家里去看看。他的家就在一所村小学旁边,几间瓦房,屋里陈设简单。爷爷端出热腾腾的茶水招呼着我们在阶沿上坐,周围邻居也纷纷过来给我们递烟,热情地和我们打招呼。爷爷的脸色黑中带黄,同行的Y老师说,感觉爷爷病得不轻,肝和肾有问题,必须马上检查。在这个家里,如果没有了爷爷,孩子就没有了精神支柱。Y老师给爷爷300元钱,要求今天进城到医院检查,由学生资助中心的一位主任协助他就诊;并表示会资助小明,帮助他完成学业。

周围的邻居不住地向我们道谢,一位老大妈说:"共产党好啊!政府好啊!我们的社会好啊!"

然而小明爷爷当天并没有进城检查,据说要等到"五一"放假以后才进城。他的身体,我们都很担心。

(2014-04-25)

"小蝌蚪"找妈妈

昨天的家访中最有成就的一件事就是帮"小蝌蚪"找到了妈妈。在学校座谈中,小柱(化名)的家庭不是最困难的,他有爷爷、奶奶照管。爸爸去世后,妈妈虽然再婚了,但还在本地居住,没有再生孩子,但就是没有往来。可能是从小受爷爷、奶奶的影响,小柱对妈妈有意见。

"新星阳光"项目有个原则:应由父母承担的责任,如果父母还能够正常履行的话,就要由父母来承担,项目一般不给予资助,要把有限的资金用到确实需要帮助的人身上。这个孩子不能成为资助对象,可以帮他的就是"找到妈妈"。在征得小柱本人的同意后,我们决定和他一起去"找妈妈"。约半个小时的车程,我们就到了小柱妈妈的家。我们一行的到来着实让小柱妈妈吃了一惊:是来找麻烦的?从住房来看,日子过得也不是很好,现在的丈夫原来就有一个孩子,成了家,在外务工。我们先把小柱与妈妈及继爸拉到一起,讲明了来意,说出了我们的想法。

沟通很顺利,妈妈的心中一直有这个孩子,还多次到学校远远观望他。天下母亲的心都一样慈爱。由于孩子的不接纳,爷爷、奶奶的成见,阻断了本不该断掉的母子情。小柱的继爸也很宽容,内心也接纳这个无血缘关系的孩子,这让我们很欣慰。在我们的再三鼓励下,小柱还是没有勇气当着大家的面叫一声"妈妈"。妈妈眼角的泪花告诉我们,这一声"妈妈",她渴望已久。

我们决定分别和孩子、妈妈座谈。我重点和妈妈谈:希望她要宽容,不要期望孩子马上叫"妈妈",今天能来见这一面,就表示孩子在心中在叫你这个妈妈,要让他表达出来,还需要给他一些力量和时间,现在能做的就是从小事做起,常去学校见见孩子。今天希望妈妈牵牵孩子的手,抱抱他。妈妈很坚定,表示一定能做到。

小柱妈妈走入里屋,她说给孩子取点零用钱(她没有征求丈夫的意见)。在院子里,妈妈拉住小柱的手,把钱塞到孩子手中。小柱在众人面前还有点不自然,低着头,没有反对,也没主动配合妈妈的动作。妈妈抽泣地说:"孩子,都是我们的命苦啊!"她把小柱搂进怀里,眼泪夺眶而出。

找到妈妈很简单,但孩子要走近妈妈,妈妈走近孩子,走进彼此的心灵,还需要时间。其实他们都需要彼此的抚慰,给他们一些时间吧!

(2014-04-25)

把自己的画买回来

今天星期一,下午是剪纸班孩子的学习时间。李老师行动虽不便,但她和往常一样,提前来到学校,克服很大的困难来到教室门口,等待辅导老师和孩子们的到来。

从工地上巡视回来,我径直来到教室。李老师和向老师都有一个想法,为孩子们办一个画展,展示学习成果,激发学生的积极性。同时,为了让这个活动更有意义,两位老师都有一个想法,把孩子们的作品拿到红军广场上去义卖,义卖收入捐给刚刚建立的通江县"孤儿关爱基金",让孩子们更加有成就感和爱心。我们在讨论中,坐在第一排的小男孩马上说:"我的画我自己把它买回来。"他不经意的一句话,让我很感动:其一,他很喜欢自己的作品,喜欢剪纸艺术;其二,他要通过他的认购,为"基金"捐善款。

其实,教育就这么简单。

(2014-05-05)

为"最美三小"奠基

今年,我们启动了第二届"最美三小学生"评选活动。与第一届的评选办法有所不同,去年评选的十名"最美学生"是由年级组直接评选出来的,而今年增加了评选候选人这一环节,每班评选出一名候选人,学校在校内展示候选人的主要事迹;临近表彰时,由上届最美学生、家长代表、教师代表、学校领导代表组成评委,候选人或推荐人向评委陈述个人主要事迹,评委投票产生前十名为本届"最美学生"。评选结果暂时保密,在颁奖典礼上现场开奖,颁发奖杯和奖状。

评选结果是有意义的,但从活动开始启动到评选结果产生的过程更有意义。这个过程,特别是展示光彩、宣传事迹的过程,就是一门活生生的德育课程。不论学生、老师,还是家长,每当走到这些宣传栏前,都会驻足阅读,有的还用手机拍下他们的照片。在有形与无形中,在有意与无意间,所有人都受到了教育。这是几节品德课无法实现的教育目标。

这项活动,也是我们创建"最美三小"的基础工程。

(2014-05-28)

孩子们的心愿

每年"六一"儿童节,我们学校都要举办绘画作品展,今年也不例外。

在孩子们的作品展中,《一棵树》是这次作品展的首展作品。这棵树是同学们的心愿树。有的孩子想当画家,有的孩子想当科学家,有的孩子想当将军,有的孩子想当老师,有的孩子想当医生……

但是,有几个孩子的心愿不一样,"我想和爸爸妈妈永远在一起""我想我们全家都健康""我和黄灿、赵玉朋永远是好朋友"……

看着孩子的心愿树,想哭。不知咋的,年龄越大,感情却越脆弱。

（2014-05-28）

"理得清""讲得明""行得通""走得远"

我刚参加工作，就看到别人在文章中引用苏霍姆林斯基的一句话："自我的管理才是最有效的管理。"1996年11月，我参加了国基教育在成都举行的"西部校长论坛"，时任潍坊教育局局长的李希贵到会作了题为"新课程背景下的校园革命"的报告，我非常振奋，随后一口气读完了他的《为了自由呼吸的教育》《学生第二》两本书。我的教育博客"自由呼吸"也随之诞生。2011年3月我有幸到济师附小学习，他们的培养目标之一就是"自由的精神"，这让我坚定了学校是可以讲"自由"的。苏霍姆林斯基的"自主"、李希贵的"自由"，成了我的教育思想的关键词。

2011年8月30日，没有一点思想准备，我便从局机关匆匆忙忙走上了通江三小校长的岗位，开始思考学校文化建设。

2012年春，一个偶然的机会结识了重师大的陈教授，便有了合作的开始。重师大提供智力支持，帮助我们整理校园文化理念体系。与我们简短交流后，他们经过近三个月的深思熟虑，帮我们初步构建了以"阳光"为主题的学校文化体系。在我们的交流会上，县教育局副局长、德高望重的老局长，以及来自全县的近二十位中小学校长出席。重师大的成果很好，但是总觉得离我们太远，特别是离我的想法很远，大部分内容被否定。

不久，四川教育报刊社王老师来到学校，我向他汇报了办学的一些基本想法。他说："来到你们学校，给我印象最深的一句话是校门电子显示屏上的'把有限的空间留给孩子'，是不是可以从'留足生命发展空间'上做做文章？"他的话对我启发很大，这不正是对我的教育思想的很好诠释吗？

如何确定"三小"的办学思想？如何根据我的教育思想来办好"三小"？我没有停止过思考，也和老师一起讨论过，对于办学思想、培养目标、愿景、校训等始终没有一个很好的答案。咋办？读书吧！朱永新的新教育实验在我过去的农村学校工作经历中有很大的帮助。他的《我的教育理想》一书有很多学校文化建设的个案。于是，我也试着对以"学习自主、行为自觉、思想自由；引导自主、唤醒自觉、尊重自由"为主题的文化核心概念进行深化与细化，来建立学校的使命、愿景和价值。确立了使命、愿景和价值观后，行为对接和文化表现便开始了。

我们确立了学校的使命、愿景和价值观，确立了以"自主、自觉、自由"为主题词。但是，当我们试着回答"'三小'培养出什么样的人"和"'三小'如何培养成这样的人"两个根本问题时才发现：我们对学校文化的认识还不够透彻，思考还不够深入，还没有建立起独特的文化系统。要建设学校的文化，必须有自己的教育思想和办学思想。没有自己的教育思想的学校，其学校文化就会成为广告公司为学校设计的广告,是没有内容的学校文化,是没有内涵的学校文化,学校文化也就没有教育力量,仅是学校的标签而已。建设学校文化,必须确立自己的教育思想,把两个根本问题想明白,不能远离教育的本质,不能脱离教育方针政策。

2014年4月,我到北京玉泉小学学习一周,高峰校长在三年时间内实现了教育思想和玉泉小学的办学思想的无缝对接。他们学校的成长路径,值得我们学习和借鉴。2014年6月,我们学校也学着他们的办法,成立了"文化研究院",加速学校文化建设的步伐。

7月初的一天,我再次和王老师交流,汇报了我近期的一些想法和做法。他对我予以肯定,并提出学校文化一定要"理得清""讲得明""行得通""走得远"。

我们学校文化研究院的老师正在阅读和反思,在这个假期我们一定要出效果,出成果,不然下学期我们将要轰轰烈烈进行的课程全面改革就没有思想和方向。法国哲学家埃德加·莫兰的《伦理》让我对人类、人、人性,对人的教育有了进一步的认识,自己的教育思想也进一步丰富了。

(2014-07-13)

欠发达地区以学校为主开展"平民教育"的思考

平民:广义的平民指国家的人民。伟大的教育家和社会学家晏阳初开展的平民教育中的平民最先是城市的市民,后来他把平民教育重点转向了农村,平民教育的重点也就转变为农民教育,平民的重点也就转变为农民。本文的平民指社会普通公民,重点指的是除学生以外的成年公民(城市的市民与农村的农民)。

平民教育:广义的平民教育是指包括学生在内的全体公民教育。本文关于平民教育的重点是指不包括学生在内的公民教育。

学校主体:在开展平民教育中,学校是教育活动的领导者、组织者和实施者,在管理和实施中处于主体地位。本文中的学校指各类中小学校。

欠发达地区：本文指经济社会发展相对落后的地区。与相对发达的地区相比，平民在知识、习惯、礼仪、法制等方面的差距是客观存在的，是经济基础决定的，是最需要提高的。

通过对世界平民教育家晏阳初的平民教育思想的研究，本文致力以学校为主体提高平民整体素质的理论与实践水平：从历史的责任、现实的需求等方面分析晏阳初的"平民教育"思想的现实意义；通过学校与村社和社区基层组织、基层文化部门在开展平民教育中的优劣势的比较，阐述了学校在开展平民教育中的主体作用；立足经济发展相对落后的地区，提出以学校为主开展平民教育的主要内容与途径。

晏阳初认为，"民为邦本，本固邦宁"虽是旧话，实有道理，人民才是国家的根本。因此，为平民办教育，到乡村中去为农民办教育，"开发世界最大最富的'脑矿'"，这是关系到"本固邦宁"的根本问题[1]。《国家中长期人才发展规划纲要》和《国家中长期教育改革和发展规划纲要》明确指出：人才是我国经济社会发展的第一资源。我国实现了从人口大国向人力资源大国的转变，正在加快从教育大国向教育强国、从人力资源大国向人力资源强国迈进。没有全民素质的整体提高，是实现不了这个迈进的。当前我国国民素质的短板在于农村农民和城市普通市民的素质不高，加强和加快平民教育，是建设人力资源强国的客观要求。

一、晏阳初"平民教育"思想的现实意义

开展平民教育，是继承和发展晏阳初教育思想赋予学校的历史使命。晏阳初是民国时期著名的教育家和社会学家，自1920年开始致力平民教育七十余年，被尊称为"世界平民教育之父"，与陶行知先生并称为"南陶北晏"。他于20世纪20年代至30年代期间，在河北定县开展了平民教育实践和乡村改造事业，给中国留下了宝贵的财富。据20世纪80年代统计，定县是河北省内唯一一个无文盲县，现在我国推行的村干部直选等政治体制改革试点，也借鉴了当年的定

县经验。晏阳初移居美国后，致力向世界推广他的平民教育理念，在他的协助下，菲律宾、加纳、哥伦比亚等欠发达国家纷纷推行类似计划，为这些国家的发展做出了巨大贡献。1943年他被美国评为"对世界文明贡献较大的十人"之一，与爱因斯坦同获殊荣；1967年被菲律宾总统马科斯授予最高平民奖章"金心奖章"；1987年美国总统里根在总统办公室授予晏阳初"终止饥饿终身成就奖"。弘扬光大晏阳初所取得的成就应该是当代教育人的责任与使命。晏阳初的教育思想是给当时中国国民的"愚、穷、弱、私"四大病根开出的药方。他以文艺教育救愚，以生计教育救穷，以卫生教育救弱，以公民教育救私，提升国民的知识力、生产力、健康力、团结力，培养公民的整体素质[2]。由此看来，晏阳初的平民教育思想仍然对当前的平民教育有重要的指导意义。所以，继承和发展晏阳初的教育思想是当代教育人的使命和责任。晏阳初出生在巴中，安眠于巴山大地，作为伟人家乡的学校理应肩负起继承、发展和发扬晏阳初思想、精神和成就的历史使命。

开展平民教育，是实现民众素质与经济发展水平相适应的内在要求。晏阳初认为，要从平民、国民、公民最基本的国家元素来建设一个国家，公民是一个国家的要本，只有公民强大了，这个国家才能真正强大起来。今天中国的国内生产总值跃居世界第二，但是中国的国民素质距离世界第二还很远。实现整个国家经济的科学、可持续发展，必须有强大的高素质国民作支撑。国民的素养落后于经济的发展，是强国富民道路上必须解决的问题。当前，我国东西部地区经济发展的不平衡、城乡发展的不平衡，是实现国家均衡发展、人民共同富裕的障碍；提高平民素质，是实现区域协调发展，构建和谐社会的基础性工程。

开展平民教育，是"后两基"时代的重要任务。"基本普及九年义务教育""基本扫除青壮年文盲"已经实现，但是随着经济的发展、社会的进步，时代对国民的素质要求会越来越高，以"两基"为主要内容的平民教育也应有新的内容和要求。当今的平民教育与传统意义上的平民教育应有不同的特点，平民教育工作必须紧紧跟上时代发展要求。高度重视平民教育，大力加强平民教育，不断创新与发展平民教育，才能巩固和提高"两基"成果，才能实现教育从数量的增加向质量的转变，也才能从根本上实现教育大国向教育强国转变，实现人口大国向人力资源强国转变。这是从根本上解决分子偏小的问题，是精英教育所不能代替的。

开展平民教育，是弘扬晏阳初的平民教育精神，加强教师队伍建设的客观需要。在定县推行平民教育的过程中，为了更好地服务于当地农民，晏阳初于1929年毅然携妻儿离开北京，举家迁入偏僻的定县，"穿粗布大褂，住农民的漏雨的房子"，在这里安家落户，一住就是八年。他有一段真诚的自白："我们不愿安居太师椅上，空作误民的计划，才到农民生活里去找问题，去解决问题，抛下东洋眼镜、西洋眼镜、都市眼镜，换上一副农夫眼镜。"按照晏阳初的说法，教育并不是高高在上的"训育"，而是"到乡间来求知道"，"努力在农村作学徒"。在他的感召下，部分知识分子怀着一腔热情，举家迁居定县，脱下西装，换上农民的粗衣布衫，长期跟农民一起生活，传播知识，形成了令人瞩目的"博士下乡"与农民为伍的独特风景。晏阳初把自己全部的爱都奉献给了中国和世界的广大民众，这种甘于平淡、甘于寂寞、无私奉献的精神正是今天大多数城乡教师所缺乏的。他穷尽一生努力追求教育的平等权，大力提倡大众教育，执着于自己的教育理想并为之献身的精神，令人钦佩。他的思想、他的实践为当今中国教育欠发达地区提供了借鉴。他一生信守"不做官，不发财，把我的终身献给劳苦大众"，是我们当代教师精神家园的道德丰碑。我们既要学习他怎样做事，更要学习他怎样做人[1]。

我市正在开展"创建国家环保模范城市，省级和国家级卫生城市、森林城市，省级文明城市和生态市"（简称"五创联动"）。开展平民教育，是我市开展"五创联动"活动的有力保障。市委领导提出的"各级干部有新境界、广大市民有新观念、广大农民有新技能"的基本要求，是创建工作的基本前提，也是实现创建目标的根本保障。新境界、新观念、新技能哪里来，一言以蔽之，还得着眼于大众教育，也就是平民教育。坚持平民教育，做实平民教育，才能增强"五创"工作软实力，没有高素质的干部、市民和农民，靠再好的硬件也实现不了创建目标。人才是最革命的因素、最活跃的因素、最根本的因素，以人为本开展创建才能走得更扎实，更稳健，更长远。

二、学校在开展"平民教育"中的主体作用

村社和社区基层组织在"平民教育"中的局限性。我国的农村和城市的基层组织在平民教育的功能上还不健全。一是没有专门机构开展这项工作，二是平民教育工作还没有被列入重要的议事日程，三是没有足够的人力、物力和财力实施这项工作。就目前的情况来看，村社和社区基层组织难以担当起平民教育的主体责任。

乡镇文化管理与服务组织在"平民教育"中的局限性。文化部门只有通过文化活动影响和引领平民。但是我国人口众多，幅员辽阔，而乡镇一级文化管理与服务组织力量薄弱，和基层组织一样没有实力开展平民教育，同样也不能在平民教育中发挥主体作用。

学校在开展"平民教育"中的优势和可行性。学校是负责一方百姓教化的重要组织。因为一方学校教化一方孩子，决定一方未来，也可以通过对孩子的教育来影响和引领一方百姓。一是学校有专门的场所可以开展平民教育工作；二是学校有专业的师资开展平民教育工作；三是学校有系统的理论支撑开展平民教育工作；四是学校可以利用学生的成长来影响带动家庭和社会的教育；五是学校有做平民教育的良好传统，以前每一所学校都是当地的成年人学校，在这方面也积累了丰富的经验。这是学校在平民教育工作中的优势。随着社会不断向前发展，学校办学条件不断改善，国家对平民教育的更加重视，投入不断加大，以学校为主开展平民教育是可行的。

三、学校开展"平民教育"的主要内容与途径

开展平民教育的主要内容。以校为主开展平民教育的内容选择可以侧重以下几个方面：以科学技术、政策法律、安全知识为主的知识教育，以交往礼仪、生活习惯、卫生习惯为主的常识教育，以文学、艺术为主的审美教育，以道德、政治为主的修身教育。

实施平民教育主要有五条途径。

途径一：利用"孩子反哺作用"开展平民教育。也就是有目的、有计划、

有组织地让学生对家庭成员、亲朋好友和邻居进行教育，开展"小手拉大手"活动。例如：开展每周带法回家活动、带故事回家活动、带卫生常识回家活动、带时事政策回家活动、带安全常识回家活动；开展孩子、家长同守班规活动，孩子、家长一起制定家规活动；开展孩子、家长同锻炼活动；开展孩子、家长同读书活动；开展孩子、家长寻找身边的安全隐患活动，寻找身边的陋习活动等。

途径二：利用"综合实践"课程开展平民教育。四川省义务教育阶段课程计划规定：综合实践活动课程为国家规定的必修课，社区服务与社会实践是综合实践活动课程的重要内容；我县在规范办学行为中规定：小学生每学年参加社会实践活动的时间不少于10天，初中学生每学年不少于20天，高中学生三学年不少于30天。学校可以把平民教育系统地安排到社区服务和社会实践课中去。每学期开学初要编制具体的计划，分年级、分班或小组制定实施方案，可以集中开展，也可以分散到每月进行；可以和社区、村社共同组织，也可以让师生和居民、村民共同参与。每周末以两三个人开展小组活动，每月以班为单位开展半天平民教育主题活动。

途径三：利用家校联系的信息化平台开展平民教育。充分利用移动信息平台，学校每天给学生家长发送以平民教育内容为主的短信，开展家长学校教育活动。

途径四：利用学校的优势教育资源开展平民教育。大力实施定期"开放学校"活动。一是开放学校设施，如体育场地、图书馆室等学校设备设施，为社区或地方居民、村民开放；二是开放学校活动，如学校的运动会、艺术节等活动，让家长、居民或村民共同参加；三是开放课堂，让有学习愿望的村民和居民有机会到学校听老师讲课，提高自己，完善自己。

途径五：利用地利之便与社区联合开展平民教育。一是把学校的活动搬到社区去，成为社区平民教育活动的一部分；二是把社区活动请到学校来，穿插文艺活动，渗透平民教育思想。

四、学校开展"平民教育"的预期成果

1. 理论成果

学校教育功能的扩展研究。学校的教育功能不仅局限于对在校学生的教育，还有其他社会教育功能。以校为主开展平民教育的研究，可以丰富和发展学校教育功能方面的相关理论。

继承与发展晏阳初的平民教育思想。新时期的以校为主开展平民教育是对民国初年晏阳初平民教育的继承，同时又不完全相同。特别是在内容、途径等方面有新的发展。

创新成人教育的思想与途径。平民教育作为成人教育最主要的内容，长期重视不够，效果不好，通过以校为主的开展平民教育的研究，可以丰富和发展成人教育相关理论。

建立学校、家庭、社会"三结合"的有效教育体系的研究。通过以校为主开展的平民教育研究，把学校、家庭、社会"三结合"的德育体系建立落到了实处；同时，"三结合"教育体系不仅适合德育，还可推广到对所有公民的全面教育当中，这是对广义的教育的深化与发展。

2. 实践成果

提升公民素养，优化社会风气。通过平民教育实践，学校辐射范围内的公民素质会有明显提升，社会风气明显优化，对经济社会发展和两个文明建设有重要的意义。

提升办学水平，肩负社会责任。学校在开展平民教育实践与研究的同时，积极申报"晏阳初学校"，成为平民教育实验基地，对于提高学校的知名度有很大的帮助；也对提高学校的办学水平，服务当地社会发展有更积极的作用。

提升教师能力，成就个体成长。学校成立平民教育思想学习会，学校成立平民教育思想研究会，通过老师们的大量实践探索，让每位教师走近平民教育，让部分教师成为平民教育专家。

提升学生素质，促进全面发展。以校为主开展平民教育，通过"孩子反哺作

用"来影响并教育家庭和社会,对学生综合素质的全面培养会起到积极的作用,所产生的效果一定会大于对其他人员的教育效果。

五、学校开展"平民教育"的保障措施

高度重视,加强领导。一是党政要重视,把平民教育列入工作议事日程,支持学校开展工作,为学校开展工作排忧解难;二是学校要重视,可以设立平教处,落实分管领导和专门办事人员,主抓这项工作。

充分试验,分类推进。这项工作面宽量大,要根据不同地区、不同对象的实际情况循序渐进,分类推进,可以在试点成熟后再全面开展。

加大投入,有序运行。开展平民教育需要大量的人力、物力和财力的保障,政府要加大投入力度,预算专项经费,保证工作的正常运转。

加强指导,注重质量。相关部门加强对这项工作的指导,聘请专家定期评估,在不断的修正中完善,在不断完善中提高。一定要获得实效,坚决不搞形式主义,同时必须以保证在校学生的学习质量为前提。

强化宣传,营造氛围。要大力宣传学校在开展平民教育中的先进典型,要大力推介各地各校的实践经验,全力营造终身学习的良好氛围。

总之,决定国与国之间差距的,最终不会是经济指标,而是国民素质。"开发好世界最大最富的'脑矿'"[2],既富民,又强国。

参考文献:

[1]宋恩荣,1989.晏阳初全集[M].长沙:湖南教育出版社.

[2]吴相湘,2000.晏阳初传[M].长沙:岳麓书社.

[3]冯恩洪,2011.创造适合学生的教育[M].天津:天津教育出版社:63.

第二部分

声音传递——讲话篇

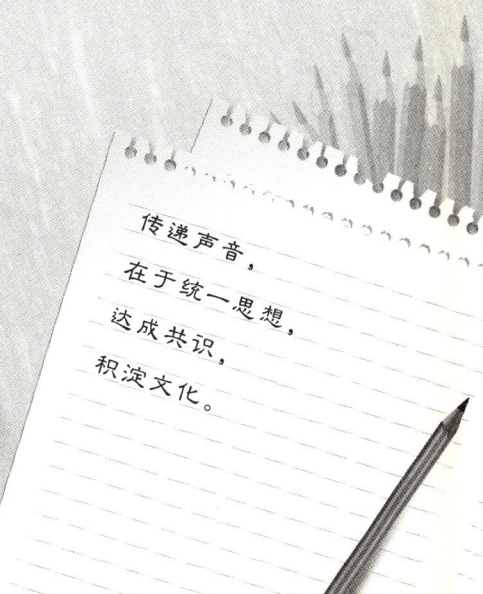

传递声音，
在于统一思想，
达成共识，
积淀文化。

享受尊严，美丽人生
——在第一次全体教职工大会上的讲话

亲爱的老师们：

大家好！首先我要向大家道歉，因为今天是星期天，本该在家里休息，却被通知到学校开会。今天的会议很重要，内容太多，时间太短，难以达到会议的目的。前面各位分管领导对本学期的工作进行了全面的安排布置，这些都是我们班子一起研究的意见，并在8月31日行政扩大会议上进行了充分的讨论。今天向全体教职工进行通报，进一步征求大家的意见，希望大家积极发表自己的看法，通过多种途径向职能部门、分管领导，或向我反映，我们将认真对待和研究大家的意见。教师节后，我们将结合大家的意见形成正式的文件下发。

关于工作上的问题我就不多讲了，下面围绕"享受尊严"和"美丽人生"这两个话题与大家交流。

首先，谈谈"享受尊严"这个话题。没有尊严，就勿谈享受。尊严是自我的一种感觉，这种感觉是建立在别人对我们的尊重基础之上的。作为一名教师，首先要赢得学生和家长的尊重，没有他们的尊重，我们一定不会有尊严。教师这种职业和社会地位为获得应有的尊重奠定了良好的基础，但是在这一特殊的岗位上，没有高尚的人品，没有较好的业务素养，没有对学生的真爱，是不会获得学生及家长持久和真诚的尊重的。其次要赢得同行的尊重。教师这个群体是知识分子扎堆的地方，是人人不甘落后的队伍，要获得这个群体的尊重是难能可贵的。有魅力的人格、渊博的学识、精湛的教学艺术、突出的业绩，这才是受别人尊重的内在的东西。要在学科领域里享受尊严，更重要的是必须做一个有思想、有气质、有贡献的优秀教师、行业专家。正所谓"腹有诗书气自华"。

其次，谈谈"美丽人生"这个话题。美丽不在华丽的外表，没有内涵，纵然外表华丽如花，也很快会凋谢。人生的美丽不在于财富的多少，而在于理想的实现程度和追逐理想的力度。虽然我们不能到达光辉的顶点，但只要我们前进，一定会饱览沿途的美好风景。人生短暂，教育人生更短暂，没有理想的教育人生是不美丽的，没有激情的教育人生是不美丽的。

作为"三小人"，我们一定要活出自己的尊严，活出自己的地位，活出自己的品位。让社会对"三小"刮目相看，需要我努力，需要全体"三小人"自信、自重，更需要"三小人"自强不息。

对于"三小"这个团队的每一个成员，我想提以下几点希望：

第一，以书为友，把读书当作一种工作方式和生活习惯。坚持精读与博览结合，做到每学期精读一本书，经常浏览教育报刊。坚持写读书笔记和学习笔记，做到读写结合。"一个不读书的民族是危险的民族"，一个不读书的学校不是学校，一个不读书的老师是正在倒退的老师。

第二，把出自己的书作为教育人生的重要任务。德国人把"栽一棵树，写一本书，盖一栋房"作为一生的三件事。老师更要把"写一本书"作为自己人生的一件大事。有人说："写一辈子教案，可能还是教书匠；但写三年反思一定会成为好老师。"可以武断地说，如果写三十年教育反思，一定会成为教育大师。在这个问题上大家感到有压力，原因就是两个字：一是"怕"，二是"懒"。我们都有能力，也有毅力来克服这两个毛病。我相信大家一定行！

第三，教师要有良好的心态和正确的习惯。下面这些话不是我说的，但我时时翻出来看看，与大家共勉。

"忘不掉的是真正的素质，而习惯正是忘不掉的最重要的素质之一。否则，怎么会说好运气不如好习惯呢？"

"习惯是人生之基，而基础水平决定人的发展水平。"

"良好的习惯是人在其思维习惯中存放的道德资本，这个资本会不断增长，一个人毕生可以享受它的'利息'；另一方面，坏习惯在同样程度上就是一笔道德上未偿清的债务，这种债务能以其不断增长的利息折磨人，使他最好的创举失败，并把他引向道德破产的地步……"

"行为收获习惯，习惯收获性格，性格收获命运。"

第四，坚守为师底线，不断提升人格魅力。坚定不移地治理"三乱"是我的态度。希望"三小"的老师不要乱办班、乱补课、乱订购教辅资料。这是当前的热点问题，网上炒得很凶。补课中出的问题也不少，希望大家一定要保持清醒的头脑。我们要向课堂要质量，要向课内要质量。我们不反对向学生推荐一些名著，鼓励学生购买一些好书，我们也不反对对学习困难一点的学生免费辅导，但一定不要盯在钱上。学校将与老师签订治理"三乱"目标责任书。

老师们，态度决定未来，坚持与否决定成败。我们不需要豪言壮语，只要脚踏实地，一步一个脚印，一步一个台阶，本学期"身体健康、工作幸福、进步显著"的目标就一定能实现。

最后，送老师三句名言：

教育是事业，事业的意义在于奉献；教育是科学，科学的价值在于求真；教育是艺术，艺术的生命在于创新。

（2011-09-04）

新教师　新课堂　新学校　新学生
——在新学期第一次校本培训会上的讲话

各位老师：

大家好！《基础教育课程改革纲要》的颁布，标志着我国基础教育翻开了新的一页，进入了新的发展时期，从本质、从原点和常识的角度来思考我们的基础教育。这次变革具有划时代的意义。我们要认识新课程，走进新课改，必须从学习新课程的基本思想开始。十年来，在这场轰轰烈烈的改革中，全国各地涌现了一大批特色学校。我们的课改也走过了八个年头，收获了什么？我们的学校新了吗？老师变了吗？课堂变了吗？学生变了吗？我们不断追问，不断反思，我们发现在这场改革中，想得多了，做得少了，变得也少了，传统的教育教学思想仍然在指导我们今天的课堂，指导今天的教育教学管理。说一句实话，就是"穿的是老鞋，走的是老路"。现在怎么办？从头学起，向他人学习，只要我们愿意前进，什么时候起步都不晚。

今天，我和大家交流三个内容：从头学就再学学《基础教育课程改革纲要》，向他人学习就一起来感悟一下走在全国课改前列的山东教育，最后一起讨论下如何实现由"低效课堂"向"高效课堂"的嬗变。

一、进一步解读"新课程改革的六大目标"

我们一起来回顾下这次新课程改革的一些基本观点。我觉得最应该学习的就是课改要实现的具体目标。

目标之一：改变课程过于注重知识的传授倾向，强调形成积极的主动学习态度，使获得基础知识与基本技能的过程成为学会学习和形成价值观的过程（即三维目标：知识与技能，过程与方法，情感态度价值观）。

目标之二：改变课程结构过于强调学科本位、科目过多和缺乏整合的现状，整体设置九年一贯的课程门类和课时比例，并设置综合课程，以适应不同地区和学生发展的需求，体现课程结构的均衡性、综合性与选择性。

目标之三：改变课程内容"难、繁、偏、旧"和过于注重书本知识的现状，加强课程内容与学生生活以及现代社会与科技发展的联系，关注学生的学习兴趣与经验，精选终身学习必备的基础知识与技能。

目标之四：改变课程实施过于强调接受学习、死记硬背、机械训练的现状，倡导学生主动参与，乐于探究，勤于动手，培养学生搜集和处理信息的能力、获取新知识的能力、分析和解决问题的能力以及交流合作的能力（核心：教师教学方式的转变和学生学习方式的转变）。

目标之五：改变课程评价过分强调甄别与选拔功能的现状，发挥评价促进学生发展、教师提高和改进教学实践的功能，即实现从选拔性功能到发展性功能的转变。

目标之六：改变课程管理过于集中的状况，实行国家、地方、学校三级课程管理，增强课程对地方、学校及学生的适应性。

六大目标重点体现在三个转变上：课程内容的转变、课程功能的转变和课程结构的转变。

三维目标是首要目标，具体指导着我们的课堂教学和其他教学活动。

二、感悟山东教育

山东是孔儒思想的发源地，近年来整个齐鲁大地吹响了全面推进素质教育改革的号角，扎实开展新课程改革，很快实现了从"教育弱省"到"教育大省"的转变，涌现了一大批教育家型校长、教师和一大批办学特色鲜明的名校，在全国教育改革的浪潮中开启了良好的局面。我有幸实地验证和领略了他们的风采：在成都的"西部校长论坛"上聆听李希贵校长"为了自由呼吸"的主题报告，在重庆聆听"中小学校本教研与课堂改革研讨会"上山东杜郎口中学业务校长高俊英题为"杜郎口中学课堂教学改革的实践与思考"的报告，今年4月亲临山东参加"当代学校卓越发展暨教育家型校长成长高峰论坛"，并参观了杜郎口中学和济师附小。这两所学校一所在农村，一所在城市；一所是中学，一所是小学。它们就是山东基础教育的代表和缩影。

（一）感悟杜郎口中学的课堂教学

茌平县杜郎口中学距济南有两个小时车程。杜郎口中学始建于1968年，1991年迁入现址，离杜郎口镇还有几公里。现有17个教学班，学生不到700人，教师不到50人。崔其升校长1997年4月临危受命，从另一所学校的业务副校长的岗位上调来该校，担任校长。学生大量辍学，老师不思教，学生不思学，升学率连年全县倒数第一。崔校长上任时初三年级一个班由招生时的60人到初三时只剩11人。到校之初，他和周边老百姓发生过冲突，和老师红过脸，解聘过两名教师。经过几年的艰苦奋斗，从2003年起，该校升学率一直名列全县前三名，升学率100%，其中有一年268人报考，267人考上县一中；2005年升入县一中前100名学生中，杜郎口中学就有21名。有人质疑杜郎口抓的是应试教育，2006年全县高三统考，理科年级高分率为52.58%，杜郎口毕业生高分率为58.33%；文科年级高分率为14.9%，从杜郎口毕业的学生高分率为25.6%。现在每天有成百上千人到校参观，甚至有老师和校长住在学校学习，近四年有65万人到学校考察。

杜郎口中学之所以成名，我认为首先在于升学率从全县倒数第一名经五年的改革上升到全县的前三名。同时，他们抓升学率不是抓优生而是从关注学困生开始，从解决学生辍学问题开始，把解决学业困难学生的核心环节放在了课堂上。崔校长在听过一堂课后，一个学困生对他说："老师没有我讲得好，我不想听他的课。"崔校长在中学时数学成绩不是很好，一次偶然的机会帮老师讲了一堂课，从此他对数学学习的兴趣增加了。崔校长认为学生辍学、厌学的原因主要在课堂，何不把课堂交给学生，让学生来讲呢？自此他的课堂教学改革开始了。杜郎口中学自主创新的"三三六"课堂教学模式，由山东省教科所陈培瑞研究员等人总结归纳而形成，即课堂自主学习的三特点——立体式、大容量、快节奏；自主学习三大模块——预习、展示、反馈；课堂展示六个环节——预习交流、明确目标、分组合作、展示提升、穿插巩固、达标测评。在课改进程中，杜郎口中学在摸索中实践，在实践中总结，在总结中反思，在反思中沉淀，逐渐提炼升华出一套具有鲜明杜郎口特色的教改体系，被称为"杜郎口模式"，其基本框架为：第一，杜郎口中学教改的模式体系，时间模式为"10+35"（一度还采用了"封口令"——"0+45"，下了一剂猛药来逼老师改变观念）；组织形式为"师生合作、学生小组参与"。第二，杜郎口中学教改的实践特点为关注全体学生的生存能力，关注全体学生的生存状态，关注全体学生的生命价值。第三，师生在课堂中的角色重新定位。教师是组织者、策划者、引导者、调控者，学生是探究者、体验者、合作者、表演者。第四，杜郎口中学课堂教学体现的特点如下：在参与中学习，快乐地学习；运用正确有效的学习方法；注意培养良好的学习习惯；取消讲台，搬走讲桌；取消作业，设置预习笔记和双色纠错本；主题班会、专题校会；建立互访互学机制。最终"学生动起来，课堂活起来，效果好起来"。

杜郎口中学的成功，在于崔校长没有片面追求升学率，而是扎扎实实进行课堂教学改革，学生的学习能力、独立思考能力、合作交往能力、口头表达能力得到有效的培养。学生自信心增强，学习兴趣得到激发，团结合作精神得到培养，学生学会学习的素质得到提升。学生对人彬彬有礼，生活简朴，志向高远。

（二）体验济师附小的课程文化

济南师范附小（简称济师附小）已走过百年历史，学校几易其址，抗日战争时期曾迁址绵阳市梓潼县。教育家王祝晨是这个学校的老校长，这所学校也是季羡林的母校。进入济师附小校园，昂扬向上且独具特色的雕塑、黄蓝相间的楼体设计，无不寓意着阳光般明朗的心态，象征着大海般博大的胸怀。马刚校长用新时期独特的"尊重为本，享受教育"的办学理念，号召全体师生"尊重自己，学会自信；尊重他人，学会自省；尊重规则，学会自律；尊重规律，学会自能"。他倡导"学会尽责，享受尊严；学会学习，享受成长；学会沟通，享受合作；学会欣赏，享受生活"。他将老师的工作信条定位在"我工作，我美丽，我健康，我快乐"目标之上，着力打造出"与学生同成功，让教育更精彩，我乐学，我会学，我努力，我成功"的阳光健康、奋发向上的校园氛围。

济师附小从学校整体课程体系建构的角度，以学年作为一个研究单元，根据学校的实际情况对每天、每周、每学年的课程进行了统一的规划，将学校的常规课程与各种教育活动进行了合理整合，你中有我，我中有你，互相促进，融为一体，成为一个全校联动的课程体系。学生在这种经过认真思考、科学规划、不断修正完善的日趋和谐的课程体系中，一天天、一周周、一年年身心健康地全面发展。他们的课程体系如下：

系列年度	显性课程			隐性课程
	修身课程	学科课程	拓展课程	
一天	到校、晨读、上课、课间、午餐、放学的习惯培养	按国家规定开齐开全所有课程	经典歌曲赏唱 国学经典诵读 硬笔书法习字 户外阳光体育	一幅贯穿百年、充满阳光的历史画卷
一周	小公民修身课 礼仪课 心理健康课		信息技术课 发现课、读书课 研究性学习 好孩子梦工场 社团活动 数学、英语拓展课	一道附小学子展示风采的魅力长廊 一个学习规范、润物无声的礼仪课堂
一年	成长论坛 毕业典礼 涉外礼仪 季羡林奖学金评选		读书节、合唱节 体育节、艺术节 自能节、创意节	一扇认识世界、拓展视野的美妙窗口

教学是学校工作的中心，课程实施是教学工作的核心，即课程实施是学校中心的中心。课程结构决定学校品质，课程设置是学校的特色所在，也是学校的教育优势所在。学校有什么样的课程，就有什么样的办学特色。创建特色学校，要抓住课程这一主要途径，确立特色课程建设在特色办学中的主体地位。所以，一所学校能给予学生什么教育，关键要看它能向学生提供什么样的课程。济钢三中和山东省实验中学供学生选择的校本课程达到两百多门。济师附小重视国家课程校本化的实施，充分利用现有资源开发校本课程，对学校课程进行结构性思考与统筹，为学生提供优质的教育，是我们学习的典范。同时，济师附小把课程文化作为学校文化建设的核心内容，使学校特色得到彰显。如李希贵所言，如果在学校里校长只有一件事可做的话，那一定是课程管理。

三、高效课堂的价值取向

（一）课堂教学改革是学校一切改革的出发点

苏霍姆林斯基说：一个有经验的校长，他所注意和关心的中心问题就是课堂教学。课堂上的革命性变革才是学校发生本质变化的真正指标。在实施素质教育和新课程改革的今天，没有课堂教学行为的变革，就没有素质教育的真正落实，也不可能有新课程目标的真正实现，教育人基本上形成了一种共识："改革最终发生在课堂上。"学生才是教学的终极目标，没有了学生，忽视了学生，教师和课堂也就没有任何意义可言。教师要尊重学生在教学过程中的主体地位，相信学生的能力，把课堂交给学生，成就学生才是目的。济钢三中的高效课堂教学模式以小组合作学习为主要形式，以"自主→合作→交流→展示→提升"为基本流程，转变了"教和学"的方式，变传统课堂上教师单向"灌输"为"双向和多向"交流与合作，实现教师角色的转变。杜郎口中学的实践进一步证明，提高教育质量的主渠道在课堂，实施素质教育的主渠道在课堂，新课程改革的核心在课堂，重点也在课堂。当前，课堂教学不革命，课堂教学效益不提高，我们就难以提高教育质量。"高效课堂"是我们今后教研的主题和主题词。

（二）面向全体学生，首先要面向学习困难的学生

小组学习，结对学习，为学困生展示搭建平台，提供舞台，这是我们关注学困生、转化学困生最有效的办法。杜郎口中学考核教师的教学业绩，只看后三分之一学生的平均成绩。在他们看来，要体现教师的教学业绩和教学水平，就要看学困生的转化程度。曾有人对杜鲁门总统的母亲说："您真了不起，培养出一个这么优秀的儿子！"这位母亲回答："我有两个优秀的儿子，另一个正在地里挖土豆。"一位老领导给我讲了一个他亲身经历的故事。他在两河口当老师时，班上有个学生成绩不好，衣着不整，很不受同学欢迎。一天，他在洗衣服时，把这个学生叫到身边，给他洗头、洗脸、洗衣服，把他认真打理了一下，并对他的不良卫生习惯进行了说服教育。孩子回到家后，他的父亲被感动了，亲自到学校去感谢。原来孩子的母亲双目失明，从孩子出生以来就没有人这样关心过他的衣着打扮。从此以后，这个孩子不仅在卫生习惯上有了较大改进，在学习习惯上也有了很大的变化。十几年后，这个孩子当上了煤厂老板。什么样的学生才是"好学生"？大家都知道这个答案，在实际工作中，老师很难对学习不好、习惯不好的孩子爱起来。在教育教学中，我们不用过多考虑如何让优秀的孩子更优秀，应把更多的精力和有效的措施放在对学困生的转化上，这样，抓教育质量提高就抓到了点子上。

（三）什么时候老师讲少了，学生就学得多了

课堂上老师讲得少点，学生就学得多点。看了洋思中学刘金玉校长讲的《皇帝的新装》一课，这堂课用时50分钟，课中他主要安排了三个环节。第一个环节首先让学生自读课文30分钟，然后要求学生在2分钟内讲故事梗概；第二个环节先让学生自学8分钟，让学生找出这篇童话的写法，并且对皇帝做出评价；第三个环节是让学生思考3分钟，然后续写（课堂上采用口述）课文。在这堂课上，老师的讲话极少，主要是提示学习要求和抽查学生汇报学习情况，即便是补充、纠正学生汇报中的不足和错误，都是由学生完成的。如果要把老师说话的时间加起来，可能就2至3分钟。还有一堂经典的课《认识余数》（具体叙述略）。他们抓课堂效率的精髓——"先学""后教""当堂训练"，这八个字在

这堂课上体现得淋漓尽致，确属一堂经典的课，令我很受启发，让我真正明白了在课堂上如何以人为本，如何以学生为中心，如何面向全体学生，真正实现人人都在做事，都在思考，都在提升。曾有报道称：在杜郎口中学，一节课老师只讲4分钟，一点也不假。"还学生一个舞台，他就给你一个精彩"，"给学生的空间有多大，他的发展空间就有多大"，"什么时候老师讲得少了，学生就学得多了"。素质教育理念下的学生观不是只装在头脑中，而是要踏踏实实地落实到课堂中。一所学校曾发生过这样一件事，一位语文老师请假一期，学校没有另外安排老师代课，而让教同一个年级的老师帮忙管一下，根据同级的教学进度安排学生按要求自学，结果这个班考试成绩并没有受到影响。

（四）课堂须要"动""静"结合，课内外结合

热闹的课不一定是好课，安静的课也不一定是不好的课。有的课看似热闹，学生没有深度思考，满堂"是不是、好不好、行不行、可不可以"的简单提问，学生声音洪亮，但回答没有意义，没有价值，没有作用。也有老师说，动起来可以，可是一动就乱了。课堂"乱不乱"，评价不是看学生是否在跑动，是否坐在桌子上，这些都是形式。形式不是重要的，关键要看学生是不是围绕着提出的问题在讨论，在深入地探究，这就好比我们放风筝时手中的线，不管风筝飞多高，我们都会把它拽回来。课堂上的静也是必要的，有些问题必须在独立思考后才能深入，独立思考后才能有效地进行交流，独立思考的前提是要提供安静的空间。如果课堂上只有静，没有讨论，没有交流，没有争论，探究同样也没有深度。课堂须要"动""静"结合。

凡是有学习发生的地方都是课堂，往往很多学习都是发生在课外的。课外是课内的补充，有时课内是无法达到课外学习的效果的。每一门学科课程都要走出教室，走出校园，走向大自然，走向社会，走向实践。课标中对学科的实践活动课有明确的要求，所以我们要把课堂搬出校园，班班都要组织实践活动。李希贵校长在山东当校长时，他曾要求高中语文老师每周的六节课只能上四节，其余两节在自修大楼里自学。

（五）学习方式的变革才是课堂根本的变革

"自主、合作、探究"是主要的学习方式。学生是课堂的"主人"，老师是课堂的什么人呢？显然是"仆人"。课堂由"仆人"主宰"主人"呢，还是"主人"主宰"仆人"？如果是"仆人"主宰"主人"，按李炳亭的话讲，就是"课堂乱伦"。自主的程度、合作的效度、探究的深度，是评课要看的重要指标。老师现在还是习惯于讲给学生听，讲给学生记，总认为不讲到就不放心，学生就不会。其实我们经常听到老师在学生考试后抱怨：这都是我讲过的，这是我讲了无数次的，学生还是做错，现在的学生没法教了。一定要牢记一个观点："如果老师讲了学生就会了，那么学生都是天才。"我们面对的学生都是普通人，不是天才。要想让学生会，关键在于要让学生学会学习，主动学习，同伴相互学习，在动手实践中学习。努力实现教学以"学"为中心，变教案为学案，"教"围绕着"学"转，才能真正实现课堂的根本变革，而不是对"教"的改良。"先学后教，当堂训练"是课堂教学的基本模式。

（六）小组合作学习是大班额条件下实施小班化教学的策略

大班额问题，不是我们能解决的。我们唯一能做的就是要研究大班额条件下，如何提高课堂效率。小组合作学习是解决这一问题的有效办法，道理很简单，不分组全班是一人在发言，分组后可以实现几人同时发言，还可以实现人人发言。每个班必须把全班同学分成若干个合作学习小组，选好小组长，落实好职责，分配好任务。根据班上人数多少合理进行分组，做到组间同质、组内异质，做到有利于学生结对帮扶。

老师们，回想我们的教育，有许多值得思考的问题。比如：人们生活条件越来越好了，而学生的快乐越来越少了；实施素质教育力度越来越大了，而学生的学业水平越来越差了；课程改革越来越深入了，而学校开的课程越来越少了。我们的差距既有理念上的差距，也有行动上的差距；既有能力上的差距，更有态度上的差距。山东教育有很多值得我们学习的。关于学习杜郎口中学，李镇西有这样一段话：

对任何先进经验，都不应该迷信和照搬，但这不应该成为我们拒绝学习的理由。强调"特殊性"，只看到"不可比性"，往往是我们拒绝别人经验的"有力武器"，是保守势力之所以强大的原因所在，也是改革的阻力所在。

作为一名校长，一名教师，或者一名教育管理工作者，不管事务多么繁忙，都应该始终保持一种读书、思考和研究的习惯。向书本学习，丰富我们的知识；向他人学习，丰富我们的阅历；向实践学习，丰富我们的经历。

（2011-09-16）

在学雷锋总结表彰大会上的讲话

各位老师，同学们：

今天，我们隆重召开"学雷锋·树新风"活动总结表彰大会，总结一个月来活动开展情况，表彰在本次活动中涌现出的先进班集体和先进个人，是一次很有意义的大会。

今年以来，全校师生以"学雷锋从身边的小事做起"为主题，立足自身，从我做起，奉献爱心，互助互爱，为创建温馨、和谐的校园做出了自己应有的努力，涌现了一大批先进集体和个人。今天表彰的只是其中的一些代表，希望受表彰的集体和个人珍惜荣誉，谦虚谨慎，戒骄戒躁，再接再厉，充分发挥先进的示范作用，用实际行动感召和带领全校师生深入开展学雷锋活动，将雷锋精神进一步发扬光大。

雷锋同志就是干的一些小事、平凡事、简单事。把平凡的事做好就是不平凡，把简单的事情坚持做好就是不简单。

3月虽然已经结束了，但是学雷锋活动没有结束。在此，我倡议全体同学从今天起，每天坚持做十分钟的家务，每天坚持做十分钟的义工（义务劳动）。同学们，做十分钟的家务劳动是平凡的，做十分钟的义工也是简单的，但是天天坚持做，月月坚持做，年年坚持做，就是一件很不简单也很不平凡的事情。同学们有没有信心做一个"不简单的人、不平凡的人"?请同学们把每天做的"两个十分钟活动"写在每天的家庭作业本上,并让家长签字。

最后,请同学们站起来,把手放在胸前,我们一起宣誓:"我宣誓:每天坚持做十分钟的家务,每天坚持做十分钟的义工!天天做!月月做!年年做!"

(2012-04-08)

让课堂因我更精彩
——在全县小学科学专委会年会上的讲话

非常感谢大家的信任,推选我为县小学科学教学专委会理事长。理事长也即"召集人",在我看来就是为全县小学科学教师开展教学服务,为科学教学教研活动服务的一个角色。"三小"也一定会为此在人力、物力、财力上给予尽可能的支持。

这次展评的几堂课,让我看到了我县小学科学教学的美好明天,让我们有了眼前一亮的感觉,把科学课上得很有科学课的味道。如果我们平时的课都能这样上,真是一件很了不起的事情,学生的科学素养能够得到很好的培养,科学教育质量会有较大幅度的提升。科学课在很多学校还没有引起足够的重视,被当作"副科"来看待,没有专业老师。这次参加活动的老师也只有三四十人,相比其他学科,是比较少的。这个学科总体来说还很薄弱,大家任重道远。在今天的科学教学展评总结会上，我想与在座和不在座的科学老师，专职的和兼职的科学老师提出一个共同追求——"让课堂因我更精彩"，让我们的科学专委会发出强有力的声音。有下面三句话与大家一起分享。

"激情成就梦想。"这句话是青岛啤酒的品牌主张，是其品牌建设的核心秘笈。科学老师要对讲台充满激情，孩子们的课堂才有生命的活力；科学老师要对学科充满激情，我们的学科建设才有发展的动力；科学老师要对教育事业充满激情，我们的人生才有强大的张力。

"想象力比知识更重要。"帮助孩子们搞好科技创新发明，是我们科学老师的职责，培养孩子们的创新精神与创造意识是我们的任务。创新需要丰富的想象力，我们要让孩子敢想，敢于胡思乱想，敢于奇思异想。"没有做不到，只有想不到。"

"把科学课上得像科学课。"小学科学是一门离不了"探究"的学科，没有了探究就不是科学课，学科本身需要探究，学生的探究方法与精神也需要培养；小学科学课承担着孩子科学启蒙的任务，珍视孩子的好奇心，保护孩子的求知欲，培养孩子对科学的兴趣，这是小学科学的主要目标与任务；小学科学是来自于孩子们的生活世界的科学，要让科学教学走入孩子的生活，走进孩子生活的大自然。

最后，提三点希望，我们一起努力前行：一是加强科学课程建设，二是落实科学的学科地位，三是为全县小学科学教学专委会的建设献计纳策。

（2012-04-19）

在全县红军文化研讨会上的发言

通江是中国工农红军第二大苏区，红军故事、红军标语、红军遗址等留下的红色记忆，是我们中小学宝贵的德育教育资源，红色文化应该成为我县学校文化建设中重要的内容。"弘扬红军精神，做好红军传人"可以作为学校的育人目标的内容之一。下面我围绕"课程""课堂""阵地""活动"这四个关键词，就如何弘扬红军精神，加强学校德育工作，谈谈我的想法。

第一，用"课程"引导。国家实行了三级课程管理体系，加大了学校对课程建设的自主权，其目的就是充分发挥学校建设课程的主动性和积极性，充分挖掘学校和当地的教育资源，推动学校特色发展，从而避免"千校一面"的局面。王坪烈士陵园已经是全国最大的红军烈士陵园，我县有全国最集中的红军标语，有许多富有教育价值的红军故事，还有遍布全县的红军遗址，这些应该成为我县学校校本课程开发的重要资源，特别是和红色文化有紧密联系的学校，要加大开发力度，建设成优势的校本课程。我县民间还有许多红军故事需要整理，需要开发，同时也需要保护。县上可以组织相关人员，成立专门组织，把这些故事整理编印出来，供学校开发校本课程时使用，让我们的课程建设体现出我县的特色，把"红军精神"植根于课程之中。

第二，让"课堂"跟进。开发的课程要通过课堂来实施，要让"红色文化"进课堂，可以每周或间周落实一课时的时间。让通江的红色文化通过学校的教育，一代代地传承下去。

第三，用"阵地"保证。一是要充分发挥"红四方面军军史陈列馆"和"王坪烈士陵园"德育教育基地的作用，在可能的情况下，把学生"入队""入团""入党"的仪式放到教育基地进行，把党员教师的党课搬到教育基地举行。二是集中力量，打造好以"先念小学""列宁小学""正文小学"等为龙头的红色文化特色学校。三是学校在德育"阵地"建设中，要留足红军文化的教育"阵地"。如：在学校的校报、校刊中要有《红军文化》板块，广播站中要有《红军文化》栏目。

第四，以"活动"深入。一是努力开展好几个重大的纪念活动，如清明节祭扫烈士陵园和红军墓活动、红军入川纪念日活动、空山坝大捷纪念活动。二是开展好"人人讲红军故事"活动，发动全县十万中小学生人人讲红军故事，人人做红军精神的传播者。三是开展好"经典红歌大家唱"活动，让红军精神通过歌声传播。这些活动，不可能年年每个活动都开展，但是全县每年可以开展一个主题活动。

（2012-04-25）

在2012年"六一"庆祝活动开幕式上的讲话

亲爱的老师们、同学们,尊敬的各位家长朋友:

在阳光明媚、鸟语花香的初夏时节,我们又迎来了同学们最快乐的节日——"六一"国际儿童节。今天我们怀着无比喜悦的心情,在这里隆重召开"六一"国际儿童节庆祝大会。首先,我代表学校向同学们表示节日的祝贺!对为开展好本次活动而倾情付出的老师表示衷心的感谢!

在这里,还要向刚刚加入少先队组织的197名新队员表示热烈的祝贺!同时,向被表彰为"通江县雷锋式师德标兵"老师,"通江县雷锋式学生"表示祝贺!向2012年"县三好学生""县优秀学生干部"表示祝贺!向获得"县先进班集体"的四年级二班、五年级五班表示祝贺!向在首届"书写经典·传承文明"读书征文·书画大赛中获得优秀成绩的63名同学表示热烈的祝贺!也祝愿我们接下来的庆祝活动取得圆满成功!

由于学校正在进行D级危房改造,活动场地被临时挤占,今年的活动采取了分散与相对集中结合的方式进行,北校区各班在室内开展活动,给老师们组织、同学们参与活动带来了很多不便,请大家理解和原谅!

同学们,今年的"六一"是一年级小同学步入校园学习生活度过的第一个节日,希望你们好好学习,快乐成长;今年的"六一"是六年级同学在母校度过的最后一个儿童节,希望你们记住母校,记住老师、家长的殷切希望,到新的学校后更加努力,健康成长。

同学们,作为"三小娃",一定要独立自主:自主锻炼、自主学习、自主生活。学习是自己的事情,别人可以帮助但不可以代替;生活中自己能做的事情一定自己做,自己做不好的事情要努力做,自己还不能做的事情要做好准备去做。

作为"三小娃",一定要高度自觉:学习自觉、行为自觉、生活自觉。爸爸、妈妈在身边我们要自觉,爸爸、妈妈不在身边我们更要自觉。我们要学会管理自己,学会自己严格要求自己,要让自觉成为习惯,做一个"自信、自律、自立"的新一代好少年。

作为"三小娃",一定要向往自由:个性自由、思想自由、精神自由。要张扬自己的个性，展示自己的特点；要用自己的特长为他人服务，让自己进步；要在努力学习的过程中形成自己的观点，善于表达自己的想法；要有远大理想，并不断追寻。

同学们，你们是新时代的少年，是祖国的希望。祖国美好的未来靠你们去开创，愿你们珍惜这童年美好的时光，学会动手动脑，学会做人做事，学会生存生活，增强为祖国服务、为人民服务的责任感，努力提高勇于探索的创新精神和善于解决问题的实践能力。

祝同学们学习进步！"六一"快乐！

（2012-06-01）

在2012届六年级毕业教育座谈会上的讲话（提纲）

同学们，光阴荏苒，六年的时光正悄然过去：如空中的彩虹，逝去的是童年的美丽；如潺潺的流水，流走的是童年的纯真。童年过去，你们又将迎来人生又一个美好的阶段，那就是中学生活，你们将在这个阶段书写更加光彩绚丽的篇章。小学毕业，这是一个光荣而神圣的时刻，在你们即将毕业之际，我们今天在这里举行座谈会，既是对童年时光的一个小结，也想对同学们以后的学习生活、人生规划提一些建议。

作为你们现在的校长，我希望同学们记住下面三句话。

"习惯决定命运。"也即是说，好习惯决定好命运，坏习惯决定坏命运。这句话完整地讲应该是：行为决定习惯，习惯决定性格，性格决定命运。好习惯如同存在道德银行里的资本，终生可以享受它带来的利息；坏习惯如同在道德银行的一笔贷款，迫使自己不断去偿还它产生的利息，成为人生的负担。一个人的习惯决定一个人的命运，"不以恶小而为之，不以善小而不为"，"善有善报，恶有恶报"。

"激情成就梦想。"激情体现在这四个词语上："热爱"，要热爱自己所从事的事业；"热情"，要有积极的态度对待所从事的工作，积极对待每一天、每一件事；"敢想"，要大胆地说出自己的想法；"敢为"，要把想到的付诸行动。

　　"慈悲永驻心田。"即慈悲为怀,也就是要悲天悯人,要知恩图报。先说"悲天悯人"。悲天即敬畏天地,尊重自然,顺应自然,不要逆天、地、自然、规律做事,否则必将受其惩罚。悯人即怜悯他人,特别是穷人、弱者。"难中好救人"也就是这个道理。无论我们是贫穷还是富有,都要努力给予他人一点帮助,不管是精神上的还是物质上的。人们常说"行善积德"是给后人铺路,"行善积德"是在弥补自己的过错。人们也常说,干坏事是给后人造孽。再说说"知恩图报",知恩是前提,报恩是结果。作为人,首先要感恩父母,其次感恩祖国,还要感恩老师。

　　对大家提一点希望:"为当一个好家长作准备。""品":当绅士与淑女,修炼自己的人格。"识":要努力多学一点知识,懂一点天文地理,读一点名著,背几篇文章。"技":学一些育儿知识,不让孩子输在起跑线上。母亲对孩子的未来影响最大,一个民族的希望在于母亲的素质,尊重女性就是尊重未来。"聪":听名曲,读经典。

（2012-06-05）

在2012年秋季开学升旗仪式上的讲话

亲爱的老师、同学们：

在这如诗如画的金秋9月，随着国旗冉冉升起，我们迎来了新的学期。迎来了小学一年级、幼儿园和转入我校的共五百多名小朋友，迎来了小学和幼儿园共11名新老师，我代表学校向你们的加入表示热烈的欢迎！同时，预祝全校两千五百余名师生在新的学期里，心情愉快，身体健康，工作顺利，学习进步，成果丰硕！

同学们，在新的学期里，对你们提三点希望，共九个字："爱祖国、勤学习、好习惯"。说到爱祖国，我想到这么一件事：在日本广岛召开世界禁止原子弹氢弹大会，有六万人参加，历时四个小时。大会散会后，会场地面没有一个垃圾袋，没有一张废纸，没有一样废弃物。所以法国记者说："这是一个可怕的民族。"日本虽小，但是它是世界第三经济大国。一个国家强不强大，最根本的取决于它的国民素质高不高。同学们，中国是人口大国，人口众多，但我们还不够强大，为什么？是因为我们每一个人还不够强大。我们中华民族要强大起来，屹立于世界民族之林，要靠我们每一个人。热爱祖国，从我做起，从小事做起，从现在做起，一是要勤奋学习，二是要养成良好的习惯。学习永远是我们自己的事情，老师只能引导和帮助我们，但起决定作用的还是自己。好习惯的养成靠自觉，而好习惯能为我们走向社会打好基础，会令我们终身受益。同学们，为了祖国的强盛而努力吧！

老师们，过去的一学年，我们硕果累累，这是大家努力的结果。新的学期到来了，我们又站在新的起点上。祝大家在这个温暖的大家庭中身心愉悦。同时大家在工作中一定牢记："每个孩子都是一个家庭的希望！"我们从事的是太阳下最光辉的职业，我们不但要优秀，更要卓越！教育因我而改变，课堂因我而精彩！我们都是伟大的！

同学们、老师们，新学期里，让我们一起努力吧，书写我们更加精彩的人生，续写"三小"更加辉煌的明天！

（2012-09-03）

在我校省级电教课题"信息技术环境下小学生公民教育实践的研究"开题会议上的发言

各位领导、老师：

我校以"一切服务于学生的终身发展"作为学校的办学宗旨，把"留足空间，奠基未来，一切为了学生的蓬勃发展"作为学校的使命。公民素养是基础素养，我们要把教育工作的着力点放在帮助学生适应未来社会的发展上，把培养学生的公民素养作为基础性工作来抓，作为实现社会蓬勃发展的前提条件来抓。作为"四川省晏阳初研究会实验学校"，晏先生所提出的实行"四大教育"，根治"愚、穷、弱、私"四大病根，提升"四种力量"，其中的公民教育思想对"三小"的发展具有很强的指导性。我们要通过实施公民教育，提升学生的公民意识、自主意识、自律意识、自尊意识，努力把学生培养成全面发展的人。学校在校园文化建设中，秉承"公民教育"精魂，践行"以人为本"的办学理念，在继承中发展晏阳初的公民教育思想，一步一步建构自己的文化理念体系。

基于这些认识和学校的实际，我校申报了"信息技术环境下小学生公民教育实践的研究"课题，期望通过我们的研究与探索，寻找到更优的小学生公民教育途径。这个课题得到了省、市、县教育主管部门和各级电教馆各位专家高度的认可与指导，对此我代表学校向他们表示衷心的感谢！

课题开题后，根据研究方案，我们将认真开展研究，切实做好以下几方面的工作：

第一，认真学习，更新观念，大力提高科研能力。要想做好、做实课题研究，必要的理论知识是不可缺失的，这就要求我们每一位参研教师加强业务学习，认真研读一些信息技术及相关学科的知识，提高自身的教研能力，扎实做好研究工作。同时，我们研究课题，能为以后的晋职、评优做好准备。但是我们的主要目的不是这个，而是通过课题研究提高自身的教学水平，提高教学质量，最终服务于学生的成长，对学生未来的发展负责。在研究过程中，每个参研人员必须有专门的学习笔记，记录学习和研究心得。

第二，研教结合，注重过程，努力实现预期效果。我们要把开展课题研究和教育教学工作的实践紧密结合起来，切实发挥课题实施对学校发展的促进作用、对学生成长的促进作用。要把课题研究作为解决我校德育工作问题的主要途径，在实践中探索，在实践中总结，在实践中提高。这不只是注重研究的成果，更要注重研究的过程，搞好活动记录、会议记录、阶段小结。每周开展一次灵活的课题组内成员交流活动，两周举行一次课题核心组活动，每月召开一次课题工作专题会议。课题组主要成员每学期撰写1至2篇高质量的论文和案例，按时递交阶段研究报告和研究成果；及时收集整理好图像和文字资料，建立专档管理，每学期进行一次资料集中整理。

　　第三，完善制度，加强管理，切实保障研究经费。学校组建课题领导小组，随时监控课题的开展，及时向市、县领导汇报工作；课题组主要成员分工负责，提高课题组的研究组织能力；建立和完善相关的课题研究与管理制度，使课题研究目标化、制度化。学校将保证每学期在经费中预算课题经费，做到专款专用，对成果贡献者予以适当补贴和奖励；为课题组购置必要的设备，保证课题研究及时顺利地进行；保证课题主要成员按时参加有关的培训活动，适当减轻其课业负担，适当增加补助。

　　最后，请各位老师充分发挥自己的聪明才智，将"信息技术环境下小学生公民教育实践的研究"这一课题做实，做细，做出成效。同时也预祝这个课题能顺利有序进行，并取得丰硕成果。同时，希望各位领导、各位专家给予我们强有力的智力支撑。

（2012-12-17）

在"四川省晏阳初研究会实验学校"挂牌仪式上的致辞

尊敬的晏鸿国先生，尊敬的董局长，各位领导，老师们、同学们：
　　大家上午好！
　　今年，四川省晏阳初研究会年会于10月26日在西昌举行，会上全省有九所学校被列为授予"实验学校"。经过我们的申请，在省晏研会和县教育局的关心下，我校有幸成为"实验学校"中的一员，并且是全省首批"实验学校"之一，我代表学校向各级领导表示衷心的感谢！

晏阳初是我们巴中人，1918年毕业于美国耶鲁大学，是中国现代著名的教育家。他笃信"有教无类"，力主"教育救国"，毕生致力于"平民教育"和"乡村改造"，并为此进行了艰苦的实践，被誉为"世界平民教育之父"，曾被国际学术界评为世界上为社会贡献最大、影响最广的十大名人之一，和爱因斯坦、杜威、福特等人同享此盛誉。菲律宾总统授予他国家最高级别的"金心勋章"，危地马拉授予他"国鸟勋章"，美国前总统里根在总统办公室授予他"终止饥饿终身成就奖"。晏阳初先生是我们巴中的骄傲，是中国的骄傲。

我们要学习他做人的品格，要传承他的思想，更要追随他对人民的大爱精神。他说："爱是人间最伟大的力量，能克服一切；恨是人间最可怕的力量，能毁灭一切。"我们把他的话贴在学生每天必经的楼梯墙壁上，同时还要记在我们心里，落实到我们的行动中。

今天是值得隆重庆祝的日子，也是我校发展进程中值得纪念的日子。晏阳初先生的思想将在这里落地生根，我们要当他的教育思想的坚定追随者和强力传播者，把"立德树人"作为根本任务，办出"有特色、负责任"的学校。请相信，我们一定不负"实验学校"这个称谓！我们坚信，我们一定能实现这个目标！

（2012-12-20）

在2013年春季开学典礼上的讲话

尊敬的老师、可爱的孩子们：

刚度过喜悦、祥和、温馨的寒假，带着新的心情、新的希望、新的目标，我们迎来了2013年新的学期。人勤春早，在这阳光明媚、春暖花开的时节，我们也迎来了新学期的开学典礼。首先，我代表学校行政和党支部欢迎和祝贺同学们、老师们阔步进入新的学期。前面，我们已对上学期在学习、生活中表现优秀和进步明显的同学进行了表彰，他们是我们全校同学的代表，在这里我们向获得各种荣誉称号的同学们表示诚挚的祝贺！同时，恭喜同学们在上个学期里严格自律、奋发进取，荣获成长的光环，为自己增添了自信，为父母赢得了自豪！我们也把最热烈的掌声献给自己，祝贺自己在过去一年的成长与进步！也有一些同学，在过去的一年里，在学习和生活中进步还可以再大一点，还有很多令家长、老师以及自己不满意的地方，这些都是过去，我们可以从头再来，只要我们努力，现在开始仍然不晚！

过去的一年，我们把实现自我教育作为管理目标，突出的是"自我"，让同学们树立自立的思想，培养自理的能力，逐步实现自我管理，做命运的主人。我们把"学习自主，行为自觉"这八个字刻在教室后面的墙壁上，时刻提醒大家：学习一定是我们自己的事情，老师能帮助但不能代替，最终的结果只能取决于自己；我们日常行为要高度自觉，无论是否有人监管；最终我们要实现思想自由的目标，进入精神自由的境界。一学期以来，绝大多数孩子养成了每天做十分钟家务劳动或义务劳动的习惯，养成了写日记的习惯，养成了安静有序的习惯，养成了锻炼身体的习惯，养成了不乱丢乱扔的习惯，养成了不吃零食的习惯，养成了主动学习的习惯……我们要把这些好习惯坚持下去，带回家里，带进我们的学习和生活中，同时也要用我们的行动来影响和教育家里的人，影响和教育我们周边的居民。

俗话说："一年之计在于春，一日之计在于晨。"我们每天早晨走进校园，要挺胸抬头，振作精神，信心百倍；当我们走在回家的路上，我们也要问问自己，今天学到了什么，今天有没有浪费一天的光阴。大家一定还记得这首诗："百川东到海，何时复西归？少壮不努力，老大徒伤悲。"

在新的一年里，我希望同学们记住三句话：努力学习是我们最主要的事情（"少壮不努力，老大徒伤悲"）；把简单的事情坚持做好（"滴水穿石"；"书读百遍，其义自见"；好习惯，好人生；做好"两个十分钟活动"）；做好事比考高分更有意义（"勿以恶小而为之，勿以善小而不为"）。

在新的一年里，希望各位老师在更多的细节上尊重和信任孩子，关注孩子出色的表现方面，而不要过分强调孩子的不足。孩子如同树苗，有的是柏树，有的是柳树，我们要尊重他们的个性；孩子如同花蕾，有的春天开花，有的秋天绽放，我们要尊重孩子们不同的成长规律。教育需要善良，老师要学会宽容，要通过不断的职业发展改进自己的教育实践，提高自己的教育技能，高标准要求自己，善待每个学生，用关爱的、积极的态度接纳每个学生的全部。我们要努力让孩子的心中多些阳光，少些阴霾；让每个孩子在课堂上都抬头听课，在校园里都抬头走路，为孩子的阳光人生奠定基础。

老师们，同学们，走向卓越是我们不变的追求，2013年将是我们奋力前行的一年，将是我们站得更高、看得更远、做得更好的一年！

最后，祝老师们在新的学期里身体健康、工作愉快！祝同学们学习进步、快乐成长！

（2013-03-04）

统一思想，理清思路，新年度更上新台阶
——在学校行政扩大会议上的讲话（提纲）

今天，我们学校中层干部和校级领导聚在一起，研究新年度的工作，其目的就是统一思想，理清思路，明确目标，增添措施，努力推动学校全面工作在新的一年更上一个新台阶。

新年度工作的指导思想：2013年，我校以十八大精神为指导，认真贯彻《国家中长期教育改革和发展规划纲要》，把"立德树人"作为学校的根本任务；认真落实通江县教育局《素质教育三十五条》，努力促进学校内涵发展、特色发展、均衡发展。把"立德树人作为学校的根本任务"，这是十八大的要求，我们必须认真贯彻落实；把去年确定的"内涵发展、加快发展、均衡发展"改进为"内涵发展、特色发展、均衡发展"，以便更科学地指导我们当前的实际工作。

新年度工作的基本思路：以"思质量、抓质量、上质量"为中心，以"立规范、实过程、转作风"为抓手，大力实施"教育质量、安全维稳、危房改造、队伍建设、课程建设"五大工程，全面推进学校各项工作。提高质量是"立德树人"最重要的内容，必须抓住这个中心不放。"立规范"：主要是制定和完善好管理流程系统；"实过程"：加强过程管理，将每一个环节落实到位，每月的

检查按时公布，每月的考核及时兑现；"转作风"：就是要改变长期以来形成的"软、懒、私、傲、浮、假"等怪现象。

新年度工作的主要目标：在教育质量工程上实现在全县教育质量综合评估中名列前茅；在安全稳定工程上实现年内"零责任事故"的目标；在危房改造工程上实现"教学综合楼工程"一期9月交付使用，二期立项，年内力争取动工；在队伍建设工程上实现作风根本转变，业务水平进一步提高，教学效果和效益有较大提升；在课程建设工程上初步建立起有我校特色的课程体系。

各部门结合这个总体构思，谋划，全年的工作，制定工作计划，提交学校行政会议审定后下发实施。

（2013-02-22）

抓住三个关键词　建现代学校制度

"要推进政校分开，管办分离，建立适应中国国情和时代要求，依法办学、自主管理、民主监督、社会参与的现代学校制度，构建政府、学校、社会之间的新型关系。"《国家中长期教育改革和发展规划纲要》用一个章节的篇幅专门阐述"建设现代学校制度"这一问题。

20世纪末，企业改革进入了深水区，是否建立并运行现代企业制度成为企业改革成败的关键。而正是通过现代企业制度的建立，一批优秀的企业走上了科学发展的道路。目前，当我们的教育全面完成"两基"任务，开始从注重规模向重视质量转变时，教育改革也进入了深水区，迫切需要通过现代学校制度的建立来让学校教育走上科学发展的道路。

纵观当下，不少学校注重对自己的校园文化主题进行提炼，不论是"阳光文化"还是"诗文化"，不论是"墨香文化"还是"雅文化"，从本质上来看，不论是小学还是中学，千校一面的现状没有得到根本的改变，其症结在于学校的制度，即没有理顺政府、学校和社会的关系，没有明确各自的权利和责任。

那么，如何构建现代学校制度？建设现代学校制度的障碍在哪里？我们应从什么地方切入？在有力的叩问与深度思考后，我认为应紧紧抓住"依法""自主""民主"这三个关键词来建设现代学校制度。

"依法",是构建现代学校制度的前提。其内涵主要表现在两个方面:一是学校要认真贯彻党和国家的方针政策,严格执行教育方面的法律法规办学,按教育本身的规律和学生成长的规律办学,照国家制定的相关标准办学。二是政府要引导、监督与保障学校依法办学。教育职能部门的主要职责就是为学校依法办学提供保障,加强对学校依法办学的引领与指导,纠正学校在办学中偏离法规的行为。

"自主",是现代学校制度的核心。"自主"就是在"依法"的前提下,学校享有高度的办学自主权、自由权,主要表现为校长应有独立的用人权、财权、物权、课程的领导权。日本作家黑柳彻子写的《窗边的小豆豆》,讲述了她上小学时的一段真实的故事,描述了一所让人无限向往的理想"巴学园"。巴学园是第二次世界大战后在日本存在时间不长的一所学校,学校的校长是一个老头儿,名叫小林宗作。巴学园在当时是一所很不起眼的学校,没有太多来自政府和社会的干涉。小林宗作校长拥有相当大的办学自主权。例如:作为战败国的日本学校,他能开英语课,这在当时是不可想象的。他的学校没有升学的压力,没有考试的压力,他的目标就是让每个孩子快乐地学习、快乐地生活、快乐地成长。独到的教育方针和不懈的努力,让小林宗作把巴学园打造成了孩子们的理想乐园。据统计,在巴学园学习过的孩子后来都成了对国家、对人民很有影响且有贡献的人物。巴学园不仅仅是小豆豆和那帮孩子的理想校园,也是我们所向往的学校。我们创造现代学校制度能从这里得到一些启发:比如"教学"的自主权,就是在国家的课程标准下,学校应该享有选择课程内容的权利,这一点是真正实现学校办学"自主"的核心。没有课程选择的自主,就没有校长办学思想的自由,也不会有学生的自主、自由发展,"千校一面"的现象也就不可避免。真正有特色的学校能为学生提供有特色的课程。

"民主",是现代学校制度的保障。从学校内部管理来看,就是要建立健全教职工代表大会制度,不断完善科学民主的决策机制。而从学校外部来看,一是要建立教育督导评估机制,教育主管部门要通过专门的教育督导机构或专业的教育评估中介机构对学校进行民主监督;二是要建立中小学家长委员会、社会监督委员会，引导家长、社区和有关专业人士参与学校的管理和监督。

当然，在迈向现代学校的征程中，我们还会面临诸多制度建设的难题。例如，政府、学校和社会三方应做什么不应做什么，还不明确；即使明确了，也要按各自的职责办事，从观念的转变到行动的落实，还有很长的路要走。毕竟，长期以来，行政部门习惯于对学校事务大包大揽，学校习惯于按照上级的指令来办学，社会习惯于以考试分数、升学率和办学条件来衡量学校的办学质量。当办学自主权真正落到我们校长手中时，我们中的大多数人可能在理论上、能力上和知识上还没有做好充分的准备；要建立现代学校制度，还必须以充足的教育经费作保证，否则学校的自主权是很难得到保障的。

在我看来，理想中的教育应该是学校自主、自由的教育，是能够使"每个孩子都能成为最好的自己"的教育，是师生都能自由呼吸的教育。为了教育的发展与生命的茁壮成长，我们需要建立现代学校制度，在理想教育的追寻中实现自己教育的理想。

（2013-04-06）

让梦想伴我们前行
——在4月教师全员校本培训会上的讲话

亲爱的老师们：

好久好久，就想和大家谈谈心里话，摆摆龙门阵。我到"三小"快两年了，这两年中，有很多人都问过同样的问题："你为什么要到'三小'去当校长？"十几年前从校长岗位上走下来，现在又再到校长这个岗位，不少人认为我在走回头路，还有些人认为我是看重"三小"是城里的学校，并且也是在校学生数较多的学校，学校越大，位置越好，好处越多。其实，真正的原因是我一直有个梦想：按自己的教育理想办一所学校，一所适合师生的理想学校，一所学生真正喜欢的学校，一所一方百姓满意的学校。了解我的人都说我是一个理想主义者，这一点我认可。对于干教育的人来说，我倒认为理想主义一点、书生气浓一点可能不是坏事。如果教育人没有自己的教育理想，那么理想的教育就会离我们很远。

做最好的自己
走过通江三小的那段时光

有句话说得好，"要达到目标，必须朝着目标所指的方向前进"，如果没有了方向，或者选错了方向，我们就会离目标越来越远。

"三小"是一所城郊学校，办学条件差，如今整个学校基本上都在拆建，老师和孩子们在操场中的板房里上课；学生来自全县不同地方，大部分来自农村，以留守儿童为主。学校的办学条件，学生的家庭教育环境和其他学校有差距，但是我们还要和其他学校比分数，比名次，我很累，你们很累，孩子们更累。我们是不是要沉下来思考：未来的"三小"应是什么样子？我们要给孩子们提供怎样的教育？我们要和其他学校竞争什么，核心竞争力在哪里？我们学校培养的孩子应有什么明显的不同？必须跳出来，站得更高，更长远来思考这些问题。我刚来"三小"时就给自己定了一个目标：当一个孩子到县城里来读书，他会认为不进"实小"也可以，"三小"或许更不错，选择"三小"更加适合"我"。老师们，这句话说来很简单，大家可能认为现在也有学生只选"三小"而不选其他学校的，或者从其他学校转来。但是，最终还是要以实力说话，而实力不仅仅表现在分数上。我们要用五年至十年时间站在全县学校的最前列，要在全市、全省有一定影响力，必须从高处着眼，按教育固有的规律办学，按人的发展规律施教，要对学校发展进行结构性思考。

教育大计，教师为本。再好的办学思想，必须靠老师才能落实，才能把思想转化为力量。我来到学校以后，特别注重常规教研，重视让老师撰写的读书、随笔和教育故事。一开始老师们很有意见，直到现在很多老师还是有不同的看法，觉得给大家增添了许多负担，还给一部分老师带来了心理压力。老师们，在我向大家说声对不起的同时，也想告诉大家，如果"三小"没有一支优秀的教师团队，没有一个善于学习、勤于学习的团队，不说五至十年，就是再给五年我们也不会走到全县的前列；如果安于现状，学校在两三年内就会落伍。如果老师不加强学习，不努力提升自己，不向自己落后的思想与行为挑战，同样会很快落伍。我们未来的差距，取决于今天大家八小时之外的时间是如何度过的。业余时间你打三年牌，我看三年书，我们的差距不仅仅是六年，可能是未来的全部。关于读书，向大家推荐近期《四川教育》的一篇刊首文章的前言。我们在帮助学生成长与进步时，也要不断让自己成长与进步，阅读就是我们成长的最佳路径，是一个好老师的生活方式，是老师一生不能终止的必修课。有句话说得好："以任何理由中止阅读的教师都是不合格的教师。"关于写教育随笔，大家觉得很困难，难在什么地方呢？其实就是懒！我们没有战胜自己惰性的勇气和行动。不记录我们和学生在一起的点点滴滴，就不能深入反思我们平时的工作。思考没有深度，就永远不会有我们自己的思想，写作是深入思考最好的方法。希望大家一定坚持写，定期更新自己的博客，抽时间浏览其他老师的博客。老师们一定不要怕写得不好，其实今天和大家交流的就是我晚饭后利用一点时间写下的，没有认真思考，就是把心里话写下来，可能有些语句不通，表达啰唆，语言重复。但是我不怕，因为这是我真情实感的表达，只要说明白了就行。只要我们坚持就会写好的，现在当我回过头看过去写的东西，都不敢相信是自己写的，因为真的写得好，不是文采有多好，而是感情特别真。我希望没有加入"三小"QQ群的老师尽快加进来，我们需要有更多的交流、讨论的平台，同伴互助是专业发展的重要方式，我们可以在这里随时交流。

老师们，我们的工作对象是人，是未成年的孩子，是一定会反复犯错的孩子。教育是育人的事业，选择了教师这个职业：就选择了寂寞，更选择了无奈；选择了教师这一职业，就选择了清贫，也选择了伟大。教育的伟大之处就是可以改变人生，教师的伟大之处就是可改变学生的一生。然而，教师与学生不是简单的一桶水与一碗水的关系，教育也不是简单地将一桶水注入碗中，我们要用爱呵护孩子，要珍视孩子的天真，要宽容孩子的失误。随时换位思考：假如我的孩子在学校里出现这样的情况，我希望老师如何做？

到"三小"近两年来，关于学校的整体发展，我有一些思考与实践。一是初步建立了学校的核心理念系统，形成了共同的使命、愿景与价值观，并逐步实现行为的对接，虽然不成熟，但将在实践中不断完善。二是完成了学校的校园建设整体规划，并通过了县规划局的审核，现在正在按规划、分步骤进行有序建设，可望在五年内完成所有规划。三是开始系统筹划学校的课程建设。今年我们将课程建设作为学校的五大工程之一，并在较长的一个时期内作为重点工作，力争用两三年时间建构起适合我校的课程体系。今天我就这个体系的初步意见与大家进行交流、讨论。这项工作是打造特色学校的基础工作，是学校核心竞争力所在，是我校区别于其他学校最本质的内容,希望大家积极参与。四是尝试进行深层次的教学改革。上个月的校本培训会,宣布向老师和赵老师两位语文老师拥有充分的教学自主权,在课标的基本要求下,独立开展教学工作,自主考试与评价,对此学校将给予全力支持,充分放权。以后,我们要在每个年级选一个班下放教学自主权,希望老师们大胆改革,积极参与。最近《中国教育报》一篇文章这样说:"尽可能提供生长所需要的土壤、空气、阳光和水分,然后就让年轻人自由自在地生长吧!既不吹毛求疵、横加干涉,也不指手画脚、过度关照,更不拔苗助长、豪华包装、大肆炒作。只有最朴素、最宁静的田园,才能长出最肥美的庄稼。自由,自由,还是自由!——让理想自由高扬,让心灵自由绽放,让个性自由舒展,让思想自由飞翔,让每个教师成为他自己价值和尊严最本色也最灿烂的标志,而不是学校的'形象'和领导的'政绩'……如是,'名师'必然生机勃勃且源源不断。"

"留足空间,奠基未来,一切为了生命的蓬勃发展",是"三小人"的共同使命与责任;培养生命的"自主、自觉、自由"是"三小人"永恒的追求;"学习自主、行为自觉、思想自由"是"三小"学生追求的目标:"引导自主、唤醒自觉、尊重自由"是"三小"老师坚守的信条。让"三小"的梦想成为我们的教育梦想,让我们的教育梦想汇聚成"三小"的梦想,为最终实现"三小梦"而努力奋斗!

(2013-04-25)

县人大来校调研工作汇报(提纲)

根据要求,现对我校教师队伍建设和教育教学管理工作汇报如下,敬请指正。

一、基本情况

通江三小创建于1985年,其前身为赤江乡城东小学,是一所典型的城乡接合部的学校。学校现有在校学生2135人,编制人数76人,在编教职工70人(其中：上级借用2人，因病请长假1人），特岗教师8人（今年7月服务期满）。学校认真贯彻党和国家的教育方针，以"一切服务于学生的终身发展"为办学宗旨，大力实施素质教育和推行教育改革；不断开掘生命的成长空间，在改革中发展，在发展中创新，努力探索在内涵发展、科学发展上具有自己特色的发展道路。

二、教师队伍建设

近两年来，学校认真分析教师队伍现状，找出存在的问题，有针对性地提出解决措施，在实践过程中不断完善，取得了一定的效果。

1. 存在的主要问题

一是理想与信念的缺位。职业意识高于事业意识，志业者更少。

二是思想与理念的缺位。特别是在"后普九"时代，教育改革走进深水区后，国家对教育的要求，时代对教育的要求，我们的社会、学生、家长对教育的要求均出现新变化，老师在教育思想上还没有跟上，在教学理念上还没有跟上教学改革的步伐。老师自己也曾长期受应试教育的影响，对新变化和新要求的未来不可预知的不安，也造成老师对新理念的畏惧。

三是能力与方法的缺位。老师学科专业知识与教育知识的底蕴不够，继续教育的有效性不高，校本培训力度不足，面对新问题、新情况，教育教学方法少，效果不佳。

四是福利与待遇的缺位。一位老师的月平均工资三千元左右，面对现实，很大一部分老师在职业与事业之间徘徊，在良心与责任上纠结，工作动力明显不足。

2. 所做的主要工作

一是加强教育思想的领导，逐步完善学校的核心理念体系。"留足空间，奠基未来，一切为了生命的蓬勃发展"，是"三小"师生的共同使命与责任；培养生命的"自主、自觉、自由"是"三小人"永恒的追求；"学习自主、行为自觉、思想自由"是学生追求的目标，"引导自主、唤醒自觉、尊重自由"是"三小"老师坚守的信条，以此确立了学校发展愿景和老师认可的教育教学价值观，并与平时的教育教学行为和学校管理对接，树立共同的理想追求。

二是加强校本培训的引领，引导老师对教育理想的追求。坚持每月一次主题校本培训，培训会上有"教师交流、名家指引、学校引导"等板块。本学期以来三次培训主题分别是"国学传承""课程建设""最美山村教师风采"。

三是加大校本研究的力度，促进教师队伍均衡发展。对教学常规管理进行了改革，减少对教师个体行为的检查，加大对集体活动和活动效果的检查。年级组内的学科组定期进行一次集体备课，这也是同事间的相互培训、相互帮助、共同提高。

四是注重教育随笔的撰写，鼓励老师及时总结、深入思考。每月要求中青年教师写四篇随笔，每位中青年教师建好自己的教研博客。

五是抓好观课议课的管理，坚持常规教研长抓不懈。每个学科坚持每周一堂公开课，学校领导坚持听随堂课。

三、教育教学管理

1. 所做的主要工作

一是加强教学思想的管理。把学校的教育教学价值观及课改新理念渗透到听评课、课题研究、校本培训等活动中，让老师在实践中理解，在实践中掌握。

二是加强校本课程的开发。学校除不折不扣落实好国家课程和地方课程，还加大了校本课程的开发力度，把国学教育、经典诵读、硬笔书法作为拓展课程和学生必修的校本课程，把家务劳动、社区服务、阳光体育、远足活动作为活动课程和学生必修的校本课程，把学校的社团活动和年级选修课作为学生的校本选修课程。必修校本课程已经全面实施，选修课程正在逐步开发。

三是加强教学过程的督查。教学工作坚持每月一检查，每月一考核，并公示结果；坚持教材每章节一次检测分析。

四是加大教学评价的改革。我校建立了适应我校学生的综合评价办法，建立了成长档案；改变了以分数评价教师教学工作成绩的方法，加大了过程评价的比重。

五是实施自主教学改革实验。就语文教学选取了低年级每年级各一位语文老师及一个班级为实验对象，充分下放教学自主权，要求教材上的内容用一半的时间完成，其余时间自主安排，不参与学校和上级组织的一切考试，考什么、什么时候考都由老师自己决定。

2. 存在的主要问题

一是教学评价改革滞后。现行的评价办法和体制与新课程改革的要求不协调，不利于教师形成正确的教学观和教育观。

二是教师综合能力滞后。大部分教师的综合素质还达不到下放教育自主权的要求，课程建设与开发能力明显不足，知识储备不够。

三是教学管理理念滞后。现在的教学管理过分注重分数，注重教育的本体性，对教育的社会性重视不够。

四、学校面临的困难

1. 学校周边环境不好

一是周边居民与学校争界；二是学校周边道路、街道没有硬化，安全隐患突出；三是周边食品摊点多，相关部门监管力度不够；四是周边建筑和建设规划侵害了学校的权益，高压输电线路穿过学校上空，对学校师生安全构成了威胁。

2. 学校的校舍太差

学校正按照规划推进学校的校舍建设，但是资金缺口大，希望在投资力度上与新区新建的学校同等对待。

（2013-05-09）

做最美"三小娃"
——在2013年"六一"庆祝大会暨首届"最美三小学生"颁奖仪式上的讲话

亲爱的同学们:

大家好!明天就是国际"六一"儿童节,我们今天在这里隆重举行庆祝大会,首先祝同学们节日幸福、健康、快乐!

本学期我们开展了"我的梦,'三小梦',中国梦"系列主题活动,大家在书写经典、绘画展览、书信大赛、篮球比赛等活动中取得了很好的成绩,昨天我们进行了表彰,再次对你们表示热烈的祝贺!从今年开始,我们每年将评选十位"最美三小学生",并向他们颁发奖状和奖杯!经过一个月来的评选,今年的十位"最美三小学生"已经产生了,他们在道德品质上是优秀的,在学习上是努力的,在生活中是能自立的,心态是乐观向上的。他们有的持之以恒,每天坚持做好"十分钟家务劳动";有的自强不息,爸妈长年在外打工,以自己幼小的身躯支撑着整个家;有的勇攀高峰,以优秀的成绩在全县运动会上独领风骚;有的坚持梦想,一步步向实现伟大的作家梦靠近;有的勤奋努力,在德、智、体等方面全面发展;有的乐于助人,长期帮助有困难的同学一同进步。他们都是我们学习的榜样!他们都是"三小"的骄傲,向他们致敬!其实,在同学们中间,还有很多很多优秀者,希望你们不断超越自己,走向卓越,争取做更美的"三小学子"!

今天的大会上,老师和同学们还要展示国学教育的成果。国学是中华文化的精髓,是中华民族的经典,是祖先留给我们的宝贵财富。希望同学们更加了解国学,更加喜欢国学,做一个有"根"的中国人!

最后,希望同学们争做最美"三小娃"!预祝大会圆满成功!

(2013-05-31)

做更好的自己
——在2013年六年级同学毕业座谈会上的讲话

亲爱的同学们:

大家好!时间过得真快,转瞬间,灿烂纯真的小学六年的童年时光就要结束了,你们就要步入绚丽如花的中学时代。在大家紧张准备毕业考试的时刻,我召集在毕业之际谈谈个人的观点,供你们在以后的学习与生活中参考。

去年毕业课上,我给你们师兄师姐赠送了三句话:"习惯决定命运""激情成就梦想""慈悲永驻心田"。今年,我赠送你们一句话加两个字。"做更好的自己"和"善"与"受"。

首先说说这一句话——"做更好的自己"。每个人在先天的遗传因素、生活环境、学校教育和个人的主观能动性方面均有不同,所以我们每个人的成长道路、成功路径都是不一样的,需要我们在自己的成长过程中做更好的自己。这有两层含义:一是走适合自己的路,因为"七十二行,行行出状元";二是要不断使自己变得更好,"不积跬步,无以至千里"。在今后的人生旅途中,大家要时常问问自己:"我还能更好吗?"让这句话伴我们一路前行。

再说说"善"。同学们用30秒的时间思考:如果用几个词来解读"善"字,有哪些词语?按我的理解,"善"主要体现在"做好事""做好人"两个方面。

"做好事",也有两个方面的意思:一是做好事情,不做坏事,即我们常说的"不以善小而不为,不以恶小而为之"。二是要把事情做好,不要把事情做坏了,即不坏事。如何才能不坏事呢?一要有积极做事的态度,二要有坚持做事的精神,三才是做事的正确方法。

"做好人"。对于"好人"没有一个准确的评判标准,"悲悯"和"自尊"

是做一个好人的基本要素。"悲悯"即"悲天悯人""宽容""善待他人的缺点与错误""乐于助人""利己不损人",自尊即"自觉""自信自爱""自立自强"("自己的事情自己干,靠天靠地靠祖宗不是好汉""穷不过三代,富不过五代")。

关于"善",还有句话叫"百善孝为先"。同学们用"孝"字组几个词吧。我们一起先温习一下《孝经》第一章的相关内容吧。

"夫孝,德之本也,教之所由生也。"孝是德的根本,其他教化都源于孝。也就是说品德高尚者必孝也,不孝则德无根本。

"身体发肤,受之父母,不敢毁伤,孝至始也。立身行道,扬名于后世,以显父母,孝之终也。"同学们,《孝经》告诉我们:爱父母从爱我们的身体开始,毁伤自己就是在残害父母,就是不孝。所以我们一定自尊自爱,保护好自己,爱护身体,珍爱生命,我们要为自己活着,也要为父母好好地活着,做大孝之人。

"夫孝,始于事亲,中于事君,终于立身。""孝敬、孝忠、孝道"就是关于孝的三个层次:孝从孝敬父母开始(一个高尚的人必须孝敬父母,不爱父母,何以爱祖国),再到效力于国家(服务于国家和人民的责任感),终极目标是建功立业,有至德要道(实现忠孝两全)。

最后说说"受"。"受"最早是佛学用字,和现在的"自作自受"的"受"意思差不多,即自己做的好事,自己享受好事带来的快乐;自己做的坏事,自己忍受其带来的痛苦。要做好事,好人有好报;恶人做恶事,不是不报,时候未到。

同学们,你们即将踏上新的征程,你们的老师载着你们渡过小学这条大河,他们将回到河对岸接着助下一批孩子过河,如此周而复始。我想,这么几年来,他们为你们的学习、生活操心操劳,难免有令你们不太满意的地方,但是他们在心底里是爱你们的,有时对你们的耐心超过了对他们自己的孩子。让我们站起来,请老师面向同学,同学们向你们的老师鞠个躬吧!每个班来一个代表,拥抱一下你们的老师!谢谢老师!

离毕业考试还有一段时间,我希望你们在小学阶段的最后几天,再加把劲,努力让自己做得更好，给自己交一份满意的答卷，给师弟师妹树一个好的榜样，让老师放心，让父母放心！祝同学们带着欢乐与梦想，带着责任与希望，阔步前行！希望你们为"三小"争光，明天"三小"为你们骄傲！母校欢迎你们常回来，母校祝你们更辉煌！

（2013-06-07）

在2013年春学期学生家长会上的讲话

尊敬的家长朋友们：

感谢您的孩子选择在我校就读，感谢您在百忙之中来学校参加孩子的家长会。我们学校地处城郊，由于地理位置的劣势，学校在发展过程中受到了很大的影响。近几年来，这一问题引起了各级领导的高度关注，并加大了对我校硬件建设的投入力度。2010年北校区的2200平方米教学楼投入使用，改变了"三小"长期租民房上课的状况。2011年启动了南校区的全面改造。2012年元月拆除了旧教学楼，10月投资500多万元的教学综合楼一期工程开工建设，目前完成了主体工程，正在进行装修，力争下学期开学投入使用，结束在操场活动板房里上课的历史。南校区教学综合楼二期工程将投资700余万元，预计今年9月开工，明年9月投入使用。待南校区的第一、二期工程完工后，第三期工程将启动，主要是建设南校区的风雨操场、校门和连接南北校区的过街天桥。届时，学校的校舍建设任务基本完成，学校将更加漂亮，功能将更加完善。现在学校正处在艰苦的建设之中，给我们的孩子在校学习带来了很多的不便，学校很多工作做得还不够好，无法令各位家长满意，敬请大家谅解。

尽管硬件条件很差，但是我们在学校的教育教学管理方面、在教学质量的提升上没有丝毫懈怠。近两年来，学校以"思质量、抓质量、上质量"为中心，以"立规范、实过程、转作风"为抓手，大力实施提高教育质量、安全维稳、危房改造、队伍建设、课程建设五大工程，全面推进学校各项工作。学校的教育质量一直稳居全县前列，受到县教育局和相关部门的多次表彰与奖励。

在校园文化建设上，我们投入了大量资金，初见成效，是全县五个校园文化建设先进单位之一。大家可能也看到了，北校区的校容校貌，各个班级的班容班貌，较之以往都有了很大的变化。孩子们在这样的环境里学习，个人的行为习惯有了很好的转变。但是，和全县其他学校相比，特别是和县外同级学校相比，我们的差距还很远，还要不断努力追赶！

经过学校的认真思考，反复论证，我们把"留足空间，奠基未来，一切为了生命的蓬勃发展"，作为"三小"师生的共同使命与责任。经过五年到十年的努力，我们学校要实现五大发展目标：一是在不采取题海战术的前提下，学生的综合素质及文化成绩位居全县前列，在更大范围有较强的影响力；二是成为全县素质教育的示范学校；三是成为全县艺术与体育教育的特色学校；四是所有经过"三小"教育的学生，公民素养与众不同，留下有"三小"特色的"烙印"；五是成为晏阳初教育思想示范实验学校。

今天的家长会，我们有一个重要的任务，就是选举产生各班的家长委员会。学校的家长委员会候选人在各班的家委会成员中推荐。家委会是联系学校和家长之间的纽带，主要作用就是把学校的想法有效告诉家长，把家长的想法及时告诉学校。为了孩子的健康成长，一起出谋划策，一起开展教育活动。

感谢大家长期以来对学校工作的支持！

（2013-06-09）

为幸福人生奠基
——在2013年秋学期开学典礼上的讲话

亲爱的同学们、老师们：

在这金色的秋天，怀揣金色的梦想，我们迎来了新学期和新学年。新学期里，我们学校又迎来了248名一年级新同学，原来一至五年级的同学升入了二至六年级，祝贺同学们：你们升学了！

同时，其他年级有150名同学转入我校学习，对新同学的到来我们表示热烈的欢迎！祝愿你们在这里度过美好的小学时光。本学期，有4名新老师成为"三小"的一员，让我们以最热烈的掌声欢迎他们的加入！

今天是我国的第29个教师节，同学们，我们一起向老师敬礼——老师好！老师辛苦了！

在开学之际，我想对同学们提三点希望。

一是"身体好"。身体是幸福生活的"本钱"，是幸福人生的基础。要想身体好，前提是珍惜生命。生命是父母给予我们最大的礼物，也是最珍贵的礼物。《孝经》讲："身体发肤，受之父母，不敢毁伤，孝之始也。"要想身体好，必须加强锻炼、身体好的表现是"长得高，跑得快，站得稳，耐得久，看得远"，目前我们学校正处在大规模改建中，运动场地很少，影响到同学们的锻炼，但是，大家一定要充分利用学校、家庭、社区的场所和设施，做到每天锻炼一小时。同时，要认真做好每天的眼保健操。心理健康不容忽视。我们每天都会遇到这样那样不愉快的事情，有的是学习方面的，有的是生活方面的，有的是与人交往方面的，我们要有良好的心态去面对，要学会宽容他人，学会与人相处，学会积极面对困难与挫折，总之要学会寻找学习与生活中的快乐，随时保持好心情。

二是"习惯好"。有句话讲："运气好不如习惯好。"一个人要获取最终的幸福，重在习惯。"习惯决定性格，性格决定命运"这句话，也说明这个道理。首先要有一个好的学习习惯：会整理自己的书包和学习用具，每天给同学、家长或邻居讲一个故事，每天写一篇日记，独立完成作业，按时到校，遇到不认识的字马上查字典弄清楚，及时改错，大胆发言……好的学习习惯是获得好的学习成绩的保证。要有好的生活习惯：饭前便后洗手，不吃零食，不喝生水，勤剪指甲，晚上睡觉时间不超过9:30……好的生活习惯是健康生活的保障。要有好的行为习惯：不乱涂乱画，不乱踏乱踩，不乱丢乱扔，不乱吐乱泄，排队离校，轻声慢步靠右行，见到师长问好，不说脏话……行为贵在坚持，只有坚持才能形成习惯。好习惯如同存在道德银行的资本，我们将终生享受。学校开展了"两个十分钟活动"，希望大家坚持做好，把简单的事情坚持做好就不简单。

三是"学习好"。学习好不仅在于分数，还在于好的学习态度和方法。分数高是相对的，对每个同学来说都不一样，如果尽了最大努力，只获得了60分，就要把60分当成100分来看，做最好的自己才是我们的奋斗目标。学习永远是自己的事情，我们是为自己学的，不是为家长学的，更不是为老师学的，老师和家长只能帮助我们学习，不能代替我们学习。"自己的事情自己干，靠天靠地靠祖宗，不是好汉。"新学期里，每个同学都要给自己定一个奋斗目标，一定要向着目标去努力。

同学们，每学期学校和班级都要开展很多活动，希望大家积极参加，争做"三小"的"三好少年"；明年"六一"的时候，学校将评选第二届"最美三小学生"，希望大家积极争取。

老师们，新学期伊始，我也有三句话与大家共勉。

第一句："好身体是我们的快乐之源。"希望大家重视身体锻炼，坚持爬爬山、跑跑步，积极参加学校的教师篮球队，与同学们一起做课间操、眼保健操，并希望音乐老师与体育老师一起给老师创编集体韵律操或集体舞。

第二句："多读书，让自己厚重起来。"读书是我们老师的终生必修课，"腹有诗书气自华"。读书才能使自己高雅起来，厚重起来。

第三句："让学习发生在学生身上。"学生的学习一定是学生自己的事情，我们不能包办，不能代替，引导学生自主学习是我们的任务，唤醒学生行为的自觉是我们的目的，尊重学生的自由发展是我们的目标。课堂要交给学生，班级的管理要交给学生，班级的日常工作要由学生承包，定期轮换。只要我们感到轻松了，管理工作一定就做好了。

亲爱的老师们、同学们，新学期开始了，我们站在新的起点上，让我们向着新目标进发，去实现我们的梦想！

（2013-09-10）

爱与责任
——教师职业道德专题讲座提纲

（学校校本培训会和全县骨干教师培训会交流主题）

课前讨论

我们的教育质量怎么了？

2001年，全国启动了新一轮的新课程改革。12年后，正好是这轮新课改完成一个周期，然而我县今年的高考重本上线绝对数却是近十年来的新低，是我们全县每一位教育人不能回避的问题，对此我们有哪些思考？

引子

展示：《中小学教师职业道德规范》文本

讨论：如果对《中小学教师职业道德规范》内容进行高度浓缩，会是哪几个字？

一、没有爱就没有教育

（一）爱职业

1. 为什么当老师

选择当老师不是为了奉献，因为任何职业都需要奉献；

选择当老师不是为了孩子，因为很多行业都可以为了孩子，如真是，应试教育怎么这么火呢？

选择当老师不是为了发财，因为全世界没有靠当中小学老师发财的先例。

教师首先是一个人，是一个平凡的人；其次，教师是一种职业，是一个工作岗位。人工作是为了谋生。

2. 教师是一种特殊的职业

▶ **分享**：《读〈向着太阳唱出歌〉有感》前半部分（略）

启示：教师是一种特殊职业，不好当。

◆ 播放视频：2012年最美山村老师2

▶ **分享**：《选择教师没有错》（略）

归纳当老师的好处：相对自由，幸福相随，永葆青春，成功相伴，学生尊敬，社会尊重，收入固定，职业稳定。

小结：老师们，幸福是一种体验，一种感觉，一种心态，一种发现；快乐是一种感受，快乐可以寻找，可以发现，可以创造。幸福和快乐的关键在心态。认同自己的职业和社会角色，才能拥有工作的激情和人生快乐；尊重自己的职业，是善待生命、获得工作热情和人生快乐的最好方式。

（二）爱学生

老师如何爱学生？四个关键词：尊重、欣赏、宽容、发现。

1. 尊重学生：尊重学生的人格、差异、选择

◆ 故事一：霍懋征——举左手或右手

有一次，一个学习成绩最差的学生举手要求回答霍懋征老师提的问题，可是当老师问到他时，他却答不上来。老师后来问他为什么不会也举手时，这个学生哭着说：老师，别人都会，如果我不举手，别人会笑话我。霍老师由此感到每个学生都有一颗强烈的自尊心。她私下里告诉这个学生，下次提问时，如果会答就举左手，如果不会就高举右手。此后，每当看到他举左手，霍老师都努力给他机会让他回答，举右手时则不让他站起来。一段时间后，这个学生变得开朗了，学习成绩也有了很大的进步。霍老师悄悄地把这个方法也告诉了班里其他几个学习不好的学生，结果发现整个班都变了。

启示：尊重学生，首先尊重人格。没有爱就没有教育，爱学生是和尊重学生、信任学生连在一起的。这也说明，教育的前提是尊重。人皆有自尊心，处在成长期的学生更是敏感与脆弱的，更需要老师的悉心呵护。老师要尊重学生的人格，保护学生的自尊心，在此前提下，学生才会在一种健康、自由、愉快的环境中接受教育，自觉学习。作为老师，必须尊重学生的人格，保护学生的自尊心，学生才会有学习的信心和动力，学生才能得到进步和发展。讽刺打击学生，会刺伤学生的心灵，使学生感到学习痛苦不堪，甚而影响学生的一生，成为学生心中"永远的痛"。

苏霍姆林斯基说：亲爱的老师要记住，学生的自尊心是一种非常脆弱的东西，对待它要极为小心，要小心得像对待一朵玫瑰上颤动欲坠的露珠。

◆故事二：开平局长的爱生故事

我们局里董局长在农村教书期间，经常给一个家庭非常贫困且生活习惯非常差，学习成绩也很不好的孩子洗脸、洗衣服，别人都认为这个孩子没多大出息，后来这个孩子成了一个煤矿的老板。

启示：尊重学生就要尊重差异。

英国哲学家罗素："凡是教师缺少爱的地方，学生无论是品格，还是智慧，都不可能充分的自由地发展。"

爱心的真正体现：教育者的爱要面向全体学生，而不是个别的、自己喜欢的学生，而且特别要爱那些"调皮捣蛋"的，或被人们称之为"差生"的学生。

2. 欣赏学生

▶ **分享**：《坐在路边鼓掌的人》

坐在路边鼓掌的人

女儿的同学都管她叫"23号"。她的班里总共有50个人，每每考试，女儿都排名23。久而久之，便有了这个雅号，她也就成了名副其实的中等生。

我们觉得这外号刺耳，女儿却欣然接受。老公发愁地说，一碰到公司活动或者老同学聚会，别人都对自家的"小超人"赞不绝口，他却只能扮深沉。人家的孩子不仅成绩出类拔萃，而且特长多多。唯有我们家的"23号"，没有一样值得炫耀的地方。因此，他一看到娱乐节目里那些才艺非凡的孩子，就羡慕得两眼放光。

中秋节，亲友相聚，坐满了一个宽大的包间。众人的话题，也渐渐转向各家的小儿女。趁着酒兴，要孩子们说说将来要做什么。钢琴家、明星、政界要人，孩子们毫不怯场，连那个四岁半的女孩，也会说将来要做央视的主持人，赢得一阵赞叹。

12岁的女儿，正为身边的小弟弟小妹妹剔蟹剥虾，盛汤揩嘴，忙得不亦乐乎。人们忽然想起，只剩她没说了。在众人的催促下，她认真地回答："长大了，我的第一志愿是，当幼儿园老师，领着孩子们唱歌跳舞做游戏。"众人礼貌地表示赞许，紧接着追问她的第二志愿。她大大方方地说："我想做妈妈，穿着印有叮当猫的围裙，在厨房里做晚餐，然后给我的孩子讲故事，领着他在阳台上看星星。"

亲友愕然，面面相觑，不知道该说些什么。老公的神情极为尴尬。

其实，我们也动过很多脑筋。为提高她的学习成绩，请家教，报辅导班，买各种各样的资料。孩子也挺懂事，漫画书不看了，剪纸班退出了，周末的懒觉放弃了。像一只疲惫的小鸟，她从一个班赶到另一个班，卷子、练习册，一沓沓地做。可到底是个孩子，身体先扛不住了，得了重感冒。在病床上，输着液体，她还坚持写作业，最后引发了肺炎。病好后，孩子的脸小了一圈。可期末考试的成绩，仍然是让我们哭笑不得的23名。

后来，我们也曾试过增加营养、物质激励等，几次三番地折腾下来，女儿的小脸越来越苍白。而且，一说要考试，她就开始厌食、失眠、冒虚汗，再接着，考出了令我们瞠目结舌的33名。

我和老公，悄无声息地放弃了轰轰烈烈的揠苗助长活动，恢复了她正常的作息时间，还给她画漫画的权利，允许她继续订《儿童幽默》之类的书报，家中安稳了很久。我们对女儿，是心疼的，可面对她的成绩，又有说不出的困惑。

周末，一群同事结伴郊游。大家各自做了最拿手的菜，带着老公和孩子去野餐。一路上笑语盈盈，这家孩子唱歌，那家孩子表演小品。女儿没什么看家本领，只是开心地不停鼓掌。她不时跑到后面，照看着那些食物，把倾斜的饭盒摆好、松了的瓶盖拧紧、流出的菜汁擦净，忙忙碌碌，像个细心的小管家。

野餐的时候，发生了一件意外的事。两个小男孩，一个奥数尖子，一个英语高手，同时夹住盘子里的一块糯米饼，谁也不肯放手，更不愿平分。丰盛的美食源源不断地摆上来，他们看都不看，大人们又笑又叹，连劝带哄，可怎么都不管用。最后，还是女儿，用掷硬币的方法，轻松打破了这个僵局。

回来的路上，堵车，一些孩子焦躁起来。女儿的笑话一个接一个，全车人都被逗乐了。她手底下也没闲着，用装食品的彩色纸盒，剪出许多小动物，引得这群孩子赞叹不已。到了下车的时候，每个人都拿到了自己的生肖剪纸。听到孩子们连连道谢，老公禁不住露出了自豪的微笑。

期中考试后，我接到了女儿班主任的电话。首先得知，女儿的成绩，仍是中等。不过他说，有一件奇怪的事想告诉我，他从教30年，第一次遇见这种事。

语文试卷上有一道附加题：你最欣赏班里的哪位同学，请说出理由。除女儿之外，全班同学竟然都写上了女儿的名字。理由很多：热心助人，守信用，不爱生气，好相处等，写得最多的是，乐观幽默。班主任还说，很多同学建议，由她来担任班长。他感叹道：你这个女儿，虽说成绩一般，可为人实在很优秀啊！

我开玩笑地对女儿说，你快要成英雄了。正在织围巾的女儿歪着头想了想，认真地告诉我说，老师曾讲过一句格言：当英雄路过的时候，总要有人坐在路边鼓掌。她轻轻地说："妈妈，我不想成为英雄，我想成为坐在路边鼓掌的人。"

我猛地一震，默默地打量着她。她安静地织着绒线，淡粉的线在竹针上缠缠绕绕，仿佛一寸一寸的光阴在她手里吐出星星点点的花蕾。我心里，竟是蓦地一暖。

那一刻，我忽然被这个不想成为英雄的女孩打动了。这世间有多少人，年少时渴望成为英雄，最终却成了烟火红尘里的平凡人。如果健康，如果快乐，如果没有违背自己的心意，我们的孩子，又何妨做一个善良的普通人。

长大成人后，她一定会成为贤淑的妻子、温柔的母亲，甚至热心的同事、和善的邻居。在那些漫长的岁月里，她都能安然过自己想要的生活。作为父母，还想为孩子祈求怎样更好的未来呢？

◆ 故事：罗森塔尔效应（皮格马利翁效应）

"罗森塔尔效应"产生于美国著名心理学家罗森塔尔的一次有名的实验中：1968年，他和助手来到一所小学，声称要进行一个"未来发展趋势测验"，并煞有介事地以赞赏的口吻，将一份"最有发展前途者"的名单交给了校长和相关教师，叮嘱他们务必要保密，以免影响实验的正确性。其实他撒了一个"权威性谎言"，因为名单上的学生根本就是随机挑选出来的。八个月后，奇迹出现了，凡是上了名单的学生，个个成绩都有了较大的进步，且各方面都很优秀。

启示：每个人都喜欢别人的赞美，每个人都渴望别人的欣赏，而学生尤其需要。真诚的赞美与欣赏可以拉近心灵，吸引着孩子向你真心靠拢，倾听你的教诲，还将每时每刻从积极乐观的一面影响孩子的生活与成长。

3. 宽容学生：信任、仁慈、激励、力量

◆ 故事：苏霍姆林斯基与三朵玫瑰的故事

一天，苏霍姆林斯基巡视校园，他非常注重校园环境的净化和美化，因为那是学校亮丽的风景线。突然，他看见一位三四岁的小女孩，走进花房，摘下一朵玫瑰，拿着向外走。他没有叫住小女孩大发脾气，而是和颜悦色地问女孩："孩子，可不可以告诉我，你摘下的这朵花是送给谁的？"

女孩说："我奶奶生病，躺在床上，我告诉她学校花房里的玫瑰很好看，为了让她高兴，我摘一朵让她看看，奶奶一看完，我就把它送回花房。"

苏霍姆林斯基被小女孩的孝心所感动，牵着她的手回到花房，又摘下两朵玫瑰递给女孩，说："孩子，一朵是奖励给你的，你小小年纪就知道关爱别人；另一朵是送给妈妈的，感谢她养育你这样一个懂事的孩子。"

苏霍姆林斯基三朵玫瑰的奖励，是对小女孩纯洁善良的品行、孝敬老人行为的肯定。他善于发现孩子心底最柔软的地方，并用心呵护。如果苏霍姆林斯基抓住女孩严厉地批评一顿，就有可能折损一朵善良的"花"，这就是教育家的与众不同。孩子的错误有很多种，有时是出自善良、无意之举犯了错误，稍加引导便是经典。

◆读文章：《宽容力量》（略）

启示：宽容是一种信任，是一种仁慈，是一种激励，是一种力量。所以，错误不只是批评和惩罚，更多的是需要鼓励和引导，让错误经典起来、美丽起来。

4. 发现学生：学生需要自由的成长空间

◆故事："教育不是逼鸡吃米"

陶行知1938年在武汉大学做过一次演讲。那一天，大礼堂里挤得满满的，不仅全校师生都来听，连附近学校的师生和各界人士都闻讯赶来。他们都知道，陶行知先生是著名的教育家，都想来一睹他的风采，并听他说些什么。会议开始后，有几位先生先后上台作了演讲。轮到陶行知时，会场上响起了一阵热烈的掌声。只见他不慌不忙地夹着一个皮包走上了讲台。他戴着眼镜，穿着西服，未曾开口，先向全场扫视了一遍。大家屏息凝神，都望着他，等他开口说话。有的人还打开速记本，准备把陶行知讲的每一句话都记下来。出乎大家意料的是，陶行知并没有讲话。他从包里抓出一只活蹦乱跳的大公鸡。公鸡"喔喔"地乱叫。台下听众一个个目瞪口呆，不知他葫芦里卖的什么药。接着，陶行知从口袋里掏出一把米，放在桌上。他左手按住鸡的头，逼它吃米，鸡直叫不吃。陶行知又掰开鸡的嘴，把米硬塞进去，鸡挣扎着仍不肯吃。接着，陶行知轻轻松开手，把鸡放在桌子上，自己后退了几步。只见大公鸡抖了抖翅膀，伸头四处张望了一下，便从容地低下头吃起米来。这时，陶行知说话了："各位，你们都看到了吧。你逼鸡吃米，或者把米硬塞到它的嘴里，它都不肯吃。但是，如果你换一种方式，让它自由自在，它就会主动地自己去吃米。"陶行知又向会场扫视了一圈，加重语气说："我认为，教育就跟喂鸡一样。先生强迫学生去学习，把知识硬灌给他们，他们是不情愿学的，即使去学也是食而不化，过不了多久，他还是会把知识还给先生的。但是，如果让学生主动去学习，充分发挥他的主观能动性，那么，效果一定会好得多！"陶行知讲完，把公鸡装进皮包，又向大家鞠了一躬，说"我的话讲完了"，便退下场去了。

启示：学习需要自主，成长需要自由。

学生到学校里来受教育的目的是什么？是为了成长（成功只不过是别人给自己的定义，成长是自己实实在在的感受），是为了学生今后人生的幸福。教育的最高目标是为了学生的幸福人生奠基，而不是学生的分数。人生幸福才是目的，才是人民群众的根本利益。"考大学，读好学校"只是达到"幸福人生"的手段，千万别把手段当成目的。一个人在社会上吃饭、立足，是靠他的特长而不是靠他的缺点。培养一个有特长、有个性的学生，可能比培养一百个平庸的大学生更有意义。

陶行知说："你的教鞭下有瓦特，你的冷眼里有牛顿，你的嘲笑中有爱迪生。"

小结：老师们，让我们都生出一双慧眼，及时捕捉、发现、挖掘学生身上的闪光点，并果断地加以开掘，去改变那些特别的孩子的一生，去成就我们每一位学生。要知道，每一位学生都是上帝给我们的最好礼物。即使我们的学生不能取得伟大的成功，只要他能够在平凡的人生中获得健康成长，能够充分发挥出自己的潜能，取得与其天赋和才能相匹配的业绩，那就足够了！让孩子都能做最好的自己！

二、责任是师之魂

（一）坚守

◆播放视频——碧溪火天岗夫妻学校的故事
◆播放视频——一个22岁黑社会青年说的话

反思：坚守是责任的最好表现。

启示：懂得坚持、耐住寂寞、守护宁静。

美学家朱光潜说："人因为坚持而变得美丽。"

教育者只有坚守，才能形成厚重的思想；只有坚守，才能创新教育的智慧和火花。坚守是一种精神，是一种对教育理想的追求和对教育思想的执着，坚守更是一种理性，是一种真正理解教育意蕴后的锲而不舍。

寂寞，是为了让你累积知识，发展自己；寂寞是为了让你静心思考，周详计划；寂寞，是为了磨炼你超常的意志力；寂寞，是为了厚积薄发，一蹴而就。

孤独，是一种处境，是一种感受，也是一种考验；孤独才会有思考的时间和空间，孤独才会静心想事、谋事，形成自己的独特思想。没有孤独，就没有自由，就没有个性；没有孤独，就没有思考，继而就没有创造。

当你感到寂寞、孤独时，请轻轻地合上门和窗，关掉手机，拉上窗帘，不受干扰，沉浸于书本之中，专心致志、心无旁骛地搞研究做学问；泡一壶浓茶，点燃一根香烟，反思生命的本质及生命的真谛，回味过去以明得失，计划未来以未雨绸缪。

宁静意味着整理思绪、平定浮躁、积聚活力，可以避免许多鲁莽、无聊、荒谬的事情发生；宁静是一种气质、一种修养、一种境界、一种充满内涵的悠远。

小结：老师们，让我们耐住寂寞，享受孤独，守住宁静。在宁静的片刻，去捕捉和感悟教育无与伦比的睿智和深邃；在宁静的环境中，进行心灵的叩问与精神的成长，使自己的文化品位、精神涵养、教育思想得以真正养成。老师们，耐住寂寞，守住宁静，我们就会明确方向，奋力拼搏，我们就会少一些浮躁，多一分沉稳，少一些牢骚，多一些动力，使自己真正成为有思想、有风骨、有品位、有追求、有特色、有魅力的人。

（二）学习

◆展示：通江论坛截图

反思：我们的学习状况

阅读：《读〈向着太阳唱出歌〉有感》后半部分

启示：读书、读人、读心。

"立身以立学为先。""不向前走，不知路远；不努力学习，不明白真理。""时尚只是一时的养眼，学识则是一生的养心。""只有学习成为起点，事业才有支点；只有学习成为常态，工作才能进入状态。""作为'一头挑着学生今天，一头挑着祖国未来'的教师，必须不断学习，不断充实自己，才会有教学之乐，而无教学之苦；只有学而不厌，才能做到诲人不倦。"

关于读书——

莎士比亚："生活里没有书籍，就好像没有阳光；智慧里没有书籍，就好像鸟儿没有翅膀。"

毛泽东："饭可以一日不吃，觉可以一日不睡，书不可以一日不读。"

◆ 故事：魏书生的择偶标准（略）

◆ 故事：犹太人鼓励孩子读书的办法（略）

一个民族、一个国家的竞争力不是取决于它的物质力量，而是取决于它的精神力量；而一个国家、一个民族的精神力量，不是取决于这个民族的人口数量，而是决定于其人民的阅读能力。

关于"读人"——

"读万卷书，不如行万里路；行万里路，不如阅人无数。"

"以铜为镜，可以正衣冠；以史为镜，可以知兴衰；以人为镜，可以知得失。"

善读同行，互助成长；善读名师，点亮生命；善读儿童，永葆童心。

◆ 故事：窦桂梅阐述"教孩子与学孩子"

窦桂梅老师曾说过："我常常庆幸自己这辈子当了老师，庆幸遇上了这些可爱的孩子。"她认为每个孩子都是一本天书，她说："我时时阅读着这76个孩子的76本天书，向孩子学、与孩子交朋友、和孩子进行生命的交流，使我真正懂得了生命，发现了生命成长的规律和秘密，也真正理解了什么是学校、什么是教育。在相互促进中，我和孩子共同成长，在共同成长的过程中，我和孩子一起享受着生活和生命的欢乐。"老师们，你想过老师与学生，谁在造就谁吗？你想过"教"孩子与"学"孩子的关系吗？

◆ 故事：《人民教育》上的一则案例：孩子的独特思维

一位上二年级的孩子，老师布置用"单独"造一个句子。她写道："太阳在黑夜里不敢单独出去找白云妹妹玩。"看见美丽的彩虹，老师解释说是折射的阳光，学生点点头说："我知道了，彩虹就是受了挫折的阳光！"至于孩子的自问自答，那就更妙想天开了。"吃包子时，包子为什么流油呢？""对不起，是我把它咬痛了，它哭了。""汽车的四个轮子赛跑，谁是冠军？"往前跑，前面的轮子是冠军；倒车时，后面的轮子是冠军。"你看看，孩子们的思维是多么的奇特、有趣。

关于"读心"——

"读心"即反思，反思就是对某个问题进行反复的、严肃的、持续不断的深思；教育反思，是教师以自己的教育教学活动为思考的对象，对自己在活动中所做出的行为和由此产生的结果进行审视和分析的过程。

一个民族不会反思，这个民族不会强大；一个人不会反思，这个人必定平庸。

曾子曰："吾日三省吾身，为人谋而不忠乎？与朋友交而不信乎？传不习乎？"

陶行知每日四问：我的身体有没有进步？我的学问有没有进步？我的工作有没有进步？我的道德有没有进步？

华东师范大学叶澜教授说：一个教师写了一辈子教案，不一定成为名师；但如果写了三年反思，则有可能成为名师。

做最好的自己
走过通江三小的那段时光

朱永新教授曾"推销"他的成功保险,即谁能够坚持每天认真写一篇教育反思,十年后必成大器,否则他赔偿损失。

教师善不善于反思,不仅是其成熟与否的分水岭,还是优劣成败的标志。几乎每个名师都是反思高手,他们在反思中认识自己,了解自己,并勇于在实践中突破自己。

◆ 故事:增加木桶的重量

一个黑人小孩在他父亲的葡萄酒厂看守橡木桶。每天傍晚,他用抹布将一个个木桶擦拭干净,然后一排排摆放整齐:令他生气的是,一夜之间,风就把他排列整齐的木桶吹得东倒西歪。小男孩哭了。父亲摸着男孩的头说:"孩子,别伤心,我们可以想办法去征服风。"于是,小男孩擦干了眼泪,坐在木桶边想啊想啊,想了半天,终于想出了一个办法,他去井上挑来一桶桶清水,把它们倒进那些空空的橡木桶里,然后他就忐忑不安地回家睡觉了。第二天,天刚蒙蒙亮,小男孩就匆匆爬了起来,他跑到放桶的地方一看,那些木桶一个个排列得整整齐齐,没有一个被风吹倒的,也没有一个被风吹歪的。小男孩笑了,他对父亲说:"木桶要想不被风吹倒,就要加重木桶自己的重量。"男孩的父亲也笑了。

结语:我们可能改变不了风,改变不了世界和社会上的许多东西,但是我们可以改变自己,增加我们自身的重量和心灵的富有程度,这样我们或可以稳稳地站在这个世界上生活了,不被风或其他东西吹倒、打翻。给自我加重,这是不被打翻的唯一方法。厚德、厚能、厚才,使自己厚重起来!让我们都高尚起来!伟大起来!

为生命发展留足空间
——四川省通江县通江三小办学理念简介

（北京大学第四期教育家型校长高级研修班马上就要举行第三次集中学习了。学习中将举行以"我的办学理念"为主题的大讲堂活动，要求每位学员准备半小时发言。今天在宾馆里进行了简单的整理，完成作业。）

一、办学理念的思想基础

我校的前身是县城城郊的一所村级小学，随着城市发展进程加快，框架逐步拉大，1985年与县职中合并，挂牌"通江县通江镇第三完全小学"；不久又从职中分离，演变成现在的完全小学，是一所典型的城乡接合部的学校。近十年来，在校学生从500人增至2000多人。

最近两年来，我们认真研究学校的实际，认真学习教育政策法规，对学校的办学理念的思想基础进行了梳理。

《国家中长期教育改革和发展规划纲要》指出：坚持以人为本、全面实施素质教育是教育改革发展的战略主题，把提升学生素质重点放在"责任感、创新精神和实践能力"三个方面，确立了"促进人的全面发展和适应社会需要"的质量观，认为基础教育应为学生的"身心健康、走向社会和终身学习"打好基础。也就是说，基础教育是为学生未来打基础，而不是为初中、高中学习打基础。

我们学校是"四川省晏阳初研究会实验学校"。晏先生认为："本固邦宁，民为根本。"公民是一个国家的根本，只有公民强大了，这个国家才能真正强大起来。晏阳初先生所提出的公民教育思想对"三小"的发展仍有很强的指导性。我们要以公民教育作为教育的核心，提升学生的公民意识、自主意识、自律意识、自尊意识，让学生全面发展。

二、办学理念的体系建构

我校作为城郊学校，转入学生多，留守学生多，学校不能用过重负担来填充学生本来就充足的缺少监管的"自由"空间，我们要培养学生独立自主的意识与能力，养成其自觉的行为习惯，要把学生的"自由"转变成真自由。这需要我们引导学生的学习自主，把学习的空间留给学生；需要我们唤醒学生的行为自觉，把行为的空间留给学生；需要我们尊重学生的精神自由，把自由的思想播种在学生心中。

我们审视学校的发展现状发现，不少教师长期受制于"思想惰性、观念落后"，还需要提高工作的责任心与执行力；奔波于教书与照顾家庭的双重角色之间，在前行的路上还存在犹豫、徘徊、动力不足的情况……"三小"的教师，还有很大的提升空间。因此，我们也要把生命发展的空间留给老师，让老师的教育教学个性充分自由地发展。

作为晏阳初教育思想的研究实验学校，如何借鉴公民教育的思想精髓，如何将"三小"的"现实校情"与公民教育的"思想力量"进行有机的结合并发扬光大，如何进一步发扬和发展晏阳初的教育思想，这为通江三小留下了无数值得研究的课题，更为"三小""走向卓越"提供了可能。

正是根据国家的教育方针，针对学校的办学实际，对接学校的办学主张，秉承"公民教育"的精魂，践行"以人为本"的思想，通江三小建构了自己的教育理念的体系核心，确立了使命、愿景和价值观。

使命：把"留足空间，奠基未来，一切为了生命的蓬勃发展"，作为"三小"师生的共同使命与责任。学校的一切行为均着眼于学生的未来，"为了生命的发展"；学校的一切行为都要为"生命发展留足空间"，实现生命的可持续发展，实现生命的蓬勃发展。今天我们为生命留足了多大空间，生命的明天就有多大的发展空间。为学生的终身发展负责，把"学习自主、行为自觉、精神自由"作为永恒的追求，让生命在学校里得到充分的舒展与张扬。

愿景：一是在不采取题海战术的前提下，学生的综合素质及文化成绩位居全县前列，在更大范围有较强的影响力；二是成为全县素质教育的示范学校；三是成为全县艺体教育的特色学校；四是所有经过"三小"教育的学生，留下"三小"特有的"烙印"；五是成为晏阳初教育思想示范实验学校。

价值观：第一，每个孩子都是一个家庭的希望，每个孩子都可以走向卓越

（对每个学生怀着高度的成功期待，让孩子们相信自己"我能行"，充分了解每个孩子的学习、生活和心理困难并悉心跟进，决不放弃任何一个学生）；第二，学生是课堂的主人，让学习发生在学生身上（把"老师尽可能少讲"作为课堂的行为准则）；第三，追求学生的"真"分数（不用题海战术获取高分数，通过提升学生综合素质来提高学生分数）；第四，学校是教育责任的主体，不将教育责任推给家庭，引导家长提高家庭教育品质；第五，只有教师才能让课堂改变，只有教师才能让教育精彩。

三、办学理念的行为对接

围绕办学理念，学校以发展、服务、引领学生生命作为学校工作的中心，高度关照学生的生命，踏准学生生命的节拍，和着学生生命的律动，努力挖掘幸福的精神与特质，巧妙地与学校教育相对接，在学生管理、课堂教学、文化建设等方面着力，引导自主，唤醒自觉，尊重自由，进而将学校办学理念融合成师生激扬向上的行动。

在学校管理方面，唤醒生命的自觉。我校注重人文关怀，树立"以人为本"的管理理念，努力提高学生自己管理自己的能力与水平。在教学管理上加大改革力度，充分下放教学自主权，把教什么、考什么、怎么考的权利交给老师，把对学生的评价权交给老师。

在课堂教学上，引导学生的自主。我们努力实现师生角色的转变，建立良好、和谐、平等的师生关系，积极构建"快乐、高效、互助、和谐"的魅力课堂，真正做到把时间还给学生，努力实现"老师不讲学生能会的老师坚决不讲，老师讲了学生也不会的一定不讲，能学生讲的老师不讲，能少讲的一定不多讲"。

在德育教育中，由他觉走向自觉。我们坚持以培养"学会知识技能、学会做人做事、学会动手动脑、学会生存生活"的"三小"学子为发展目标，以养成教育为主线，以爱国主义教育为重点，以生存教育为基础，培养学生健康的生活态度和生活习惯，提升学生的公民素养。

建立学校办学理念的完备体系是一项长期工程，需要时间的检验与修正，在发展中完善与提升。作为刚刚起步的学校,我们的想法与做法还很稚嫩。办有"根"的学校,育有"根"的学生,是我们不懈的追求!

(2013-10-05)

站起来看教育

——北大第四期"校长高研班"第三次集中学习情况汇报

10月9日至18日,北大第四期"校长高研班"第三次集中学习在北大校园举行。共12位分别来自北大、清华和北师大的教授讲课,授课内容涉及面广,包括蔡元培教育思想、教育改革与人才创新、学校规划、教师幸福与职业倦怠、校园心理危机干预与管理、教育质量评价、中国考试制度的演变、全球背景下中国改革与发展、民营教育资本市场、巴西的多元文化的发展史等。其中一天组织参观园博会,两天举行北大教育家型校长论坛。本次学习让我在以下几个方面有了更新或更深入的认识与理解,特别是习得了几个新概念,找到了很多问题的答案。

一、教育必须遵守人类社会发展基本的价值取向

人类社会基本的价值追求,依次是安全、健康、财富、自由、公正和平等。现在这个社会价值过分强调了排在第三位的财富,以至于弱化了排在第一位和第二位的安全与健康。自由是创新的保证,自由应当成为一个社会的重要价值追求。

我们每一个教育工作者都应记住这六种价值和它们应有的排序。必须树立"生命至上"的理念,大力开展生命教育,珍惜生命、关爱生命、提升生命质量是学校教育的重要课程。过去我们一直认为当前教育对安全强调过度了,而忽视了教育的本质,通过学习才明白:不论如何强调安全都不过分,只是我们没有足够重视教育本质,其实保证学生安全与健康成长也是教育本质的重要内容之一。必须树立"身体健康第一"的思想,这是国家教育《纲要》的明确要求,学校体育教育是其他教育的基础,身体素质是人综合素质前面的数字"1",而其他素

质是后面的"0",只有前面的"1"存在,后面的"0"才有意义,否则再多的"0"组合在一起仍然是"0"。要树立正确的财富观念,在保证自身安全与健康的前提下创造财富,在不损害他人安全与健康的前提下获取财富,不能把财富价值凌驾在安全与健康价值之上。要把"自由、公正和平等"思想浸润在学生心中。学校是思想的圣地,没有思想的自由就没有创新的土壤,没有教师的教学自主权就没有学生个性的自由发展;公平与正义是社会的基石,学校要成为公平与正义的示范园区,要把公平正义的种子埋在学生心里。

二、"习得性无助"是形成"问题学生"的重要原因

"习得性无助"指人在最初的某个情境中获得无助感,那么在以后的情境中仍不能从这种关系中摆脱出来,从而将无助感扩散到生活中的各个领域。这种扩散了的无助感会导致个体抑郁并对生活不抱希望。在这种感受的控制下,个体会认为自己无能为力而不做任何努力和尝试。习得性无助被认为是人类的一种沮丧表现之一。

最近两年来,全国各地时不时爆出某地公交车被人纵火,某医院医生被病人打了等新闻,在这些案件中,有相当一部分是报复社会行为。大部分原因是嫌疑人的合理诉求长期得不到解决,或者长期被社会边缘化,对生活失去希望,无助感极度扩张,从而做出了极端行为,其实就是"习得性无助"。

在家庭中,也有同样的现象。如果夫妻一方经历多次失败,每次失败都被另一方责备或贬斥,而不是获得支持与理解,久而久之就会失去争取成功的勇气。这种"无助"也是长期"习得"的结果。

很多学校都存在"习得性无助"的学生群体。学习困难的学生和行为不良的学生,长期不能得到老师的关注,没有得到老师的帮助与信任,在学习与生活中经常充满无助感。这种无助感如果没有得到重视,就会丧失信心,认为自己"真的不行",从而陷入"习得性无助"的心理状态中。在这种心理作用下,学生易将失败的原因归结为自身不可改变的因素,放弃继续尝试的勇气和信心,破罐子破摔。比如,认为学习成绩差是因为自己智力不好,失恋是因为自己本身就令人讨厌等,如果这种无助感进一步扩张,就有可能产生过激或极端行为。无助感与

失尊感均是"习得"的，不是天生的，是经过无数次的重复、无数次的打击以后慢慢形成的一种消极心理状态。在厌学群体中，此类学生占了很大的比重。"习得性无助"是学生产生心理问题的重要原因之一，必须引起高度重视并加以认真研究。

三、突破教育的"范式陷阱"，破解素质与应试的纠结

"范式"是库恩（Kuhn）在1970年《科学革命的结构》中提出的核心概念。"范式陷阱"是北大卢晓东教授在库恩"范式"概念基础上提出来的。

卢晓东认为，我们现在的教育主要目的是让学生了解和熟悉旧学科的范式。目前基于常识的观点认为，学生对旧学科范式的把握程度是其创造新学科范式的基础，只有对旧学科范式掌握得非常熟练和深刻，学生才能创造出新的学科范式。这种基于常识的观点已经成为目前教育制度的基础。以上认识中有一个重要的悖论，创造新学科所要突破的恰好是旧学科的范式，所要突破的东西如何能够成为新学科范式的基础呢？换句话说"功夫范式"绝不构成"子弹范式"的基础。

一种极可能发生的情况是，如果学生对旧的范式非常熟悉并精确掌握，他是否会对旧的范式产生某种信赖（而非怀疑），甚至因信仰而不愿意，或者说更加难以突破旧的范式呢？如果所有的科学家曾经是并仍然是常规科学家，那么某一特定的科学就会囿于某一范式而不能超越遑论进步。从库恩的观点看，这将是一个严重的缺陷（见查尔默斯：《科学究竟是什么》）。

基于这样的认识，卢晓东提出了"范式陷阱"的概念。他指出，在旧的范式中沉浸越深者在旧的范式中学习越多，掌握也更加精确；不断在旧的范式中取得成功的人，陷入旧的范式就会不断加深，旧范式就会成为一个陷阱，学习者难以突破。

中国古代的八股和科举制度就形成了巨大的范式陷阱，使当时的知识分子全部身陷其中，难以自拔。范式陷阱也能帮助我们理解我们这个时代的一些有意思的事例：信息科学和技术领域的多个革命性的创造者都是大学未毕业者。这些人包括微软总裁比尔·盖茨，苹果公司首席执行官史蒂夫·乔布斯，甲骨文公司总裁拉林·埃里森，Facebook创始人扎克伯格，戴尔首席执行官贝尔，还有拍出

《阿凡达》和《泰坦尼克号》这两部全球票房第一、第二同时正在引导电影史中3D革命的导演卡梅隆，他们没有因为深入地学习而陷入范式之中，是他们的创造性得以充分发挥的基础或者前提。在中国，毛泽东同志说："历来的状元就少有真正好学问的，唐朝诗人李白、杜甫，既非进士，又非翰林。韩愈、杜牧是进士出身，但只能算是第二等。王实甫、关汉卿、罗贯中都不是进士。曹雪芹、蒲松龄都是拔贡。"

为了跳出"范式陷阱"，毕加索说："我在小的时候已经画得像大师拉斐尔一样，但是我却花了一生的时间去学习如何像小孩子一样作画。"数学大师陈省身生前为中科大少年班题词："不要考100分。"对此朱清时解释，原生态的学生一般考试能得七八十分，要想得100分要付出好几倍的努力，训练得非常熟练才能不出小错。要争这100分，就需要浪费很多时间和资源，相当于土地要施十遍化肥，最后学生的创造力都被磨灭了。

以较长篇幅引用卢教授的观点，是试图为破解长期以来"素质"与"应试"给我们带来的纠结获得强有力的理论与事实的支撑。"应试"与"素质"的纠结就是现实与理想的纠结，是现在与未来的纠结。如果要面对现实，解决当前问题，我们可以在旧范式中深入化、精细化，这样或许可以谋求到眼前的利益，可能对个人来说是成功的选择。如果要追求理想，着眼于未来，我们就要思考并努力跳出范式陷阱，努力为下一代或下几代当好铺路石。如果我们没有能力和勇气做一个彻底的改革者，仍可以在"现在的成功者"和"未来的铺路石"之间做些推动改革的事情，认认真真把教育部"减负十条"落实好。第一，坚持落实"每天锻炼一小时"，把学生身体素质作为第一素质来抓；第二，坚决落实等级评价制度，取消百分制，给学生和老师更大的自由发展空间，把用来考高分的时间分配一部分做一些其他事情；第三，减轻学生课业负担，严格执行"一教一辅"，或自编教辅，减少机械重复性作业；第四，尽可能多地开展好课外活动项目，尽可能地让学生走出教室，走向社区，走向大自然；第五，充分利用本土资源，多开设校本课程；第六，要改变我们的课堂，让课堂有学生，从解决问题向提出问题转变；第七，要充分下放教学自主权，把教学的权力交给老师，没有教学的自主，就没有学习的自主。虽然我们暂时没有走出"范式陷阱"的条件和能力，但我们一定要朝着这个方向努力。

四、积极为"大数据时代"下的教育评价作准备

最早提出"大数据时代"到来的是全球知名的管理咨询公司——麦肯锡公司。麦肯锡称：数据，已经渗透到当今每一个行业和业务职能领域，成为重要的生产因素。"大数据时代"背景下的教育质量评价已经不再是简单地以分数作为评价的标准，需要通过对学校内大量的数据分析做出客观而科学的判断。教育部关于推进中小学教育质量综合评价改革的意见（教基二〔2013〕2号）已经出台，要依据党的教育方针、相关教育法律法规、国家课程标准等有关规定，把学生的品德发展水平、学业发展水平、身心发展水平、兴趣特长养成、学业负担状况等方面作为评价学校教育质量的主要内容，建立中小学教育质量综合评价指标体系。

目前，上海率先启动了教育质量综合评价改革，建立了"上海市中小学生学业质量绿色指标"，并开始按指标体系制定了一系列的评价方案，且细化了实施办法，评价学校的教育质量不再只看学生考试成绩。今年，教育部以地级市为单位，选择了30个试行样本开展教育质量综合评价。可以肯定，近两年内全国将会全面展开质量综合评价，我们必须做好准备。第一，要组织教育管理人员、校长及教师学习好、解读好《教育部关于推进中小学教育质量综合评价改革的意见》，在思想上认同，在理念上提升，在实践中准备。第二，认真总结新课改实施以来，各地各校在开展学生综合素质评价方面取得的成绩、存在的问题以及今后改进的方向。第三，鼓励学校和教师根据教育部的《意见》进行大胆探索，引导教育教学行为与《意见》接轨，把以"高考"作为"指挥棒"变成以"综合评价"为"指挥棒"。第四，认真搞好评价改革实施中各种资料的收集与整理，这将是对学校开展教育质量综合评价的最重要的依据。

五、教育中的"大规模不合作博弈"带来的问题

在这次学习中，我第一次知晓了"大规模不合作博弈"这个概念。大致意思是：明知别人的行为是自己不愿为的，但是为了在博弈中不处于劣势或不招致自身利益较大地受损，仍然要做自己不愿做的行为。比如：操办宴席就是一个"大

规模不合作博弈"现象，明知办宴席送礼是自己不想参与的行为，但出于人情世故，不得不参加；为了使自己减少损失，也不得不利用一定机会操办酒席，实现利益平衡。

在教育活动中，也存在这样的情况。课外补习是大家都认为没有必要的行为，如果大家都不补课，对每个人来说都是公平的，但是别人补了就会导致自己处于竞争的不利地位，从而造成大家都参与到补习中来，形成恶性循环。所以有些家长既要送孩子补课，又不停地向相关部门举报补课行为。现在的高中同类学校比高考升学率，也是"大规模不合作博弈"，"黄冈风"刚过，"衡水风"又来，深入思考下，这也是"范式陷阱"，然而人们明知是陷阱还是源源不断地往里跳。

六、建立"心流通道"营造幸福校园

通过这次学习，我对"积极心理学""心流体验"有了初步的认识，对"职业积极""幸福校园"有了更深的理解。

积极心理学（positive psychology）是20世纪末西方心理学界兴起的一股新的研究思潮。这股思潮的创始人是美国当代著名的心理学家马丁·塞里格曼（Martin E. P. Seligman）、谢尔顿（Kennon M. Sheldon）和劳拉·金（Laura King）。他们的定义道出了积极心理学的本质特点："积极心理学是致力研究普通人的活力与美德的科学。"积极心理学主张研究人类积极的品质，充分挖掘人固有的潜在的具有建设性的力量，促进个人和社会的发展，使人类走向幸福，其矛头直指过去传统的"消极心理学"。它是利用心理学目前已比较完善和有效的实验方法与测量手段，研究人类的力量和美德等积极方面的一股心理学思潮。积极心理学的研究对象是普通人，它要求心理学家用一种更加开放的、欣赏性的眼光去看待人类的潜能、动机和能力等。

心流的概念，最初源自心理学家米哈里·齐克森米哈于1960年对艺术家、棋手、攀岩者及作曲家等人的观察。他观察到当这些人在从事他们工作的时候几乎是全神贯注地，经常忘记时间以及对周围环境的感知。这些人参与这些活动是出于共同的乐趣，这些乐趣来自于活动的过程，而且外在的报酬是极小或不存在的。这种由全神贯注所产生的心流体验，米哈里·齐克森米哈认为是一种最佳的体验。他将心流（flow）定义为一种将个人精神力完全投注在某种活动上的感觉，心流产生时会有高度的兴奋及充实感。米哈里·齐克森米哈认为，使心流发生的活动有以下特征：具有挑战性且需要技术，注意力高度集中，有明确的目标，有即时回馈，对活动有主控感，在从事活动时有忘我的感觉，主观的时间感改变（或时间停止）。

通过对这些理论的学习，我不断思考：如何克服老师的职业倦怠，获得更多的心流体验？如何建设"幸福校园"？

第一，正确认识教师这种职业。

北师大刘翔平老师说，教师跟学生打交道难以实现心理预期，容易产生职业倦怠，也容易产生心理问题。越是好强的人，心理越容易不健康。

要战胜职业倦怠，获得心流体验，在工作中我们要给自己设立一个高兴起来的目标，不断写教学反思、笔记，努力变成自己想要变成的样子。

第二，正确认识我们的教育对象。

每个学生的学习能力是不一样的，有些学生有学习障碍，主要是阅读障碍和注意力障碍。记得去年六年级毕业考试前，我给老师们讲，不管考到什么结果，只要我们尽力就行。在几次学生集会上我告诉同学们"要做更好的自己"，不必一定要和别人比，努力就好，尽力就行。

第三，变被动休闲为主动休闲。

听了方新老师的课，我觉得学校要把"让老师和学生都健康"作为最重要的价值追求，这是建设"幸福校园"、让师生获得心流体验的基础。方新老师说，学校应开设关于生命教育和生命意义的课。

要变被动的休闲娱乐为主动式的休闲娱乐，定期组织有共同兴趣和爱好的老师一起开展一些休闲娱乐活动，如爬山、跳舞、打球、摄影等，努力提高生活质量与品位，教书不能成为老师生活的全部。

第四，建立良好的人际关系，建设"互相欣赏的校园"。

积极心理学认为，强调、放大一个人的优点可以挤占缺点，人不断体验、放大和实践优点和特长，可以挤占缺点，直到把缺点缩到最小。要引导老师学会发现他人的优点，感受到美好，学会欣赏。"个人太强，组织太弱，不能获得最终的幸福。""中国人擅长批评、否定别人，不善于欣赏、表扬别人。""北大哲学系的老师都很长寿，其秘密就是这里的人都讲仁爱。"建立良好的人际关系，营造一个"互相欣赏的校园"氛围，有利于从职业倦怠走向职业积极，有利于帮助老师获得心流体验。

（2013-11-09）

在新年度工作动员大会上的讲话

老师们：

今天，我们在此召开全体教职工会议，展望和部署2014年度的工作，其目的就是要统一思想，制定目标，明确任务，落实措施。具体的工作各位分管领导要作详细安排，我就年度的总体思想、工作思路和目标任务讲三点意见。

一、正确评估上年度工作和当前面临的形势

在大家的共同努力下，2013年年初制定的十大目标任务基本实现，为新年度工作打下了坚实的基础。教育质量稳中求进，安全稳定基本满意，危房改造效果明显，教师队伍渐趋合理，课程建设良好起步。但是也要看到，在这些方面我们还有更大的提升空间、更高的目标和更艰巨的任务，我们在思想、态度、行动上还有很大的不足，需要进一步反思，才能推动学校不断向前发展。

存在的不足集中体现在四个方面。一是认识不统一，主要表现为：安于现状，传统定式，观念守旧，过度自信。二是目标不一致，主要表现为：班子成员之间不一致，个人与集体之间不一致，当前与长远之间不一致。三是过程不扎实，主要表现为：执行落实走样，工作不在状态，组织纪律松散，检查流于形式。四是效果不明显，主要表现为：队伍素质没有较大提升（观念、职业技能、职业理想、教学水平），学生综合素质没有突破性进展（分数、习惯、实践能力、创新意识、责任感、自我管理能力），管理队伍还不够强大（实绩不突出、特色不明显、学习能力还缺乏、个人素质欠缺）。在其岗要谋其教，在其位要谋

其政。

老师们，新的一年是我国改革的攻坚年，是要下深水区的关键年，我们教育人和学校都将面临前所未有的新形势和新挑战。我们要转变观念，深谋远虑。

二、明晰新年度工作的基本思想

2014年工作基本思想主要有以下几点：第一，以十八届三中全会为指导，深入贯彻《纲要》精神，把"立德树人"作为根本任务。第二，在实践中继承和发展晏阳初教育思想，努力发挥学校在社区文化建设与社会管理中的教育作用。第三，把"落实"作为年度工作的关键词。第四，紧紧抓住教学中心，努力在教育质量、危房改造、课程建设、队伍管理、安全稳定等工作中再上新台阶。第六，通过抓常规、实过程，抓坚持、创特色促进学校内涵发展、持续发展。

三、明确新年度工作的目标任务

新的一年，我们在教学管理、教育科研、德育工作、艺体卫生、后勤管理、教育宣传、制度建设、支部建设、安全管理、幼儿园管理十个方面的工作要再上一个台阶，努力实现如下九大目标。

第一，教育质量综合考核排名居全县前列，无特长生率下降，尤其是薄弱学科教学质量（英语、科学、艺术）逐步上升；

第二，学生不因贫困而失学，不因厌学而失学，巩固率达100%；

第三，学生的行为习惯良好率大幅上升；

第四，学生身体素质稳中求进，学生近视率比上年度降低；

第五，体育传统项目得到进一步加强，效果效益明显；艺术教育做到堂堂落实，活动落实，全员参与；

第六，教育教研活动的有效性、针对性进一步增强；

第七，全校师生不发生一起违法违纪事件，实现年度零安全责任事故；

第八，年内全面完成新教学综合楼二期工程，力争风雨操场和校门工程立项前进行可行性论证并完成规划制定；

第九，进一步修正、完善学校校园文化理念系统；

老师们，新的目标已经确定，新的挑战摆在面前，我们必须静下心来思考，潜下心来教学，从长计议，以积极的状态、良好的心态投入新的工作中。让我们与时代同发展，与学校同成长。

（2014-02-22）

在学校正风肃纪工作会议上的讲话

老师们：

2月24日上午，全市召开了"正风肃纪"视频会议，布置正风肃纪"春雷行动"专项检查工作；接着县、镇两级提出了具体的贯彻意见。下午，在通江二中召开了教育系统"正风肃纪"专题会议。现将会议精神进行传达，并提出我校的贯彻落实意见。

一、各级专题会议的主要精神

1. 市专题会议罗冬灵书记讲话主要精神

市委常委、市纪委书记罗冬灵出席会议并作了重要讲话，指出要做到"三要三不"：要清醒，不要糊涂；要执行，不要应付；要维护巴中声誉，不要损害巴中形象；要铁腕正风，雷霆肃纪，全面打好作风建设攻坚战。

罗书记提出以下要求：

一要以高度自觉的政治清醒，深刻把握正风肃纪的必要性。开展正风肃纪工作是贯彻党的群众路线教育实践活动决策部署的必然要求。要集中时间、集中力量，着力消除党员干部身上存在的不正之风，着力解决人民群众反映强烈的突出问题。开展正风肃纪工作是落实中央、省、市委系列作风建设规定和禁令的重要抓手。

二要以"抓铁有痕"的务实举措，强力推动正风肃纪纵深开展。巴中正风肃纪工作重点突出以"十查十改十完善"为主要内容的十大专项整治。强化宣传教育。通过组织干部自学、领导带学、专家助学、群众帮学开展"四学"；召开领导班子剖析会、党员干部民主生活会、服务或管理对象工作质询会、社会各界意见征集会"四会";编印《中央、省、市关于改进工作作风、密切联系群众相关规定及制度汇编》等方式,做到党组会议有记录、干部口袋有读本、宣传教育有声势,确保党员干部对各项规定和禁令入脑、入心、入灵魂。注重群众参与。要深入群众、依靠群众,开门搞活动,聚力正风纪。把群众满意作为第一目标,全面推进党风廉政建设社会满意度评价工作。严格监督执纪。全市纪检监察机关将开展代号为"春雷行动"的专项整治行动,采取市级部门逐一剖析、县(区)交叉互查的方式,组建近百支监督检查队伍,对100%的市级部门、70%的县(区)级部门、40%的乡(镇)开展监督检查,发现问题,严肃处理。凡是违反政治纪律、组织纪律、财经纪律的行为,尤其是顶风违纪、边整边犯的,一律快查、严办、重处,绝不姑息,绝不迁就,绝不纵容。

三要以科学高效的推进机制,全面确保正风肃纪取得实效。要充分发挥各级党委的主体责任、各级纪委的监督责任和相关职能部门的牵头责任,形成合力、共同推进,"种好自己的田,管好自己的人,把好自己的门"。强化制度建设。严格遵守市委常委会通过的作风建设六条工作制度。一是实行"一案双查"。对发生重大违纪问题的单位,既查直接责任人的违纪责任,又查主要领导及分管领导的管理责任,切实严明政治纪律。二是实行"签字背书"。对纪检监察派驻派出机构、专项监督检查主要负责人履职情况实行"签字背书"制度,凡履职不到位、发现情况隐瞒不报的一律实行连带责任追究。三是实行视频点名。纪检监察机关利用远程视频系统定期或不定期对乡镇干部上班情况进行远程视频点名,杜绝"走读"现象。四是实行点名道姓通报。对违反中央八项规定的案件和责任人员,在电视台、报纸、巴中纪检监察网上实行点名道姓的通报批评。五是实行公务卡制度。在公务活动中大力推行公务卡,切实严肃财经纪律。六是实行联动追责。各单位必须建立考勤管理制度并严格执行,今后凡是单位干部上班状态出现普遍性问题,对所在单位主要负责人、分管领导进行严格责任追究,强化纪律约束。在正风肃纪中严格执行"两个绝不、三个一律":对存在问题纠正不及时和整改不到位的绝不放过,问题没查清和处理不到位的绝不放过,对抗监督检查和拒不整改存在问题的、顶风违纪和造成严重后果的、出现严重问题且给巴中造成负面影响的党员干部一律就地免职。

2. 我县贯彻落实专题视频会议精神做出的安排部署

全市正风肃纪工作视频会议召开后,我县庚即就贯彻落实会议精神做出安排部署。县委赵书记在我县分会场参加会议并就贯彻落实工作提了意见。

赵书记要求如下:

务必提高思想认识。各级各部门要按照中央、省、市的要求,以"整风"精神开展群众路线教育实践活动,大力纠治"四风",让广大群众看到我们改正问题的决心和行动,达到改进工作作风、密切联系群众的目的。大家一定要有高度的政治敏锐性,保持高度的政治自觉、行为自觉,进一步把思想和行动统一到中央和省委、市委要求上来,做政治上的清醒者和行动上的践行者。要破除惯性思维、克服侥幸心理,大家的一言一行、一举一动,群众都看在眼里,我们必须真正改、自觉改、主动改、尽快改,而且要改得好,才能让群众满意。

务必加强各项管理。要加强上下班的管理,全体干部职工必须严格遵守作息时间,严格遵守工作纪律,按时上下班,因公、因事、因病不能按时上班的,要严格履行请销假手续;各单位值班领导要切实担责,认真搞好本单位各科股室、各窗口上下班情况督查;凡是省、市、县纪委查实迟到、早退或上班不在状态的要严格追责。要加强财务管理,对票据使用不规范、会计核算不规范、会计科目使用不规范、超标准支出等现象,各级各部门要高度重视,务必严肃财经纪律,规范财务管理。要严格遵守财经法规,坚持"收支两条线",坚决防止和制止搞"小金库""账外账"等行为。要加强对"三农"资金、扶贫开发、惠农资金、民生资金分配使用情况的监督检查,坚决查处虚报冒领、挤占挪用现象,确保"专款专用"。要加强项目工程管理,做深做细做好项目工作,方案一旦确定,就不能随意更改,随意增加工程量,提高投资成本。要严格落实工程预算,审计、财政部门要加大项目审计监督力度,对擅自更改工程设计,增加工程预算的要严格追责。要加强对公用车辆的管理,坚持公车公用原则,未经批准,任何人不得公车私用。

务必强化工作执行。各乡镇、各部门和党员干部要坚决落实上级党委、政府决策部署，安排的各项工作要立说立干，雷厉风行，不能拖，不能推，不能讨价还价、软拖硬抗、浮于表面。要把心思凝聚在干事业上，把精力集中在促发展上，把力量投入到抓落实中，要在强化贯彻力、执行力、落实力、创造力上下功夫，确保各项工作高效有序推进。

务必廉洁自律。要认真执行中央、省委、市委、县委关于作风建设系列规定，严格执行组织纪律、财经纪律、工作纪律、生活纪律，严守思想防线，特别是八小时之外，哪些能做，哪些不能做，一定要保持高度清醒。

务必加强活动督查。县上要成立督查组，分赴各部门乡镇开展正风肃纪督查工作，要结合"转作风、惠民生"活动及群众路线教育实践活动的要求，一项一项、一条一条对照检查，绝不能走一走、看一看，应付了事。

务必加强干部学习。要组织党员、机关干部认真学习中央和省、市、县委关于深入开展党的群众路线教育实践活动及"转作风、惠民生"活动的系列文件和工作要求，要做到知晓率达100%。要认真组织开展好学习活动，各级各部门要结合群众路线教育实践活动制定好学习方案，召开好班子成员会、干部职工会、群众会，组织大家全面、系统学习，既要完成好规定动作，又要搞好创新动作。同时，要认真反思，认真查找，认真整改存在的问题，要通过开展"正风肃纪"行动，进一步转变干部作风、提升机关效能，为通江经济社会跨越发展提供坚强的作风保障和纪律保障。

赵书记还特别强调了市委的三条严格规定：一是今后在贯彻中央和省、市、县委系列规定和禁令中，凡对抗监督检查和拒不整改存在问题的一律免职；二是凡顶风违纪和造成严重后果的一律就地免职；三是凡在中央和省组织的监督检查中出现严重问题，给巴中造成负面影响的一律就地免职。

3. 通江镇专题会议要求

视频会议后，通江镇随即召开会议进行部署。镇党委书记就"转作风、惠民生"提出工作要求：一要规范活动材料，二是严格上班纪律，三要规范民生资金使用，四要严格执行中央八项规定。镇长对正风肃纪"春雷行动"进行了工作安排，并要求要高度重视，加强自查自纠，强化纪律意识。最后书记要求：一要高度警醒，用脑谋事；二要普惠民生，用心干事；三要规避风险，用力查事。镇上将组建三个工作组，对群教工作、财务管理和作风转变进行全覆盖检查。

4. 县教育系统正风肃纪专题会议精神

全县中小学校长、直属单位负责人、中学会计和局机关全体工作人员参加了会议。

局党委委员、纪委书记首先传达了各级纪委全会的主要精神，集中体现在以下几方面：一是加强反腐败体制和制度创新。案件以上级和异地查处为主，纪委书记由上级任命为主，实行一案双查制度。二是认真落实中央"八项规定"，持之以恒抓"四风"。此工作不是只抓一阵子就算了的，也不是只抓领导干部就行了的。三是要坚决遏制腐败势头，坚持"老虎、苍蝇一起打"，查办案件抓早抓小，全力解决发生在群众身边的腐败问题。四是强化对领导干部的监督管理和教育。五是转职能、转作风，强化责任追究。接着组织大家对十八大以来出台的有关纠"四风"的一系列文件进行学习。结合教育系统的实际，提出了七点要求：一是务必提高认识。不要有任何侥幸心理，要特别清醒地认识当前的形势，不要错误地认为此次运动只是整领导，只是一阵风。二是要认真贯彻学习相关文件，学习政策和形势。每两周至少要组织教师集中学习一次，要把各项规定印发到每位教职工手上。三是要加强学校的各项管理，特别是上下班和请销假管理、工作状态管理、财务管理、项目管理、收费管理、师德师风建设等。四是规范接待，节约开支。五是自查清理，及时纠正。六是严格自律，严格督查，严格责任追究，特别是对教育"三乱"（乱办班、乱补课、乱订教辅资料）案件要实行一案双查，违反者要按教育部近期出台的有关违反师德的处理规定进行处理。

局长提出了"四个务必"的要求：一是务必高度地警醒和高度重视。此工作只会越来越紧，只会越来越严，各单位的账会被反复查的，要随时作好被查的准备。二是务必认真对待正风肃纪的各项要求。严格上下班纪律，严格清理在编不在岗情况；严格财务管理，这是重中之重的工作；严格项目管理，一切工作都要按程序操作，按规定实施；加强"教育三乱"治理，这是群众路线教育活动的重点内容之一，也是正风肃纪的重点之一；要认真抓好群众路线教育活动，这将不同于以往的政治教育活动,将成为历史上一次重要的整风运动;要学习宣传好社会主义核心价值观、巴中教育核心价值观和通江三名工程,要上墙上网、入脑入心,教育局要专项督查,活动开展要有轨迹,要有会议记录,要有资料;"转作风、惠民生"工作要有领导机构、有安排、有记录、有行动、有效果和有资料。三是务必整改落实到位,有问题迅速整改,迅速落实。四是务必加强督查。教育局将对每个学校进行全面检查,这是本阶段的一项重要工作,一定要牢记市里提出的"两个绝不、三个一律"。

二、贯彻落实意见

1. 认真学习,紧跟形势

要认真学习中央"八项规定"颁布以来出台的各类纠"四风"相关的各类文件,要认真落实学校制定的相关规定。我们首先要明白"要求我们如何做";同时,还要明白"为什么这样做"。我们既要接受,还要从心底里认同。党中央和国务院开展的本次"整风运动",是在改革进入深水区后必须也是不得不采取的铁腕行动。我们再不标本兼治,再不打老虎、拍苍蝇,社会真就乱了,国家就没有希望了。我们都处在社会的最基层,是广大群众之一,改革最终革的是绑架市场和国家政策的既得利益集团这些"老虎"的命,我们群众会成为改革的最终受益者。我们一定要积极响应改革,积极投身到改革中来,与中央保持一致,与政策保持一致,这才是与时俱进。我们要努力做到:

一是"定期学"。定期组织学习,让我们的思想不掉队。既要学政策,又要学形势;既要学业务,又要学政治;既要组织学,还要自己学。

二是"认真记"。认真做好学习笔记,让学习更有效果。每个人必须有一个专门的学习笔记本,每次的学习要认真记录,记一次比听一次会记忆得更牢固。

三是"编成书"。学校要编印一本学习手册,供老师们学习参考。学校将中央"八项规定"等省、市、县各级制定的相关规定,以及学校制定的一系列规定汇编成册,发给大家。

四是"牢于心"。要把社会主义核心价值观、巴中市教育核心价值观和通江县三名工程上墙上网、入脑入心。校内要悬挂相关内容标语，让师生进校就可见，牢记于心；各班级要办好板报，宣传社会主义核心价值观对个人的要求："爱国、敬业、诚信、友善"，重点加强对学生的友善、孝敬、诚信教育。

2. 完善制度，管好财务

财务是学校教职工关注的热点，也是敏感点。管好财务既是对组织负责，更是对全体教职工负责，同时也是对校长和财会人员个人负责。大家有什么疑问和建议请与我交流，与财会人员交流，我们一定会给出一个满意的答案；一定不能背后乱说，不能胡乱猜想，更不能恶意炒作。严格管理，按制度办事，按程序办事，是管好财务的最基本准则。

一是坚持采购程序。校内采购坚持"填写申请采购单—后勤分管领导审核—校长审批或集体审批—总务处组织采购—验货签字—入库（固定资产）—交付使用"的程序；需要由政府采购的按政府采购程序办理。

二是严格签单管理。在校外摊点签单原则上由总务主任办理，特殊情况可由财会人员和办公室人员办理。当上述人员都不方便办理时，需要其他人员办理，必须要有总务主任许可并最终由总务主任签单。没有按程序办理的，不予审核。

三是落实日清月结。账务当天理清，每月按时结算、报账。在保障经费按时拨付的情况下，在外签单当月结清不欠账；实属客观原因不能当月结清的款，必须索要票据，及时入账摆在"应付账款"中。教职工个人报账也必须在事项结束的当月报账，原则上不拖到下月份。

四是严格发票会签。实行发票会签制度，经办人、总务主任、财务分管领导和校长签字后，方可入账。涉及采购的还必须附上采购审批单。票面金额较大时，还要附上详细附件，附件上经办人或验收人要签字。

五是严控"三公"经费。严格控制生活费的支出，坚持不超标准接待，不超范围接待，把生活费控制在规定标准内。禁止采购烟、酒和高档茶。严格会议费支出，一般会议不悬挂标语，不摆鲜花、水果等。利用双休日或节假日召开会议或组织培训，给予适当的加班补助。严格执行津补贴发放的规定，严格活工资考核。学校重大维修项目报教育局审批后实施。

3. 转变作风，树好形象

"一根稻草，扔在街上，就是垃圾，但与白菜捆在一起就是白菜价，如果与大闸蟹绑在一起就是大闸蟹的价格。"稻草的价格取决于和谁绑在一起。我们每一位教职工和学校绑在一起，我们的形象和价值取决于学校这个团队的价值。学校这个团体形象是由我们每个人的形象组成的；每个人的形象更多地取决于个人的工作、生活作风。我们要从以下几个方面加强管理，转变作风：

一是严格上下班管理。学校管理人员上下午不论有无课，均应在学校上班；鼓励老师到学校坐班，没有课且没有其他工作安排有事不在校时，要与年级主任和同班的任课老师搞好衔接，保证临时通知的工作能迅速反应，及时落实。禁止下班后从事与身份不相符且明文规定禁止的活动。

二是上班工作要在状态。上班时不玩电脑游戏，不看电影，不网上购物，不干与工作无关的事项。上课不接打手机，不坐着讲课，不将个人的不快迁怒于学生，不将对个别学生的惩罚迁怒于全班学生，以饱满的热情投入课堂。

三是严格处理"三乱"行为。家长对"三乱"行为意见最大，是最影响我们教师队伍形象的行为。对教育"三乱"的治理是教育系统群众路线教育活动的重点之一，是正风肃纪的重点之一，是当前高压态势下督查的重点之一。必须对此引起高度重视，高度警醒。我以为上学期就会迎来一个严打高峰，结果推迟出现在本学期。学校和医院是本次正风肃纪"春雷行动"的重点督查点，大家务必高度重视。我在昨天学校中层及以上干部会上表示：本学期，如果有老师顶风违纪补课等，打招呼不听，被上级查实的，我和学校联系该年级的分管领导一起请辞，当然违规者必将从重处理。老师们，此乃不得已之举，望大家深思，望大家理解。有问题的立即纠正到位，决不能超过24小时。不要观望别人，要有自己独立的见解，要有高度的敏锐性。

四是严格执行请假制度。学校去年教代会讨论了"通江三小请假代课制度"，以前组织学过，现在张贴在教师办公室，并将编印在学习小册子里面。请大家认真学习。

五是扎实开展群教活动。县上即将启动群众路线教育活动，教育局和我校也随即启动，我们已经在行动了，需要进一步抓落实。每位教职工联系一名困难学生，下周再开展一次家访。每年3月和10月是我县的留守学生联系月，我校将开展"百名教师进千家活动"。每位老师为联系困难学生办一件实事，每月与联系学生谈一次心。

老师们，说了这么多，最终体现在两个字上——"落实"。希望大家步调一致，精诚团结，共同游过教育改革的深水区，到达彼岸；也真心希望不要有任何一个人在此呛水、溺水。

最后，通报2月22日（星期六）县教育局领导来我校视察基建工作的情况。县教育局领导一行实地察看了学校施工现场，听取了校长对学校工程建设进度、安全管理、资金、存在的困难及学校长远打算等方面的情况汇报。局领导对学校教学综合楼一期工程质量、二期前期工程进度给予充分肯定，并对学校建设提出了五点指示：一是加快教学综合楼二期工程进度，务必保证9月1日前全面竣工；二是加强工程过程及资金管理，教学综合楼一、二期工程资金缺口教育局会尽快研究解决；三是迅速启动学校风雨操场、校门和天桥工程的规划、立项，并按程序迅速具体实施；四是作为全面改造后的学校，要有自己的特色校园文化、办学理念，不是广告公司对校园进行没有内涵的宣传，要将足够的空间留给师生；五是根据学校现状和生源状况，从长计议，化解超大班工作。

老师们，可以说，"三小"已经迎来了发展的又一个春天。各级组织和领导对学校的发展高度重视，寄予厚望，加大了投入力度，随时关注我们每一步行动。我们要加倍工作，抓住难得的发展机遇，加快发展，进行内涵发展、特色发展。在学校的发展历史上我们尽管只出场短短数年，但我们要跑好这一棒，无愧良心，无悔人生，不辱使命。

（2014-02-26）

做最美的自己

——在2014年"最美三小学生"颁奖典礼暨"六一"庆祝大会上的讲话

亲爱的同学们：

　　盼望着，盼望着，我们的节日来了，又是一个狂欢的时刻。今天，我们学校在这里隆重集会，举行第二届"最美三小学生"颁奖典礼和"六一"庆祝活动。首先，我代表学校、老师，祝同学们"六一"儿童节快乐！向为孩子们健康成长付出艰辛努力的各位老师，致以亲切的慰问！

　　今年的庆祝活动，因校内有在建工程，活动开展受到一定的影响。我们以学校社团的作品展演为主，各班自主开展活动。学校绘画社团和剪纸社团的作品正在展出，虽然接受训练的时间不长，但同学们的作品非常棒！不但我们学校的老师和同学很喜欢，其他学校的老师参观后也都赞不绝口，就连过路的行人都连连称赞。我们学校的舞蹈社团、合唱社团和民乐社团将在今天的庆祝大会上表演他们的节目。三年级同学排演的国学节目今天演出后，还要参加明天县上庆"六一"文艺会演。让我们对"三小"孩子的精彩表现报以热烈的掌声吧！

　　同学们，美是环境，美是语言，美是行为，美更是心灵；外表的美只能取悦一时，内心的美方能经久不衰；美是榜样，美是精神，美是力量，美更是人生追求的方向。从去年开始，学校设立了"最美学生"大奖，并向十位同学颁发了这个奖。今年，我们开展了"发现美，寻最美，学最美，做'最美三小人'"主题活动，拉开了第二届"最美三小学生"评选工作的序幕。经过各班初选，有19位同学入围。校园里展出了这19位同学的事迹，他们是"三小"杰出的代表，是"三小"的形象大使，是"三小"的骄傲。其实，还有很多同学和他们一样，都很优秀，因为名额限制未能入围。不论最后是哪十位同学当选，没当选的同学不要气馁，因为你们都很优秀。我相信你们，不论走到哪里，你们都是"三小"的骄傲！

　　同学们，我们学校仍在发展中，教室数量严重不够，还有80名同学挤在一间教室里面学习，功能教室基本没有，运动场地面积太小，活动设施还较落后，这些给同学们的学习带来了很多不便。不过，同学们已经看到了，我们正在加快建设步伐。去年"六一"的时候我们还在板房中上课,去年年底就告别了板房。今年内我们就会有专门的音乐教室、美术教室、图书阅览室、实验室、舞蹈室、网络教室等。下半年,我们准备建设风雨操场、校门和南北校区之间的天桥。到那个时候,一个环境美丽的"三小"就会展现在大家面前。光环境美丽是不够的,让我们每一个人都投身到美丽"三小"的建设中来,做最美的"三小人",早日建成最美"三小"是我们的目标!我们一起努力吧!

祝同学们过一个开心快乐的"六一"儿童节!

（2014-05-29）

在通江三小2014届毕业生座谈会上的讲话

亲爱的同学们:

六年的小学时光转眼间就结束了。六年前,你们还是走进教室就要哭鼻子的孩子,或顽皮,或羞涩……今天,你们个个身强体健,风度翩翩,充满智慧,男

做最好的自己
走过通江三小的那段时光

孩子像绅士，女孩子成淑女。在通江三小六年的学习时间里，你们学到了很多知识，但回过头来仔细想想，又会发现不知道学了什么，但留下来陪你们一辈子的，就是你们的素质，就是"三小"留给你的教育，这就是"三小"对你们的贡献。

同学们，我们学过的名言警句很多，其实对一个人的一生能够产生影响的话并不多，有的人就记住了一句话，即成就一生。对每届毕业班的同学，我都会送上三句话。在即将毕业之际，作为母校的校长，在你们人生这一程的最后阶段，我还想和你们聊几句，也算是对你们的期望吧！

第一，激情成就梦想。

同学们，你们都有自己的梦想，有的梦想当一名科学家，有的梦想当一名画家，有的梦想当一名语文老师，有的梦想成为一名优秀的技术工人……这些梦想汇集起来，对于个人来说，就是要实现人生幸福；对于国家来说，就是要实现民族复兴。但是，光有梦想是不够的，我们要为实现梦想而努力，要为梦想充满激情，要有积极的态度面对现在和未来。有句话叫"激情成就梦想，态度决定未来"。如果大家有机会去青岛，可以到青岛啤酒厂去参观，厂里有间屋子的墙上就写着一句话："激情成就梦想。"他们用这句话来激励全体员工：要用我们的激情酿造出消费者喜好的啤酒，为生活创造快乐。我们要仰望星空，树立梦想；我们更要脚踏实地，方能实现梦想。

习总书记和新一届政治局常委2012年11月29日参观国家博物馆"复兴之路"的大型主题展览后，发表了重要讲话。他在讲话中说："经过鸦片战争以来170多年的持续奋斗，中华民族伟大复兴展现出光明的前景。现在，我们比历史上任何时期都更接近中华民族伟大复兴的目标，比历史上任何时期都更有信心、有能力实现这个目标。""历史告诉我们，每个人的前途命运都与国家和民族的前途命运紧密相连。国家好，民族好，大家才会好。实现中华民族伟大复兴是一项光荣而艰巨的事业，需要一代又一代中国人共同为之努力。空谈误国，实干兴邦。"这个历史的任务会在你们手中完成，你们是幸运的一代，也是幸福的一代，更是需要做出更大贡献的一代。

第二，习惯决定命运。

同学们，关于习惯有个很经典的论述："好习惯是存在道德银行里的一笔资产，可以一直享用它产生的红利；坏习惯是从道德银行里借的一笔贷款，要一直背负因它而产生的债务。""行为决定习惯，习惯决定性格，性格决定命运。"很多人一生都在埋怨自己命运不好，其实很大一部分原因是他的性格不好，而性格不好是因为习惯不好。一个行为，如果我们重复做29次，就可以形成一个稳定的行为；如果我们重复做90次，就可以形成习惯。其实一个人的幸福是由无数好习惯奠定的。比如，一个人随手关掉流水的水龙头，随手关掉不该开着的灯，他就会养成节约的习惯，这个习惯会让他形成健康的生活方式，这个习惯会让他比别人积累更多的财富，他一生都会享受节约带来的富足。北校区的楼梯口有幅主题画，名字叫《恒》。这幅画的寓意在于把简单的事情坚持做好就是不简单，把平凡的事情坚持做好就是不平凡。捡起地上的一片纸屑，上下楼梯靠右行等，这些简单的事情，同学们都能做；但是，坚持天天做、年年做、一生都做，就很不简单。

第三，慈悲为怀。

慈爱众生并给予快乐（与乐），称为慈；同感其苦，怜悯众生，并拔除其苦（拔苦），称为悲；二者合称为慈悲。我们要把慈悲这颗种子埋在心中，要做一个好人。虽然做不到"毫不利己，专门利人"，但要做到利己不损人，最好做到既利己又利人。一句话就是要德行高尚。所谓"小胜靠智，大胜靠德"，就是说智慧只是成功的条件，德行高尚方能走得更远。知识的缺陷，可以用道德来弥补，而道德的缺失是什么也弥补不了的。在这里，我期望大家做一个善良的人，做一个诚信的人，做一个孝敬的人。

一是要做一个善良的人。如果一个人为人格打下了善良的底色，他就为成功人生奠定了坚实的基础。善良是人格的基石，善良是好人的根本。一个善良的人生活在美好、享受、快乐中，一个恶（邪恶、丑恶、凶恶）人生活在斗争、悲凉、孤独中。有爱心是善良的本质。同样在北校区楼梯里有一幅关于爱的主题画，画中用晏阳初一句话来阐释："爱是人间最伟大的力量，能克服一切；恨是人间最可怕的力量，能毁灭一切。"心中有爱，一生幸福平安；心中有恨，一生痛苦不安。我们既要爱他人，更要爱自己。爱他人就要学会"包容"，懂得"宽容"。能包容他人的缺点，能包容他人的缺陷；能宽容他人的错误，能宽容他人的失误。"不以善小而不为，不以恶小而为之。"这应当成为一个善良人的生活准则。爱自己，就是要自爱，要自尊，要珍惜自己、相信自己，要努力成就自己。自暴自弃就是缺乏爱的表现。

二是要做一个诚信的人。"失去了诚信，就等于让敌人毁灭了自己。"诚信是社会主义核心价值观的主要内容之一。"一言九鼎""一言既出，驷马难追"，这是中国人的信条。人无信不立，中华民族是世界上最讲信义的民族。现在每个人的"信用情况"将被记入银行和司法系统的个人"信用记录"。一个没有诚信的人，将很难在这个世界上办事。做一个诚信之人，应当是我们每个人的基本价值追求。

三是要做一个孝敬的人。做一个孝敬的人，就是要做一个讲孝道的人，做一个尊敬师长的人。

我先说说如何做一个孝顺父母的人。我们一起来回顾一下《孝经》吧。《孝经》开宗明义章第一这样写道：

子曰："夫孝，德之本也，教之所由生也。"

"身体发肤，受之父母，不敢毁伤，孝之始也。立身行道，扬名于后世，以显父母，孝之终也。夫孝，始于事亲，中于事君，终于立身。"

有的人一直怨父母没有给自己创造好的环境和条件。因为各种原因，他们或许没有取得我们想象的那种成功，但是，我们的时代和环境已经有了很大改变，我们终会成为父母，又给我们的孩子做了哪些准备，树立了什么样的榜样？请大家马上闭上眼睛，紧握双手，放在胸前，内心默默呼喊："感谢您给予了我生命！爸爸、妈妈，我爱您！爸爸、妈妈，辛苦了！"

其次，我想说说尊敬老师和长辈的问题。可以肯定地说，每个老师走上讲台，都希望他的学生能成为好人，成为有用之才，都拥有一个幸福成功的人生。六年即将过去，大家想想和老师相处的每一天，再看看我们眼前的老师，是不是该向我们的老师深深鞠一躬，道一声："老师，谢谢您！老师，辛苦了！"

同学们，希望这三句话，能伴随你们的一生！

最后，想和同学们立一个约定。每位同学在下周内完成一篇文章，题目是

"30年后的我",下周一我们到各班收集,装入档案袋并现场密封起来。请同学们记住今天这个日子,30年后的今天,我们再回到学校打开我们的梦想。一起努力!

祝同学们健康、平安、成功、幸福!

（2014-06-19）

系统研究,顶层设计,用思想办学校
——通江三小文化建设的实践与思考

（通江县2014年校长培训班来"三小"观摩。根据教育局安排,我要向培训班学员作一场报告,遂决定选择"学校文化建设"这个主题进行交流。下文为报告主体部分。）

一、确立教育教学管理的基本思想

（一）再认识《基础教育课程改革纲要》

1. 文件出台的背景

第三次全国教育工作会议召开,并达成共识：大力实施素质教育才是中华民族复兴的希望,出台了《中共中央国务院关于深化教育改革全面推进素质教育的决定》；为贯彻《中共中央国务院关于深化教育改革全面推进素质教育的决定》和《国务院关于基础教育改革与发展的决定》,教育部决定,大力推进基础教育课程改革,调整和改革基础教育的课程体系、结构、内容,构建符合素质教育要求的新的基础教育课程体系。

新的课程体系涵盖幼儿教育、义务教育和普通高中教育。

2. 基础教育课程改革的具体目标

改变课程过于注重知识传授的倾向,强调养成积极主动的学习态度,使获得基础知识与基本技能的过程同时成为学生学会学习和形成正确价值观的过程。

改变课程结构过于强调学科本位、科目过多和缺乏整合的现状,整体设置九年一贯制课程门类和课时比例，并设置综合课程，以适应不同地区和学生发展的需求，体现课程结构的均衡性、综合性和选择性。

改变课程内容"难、繁、偏、旧"和过于注重书本知识的现状，加强课程内容与学生生活以及现代社会和科技发展的联系，关注学生的学习兴趣和经验，精选终身学习必备的基础知识和技能。

改变课程实施过于强调接受学习、死记硬背、机械训练的现状，倡导学生主动参与，乐于探究，勤于动手，培养学生搜集和处理信息的能力、获取新知识的能力、分析和解决问题的能力以及交流与合作的能力。

改变课程评价过分强调甄别与选拔的功能，发挥评价促进学生发展、教师提高和改进教学实践的功能。

改变课程管理过于集中的状况，实行国家、地方、学校三级课程管理，增强课程对地方、学校及学生的适应性。

3. 课程结构

整体设置九年一贯制义务教育课程。在义务教育阶段的语文、艺术、美术课中要加强写字教学。

高中以分科课程为主。为使学生在普遍达到基本要求的前提下实现有个性的发展，课程标准针对不同水平应有不同要求，在开设必修课的同时，设置丰富多样的选修课程，开设技术类课程。积极试行学分制。

从小学至高中设置综合实践活动并作为必修课程，其内容主要包括信息技术教育、研究性学习、社区服务与社会实践以及劳动与技术教育。

农村中学课程要为当地社会经济发展服务，在达到国家课程基本要求的同时，可根据现代农业发展和农村产业结构的调整因地制宜设置符合当地需要的课程，深化"农科教相结合"和"三教统筹"等项改革，试行"绿色证书"教育及其他技术培训，获得"双证"。城市普通中学也要逐步开设职业技术课程。

（二）再认识《国家中长期教育改革和发展规划纲要（2010—2020）》

1. 文件出台背景

第四次全国教育工作会议召开，会议要解决我国教育在"后普九"时代如何实现从量变到质变的问题,《国家中长期教育改革和发展规划纲要（2010—2020）》（以下简称为《教育纲要》），进一步明确了新的十年教育改革和发展的指导思想、工作方针、战略目标和战略主题。这个文件明确了教育最根本的问题即培养什么样的人以及怎样培养人。

2. 制定了我国的教育方针

《教育纲要》："全面贯彻党的教育方针，坚持教育为社会主义现代化建设服务，为人民服务，与生产劳动和社会实践相结合，培养德智体美全面发展的社会主义建设者和接班人。"

十八大：要坚持教育优先发展，全面贯彻党的教育方针，坚持教育为社会主义现代化建设服务、为人民服务，把"立德树人"作为教育的根本任务，培养德、智、体、美全面发展的社会主义建设者和接班人。

3. 提出了衡量教育质量的标准

"树立科学的质量观，把促进人的全面发展、适应社会需要作为衡量教育质量的根本标准。"

"要以学生为主体，以教师为主导，充分发挥学生的主动性，把促进学生健康成长作为学校一切工作的出发点和落脚点。""努力培养造就数以亿计的高素质劳动者、数以千万计的专门人才和一大批拔尖创新人才。"

4. 阐述了素质教育的内涵

《教育纲要》指出：坚持以人为本、全面实施素质教育是教育改革发展的战略主题，是贯彻党的教育方针的时代要求，其核心是解决好培养什么人、怎样培养人的重大问题，重点是面向全体学生，促进学生全面发展，着力提高学生服务国家、服务人民的社会责任感，勇于探索的创新精神和善于解决问题的实践能力。

"以德育为先，以能力为重，坚持全面发展。"

素质教育内涵包括以下几个方面——

"一个第一"：以学生健康为第一。"加强体育锻炼，牢固树立健康第一的思想，确保学生体育课程和课余活动时间，提高体育教学质量，加强心理健康教育，促进学生身心健康、体魄强健、意志坚强。"

"三个重点"：培养学生的社会责任感、创新精神、实践能力。

"三个基础"：学生身心健康的基础、走向社会的基础、终身学习的基础。

"三种能力"：学习能力、实践能力、创新能力。

"四个学会"：学会知识技能，学会动手动脑，学会生存生活，学会做人做事。

二、通江三小"三自"管理的实践研究

（一）我校教育教学管理的基本思考

1. 学校基本情况分析

学情：我校作为城郊学校，转入学生多，留守学生多，学校不能用时间和过重负担来填充学生本来就充足的缺少监管的"自由"空间，我们要培养学生独立自主的意识与能力，养成自觉的行为习惯，要把学生的"自由"转变成真自由。这需要我们引导学生的学习自主性，把学习的空间留给学生；需要我们唤醒学生的行为自觉性，把行为的空间留给学生；需要我们尊重学生的精神自由，把自由的思想播种在学生心中。自主的学习才是最有效的学习，自我的管理才是最有效的管理，自由呼吸的教育才是最好的教育。

教情：我们审视学校的发展现状，长期受制于"思想惰性、观念落后"的束缚，不少教师还需要提高工作的责任心与执行力；疲于教书与照顾家庭的双重角色"角逐"，不少教师在前行的路上犹豫、徘徊，动力不足；习惯于"满堂灌"的思维定式，在教学中还存在"不讲学生就听不懂"的担心，没有给学生留够发展的空间……"三小"的教师还有很大的提升空间。我们也要把生命发展的空间留给老师，让老师的教育教学个性充分自由地发展。

校情：通江三小创建于1985年，是一所职中、初中、小学合而为一的城镇小学，是一所典型的城乡接合部的学校。在27年的发展历程中，"三小"经历了分分合合的岁月洗礼，先与职中合并，又从职中分离；在近三十年的发展进程中，"三小"走过了由小到大的奋进之路，从2000年的500名学生发展到现在2100多名，28个教学班，教职工近100人。学校的周边环境十分糟糕：道路不

畅、违法建设现象突出、周边商业摊点缺少监管等。学校校舍紧张，超大班额多，危房多，活动场地少，基本无绿化，公路穿越学校，学校坡度大。

学校历史短，底子薄，文化积淀不深。晏阳初先生所提出的实行"四大教育"，根治"愚、穷、弱、私"四大病根，提升"四种力量"的公民教育思想对"三小"的发展具有很强的指导性。我们要通过实施公民教育，提升学生的公民意识、自主意识、自律意识、自尊意识，把学生培养成全面发展的人。学校在教育教学管理中，针对学校的办学实际，对接学校的办学主张，秉承"公民教育"的精魂，践行"以人为本"的办学理念，在继承中发展晏阳初的教育思想，一步步建构自己的管理思想。

2. 管理思想的基本体系

使命：把"留足空间，奠基未来，一切为了生命的蓬勃发展"作为"三小"师生的共同使命与责任。学校的一切行为是为"生命发展留足空间"，实现生命的可持续发展，实现生命的蓬勃发展。为学生的终身发展负责，把实现生命的"学习自主、行为自觉、精神自由"作为永恒的追求，让学生"自主学习，自我管理，自由呼吸"，让学生的天性在学校里得到充分的舒展与张扬。让学生学会做生活的主人、学习的主人，实现发展的自主；自觉形成习惯，通过管理实现"唤醒自觉"的目的；个性自由舒展，思想自由发挥，精神自由驰骋。学校努力为师生争取受教育空间、活动空间、学科空间、知识空间、个性空间、行为空间、想象空间。

愿景：一是在不采取题海战术的前提下，学生的综合素质及文化成绩位居全县前列；二是成为全县素质教育的示范学校；三是成为全县艺体教育的特色学校；四是所有经过"三小"教育的学生，具有"三小"特有的"烙印"；五是成为晏阳初教育思想示范实验学校。

价值观：第一，每个孩子都是一个家庭的希望，每个孩子都可以走向卓越（对每个学生怀着高度的成功期待，让孩子们相信"我能行"，充分了解每个孩子的学习、生活和心理困难并悉心跟进，决不放弃任何一个学生）；第二，学生是课堂的主人，让学习发生在学生身上（把"老师尽可能少讲"作为课堂的行为准则）；第三，追求学生的"真"分数（不用题海战术获取高分数，通过提升学生综合素质来提高分数）；第四，学校是教育责任的主体，不应将教育责任推给家庭，学校应引导家长提高家庭教育品质；第五，只有教师才能让课堂改变，只有教师才能让教育精彩。

（二）我校教育教学管理的实践探索

1. 管理思想的行为对接

课程管理：学校正在进行三级课程建设，构建适合我校实际的特色课程体系。学校在不折不扣落实好国家课程和地方课程外，加大了对校本课程的开发力度，把国学教育、经典诵读、硬笔书法作为拓展课程和学生必修的校本课程，把家务劳动、社区服务、阳光体育、远足活动作为活动课程和学生必修的校本课程，把学校的社团活动和年级选修课作为学生的校本选修课程。必修校本课程已经全面实施，选修课程正在逐步开发。具体见《通江三小课程体系一览表》。

队伍管理：一是加强教育思想的领导，逐步完善学校的核心理念体系。"引导自主、唤醒自觉、尊重自由"是老师坚守的信条，确立了学校发展愿景和老师们认可的教育教学价值观，并与平时的教育教学行为和学校管理对接，树立共同的追求。二是加强校本培训的引领，引导老师对教育理想的追求。坚持每月一次主题校本培训，培训会上有"教师交流、名家指引、学校引导"等板块。重视走出去培训，去年外出培训支出超过15万元。三是加大集体研究的力度，促进教师队伍均衡发展。对教学常规管理进行了改革，减少对教师个体行为的检查，加大对集体活动和活动效果的检查。年级组内的学科组教材每章节进行一次集体备课，同时这也是同事间的相互培训，共同帮助。四是注重教育随笔的撰写，鼓励老师及时总结，深入思考。每月要求中青年教师撰写随笔四篇，每位中青年老师建好自己的教研博客。五是抓好观课议课的管理，坚持常规教研长抓不懈。每个学科坚持每周一堂公开课，学校领导坚持听随堂课。

常规管理：一是改革教学常规检查。做实备课活动，坚持单元过关分析，建立了适合我校学生的综合评价办法，并建立了成长档案；对教师改变了以分数评价教学工作成绩的方法，加大了过程评价的比重。二是加强常规活动的管理。学校形成了以下的常规活动，并建立了管理流程：毕业教育活动、"最美三小学生"的评选活动、书写大赛、征文活动等。

课堂管理：在课堂教学上，引导学生自主，积极构建"自主、高效"课堂。真正做到把时间还给学生，为学生留足空间，努力实现"老师不讲学生能会的老师坚决不讲，老师讲了学生也不会的一定不讲，能学生讲的老师不讲，能少讲的一定不多讲"。语、数学科每周一课，围绕"老师如何少讲"展开议课。

教学改革：学校确立了两个语文教学实验班，充分下放教学自主权，要求教材上的内容只用一半的时间完成，其他时间完全由老师自由支配，老师根据课标的要求选择教学内容，自主确定对学生的考试与考核办法，不参加学校和上级组织的任何考试。改革的作用：一是可以迫使老师改变教和学的方法，用较少的时间完成国家课程的教学任务，提高效率。二是促使老师参与到校本课程建设中来，自觉进行课程建设。三是有利于老师按自己的思想开展教学活动，给足发展空间，展现教学个性（没有教师的教学个性就没有学生的个性）。四是有利于促进教师专业发展，为一线的未来"教育家"搭建成长平台（教育家的教学和思想都是自由的）。

2. 管理思想的外部表现

我校在显性管理文化建设方面也开始起步。

在教学楼的走廊上，将名人画像更换成了我校老师的格言；在优雅、工整、美观、朴实的教师办公室里，崭新的办公桌椅、统一规范的办公室布置，使教师舒心、安逸。"每个孩子都是一个家庭的希望""课堂因我而改变，教育因我而精彩"这两句话被刻在了墙壁上，这是老师们的信念；教室是学生在校园里感情最深、受影响最大、最主要的生活学习场所，为了给学生提供一个最直接、最有效、最重要的人文环境，也为了给学生展示才华，挖掘潜能，充分发挥聪明才智的舞台，我们在进行校园整体规划的同时，还创造性地让每位学生共同参与班级文化建设，在教师的指导下，各班自拟、自定了很富创意的班规班约，各班自办了班级学习园地，真正做到学生个个参与，人人争优，初步营造了不甘示弱、你追我赶的良好氛围。在每个教室门口，都张贴有同学们的照片、老师寄语、课程表等。在每个教室前面黑板上方，都悬挂着一面五星红旗，下面刻着"我是中国人，我爱我的祖国"这句话，学生坐在教室里，一抬头就能看到，让这句话根植于在每个孩子的内心深处。在楼梯的转台处，是学生的风采展示栏，在这里充分展示了学生的书法、绘画、作文等作品，他们在这种求知、求美、求乐中受到潜移默化的启迪和教育。两个楼梯每层都有一幅围绕一个主题字的格言图，一边楼梯是体现做人的"真、善、美、爱"，一边楼梯是体现做事的"静、净、实、恒"，这是想告诉同学们做人的根本准则和做事的根本态度，孩子们通过在"三小"六年的学习与生活，建立起做人做事的"根本"，为人生发展奠定坚实的基础；特别是两个楼梯间都有五幅图组成的组图，每组一个主题，一是体现通江的特色，二是展示通江的魅力，一边的主题有"红色生态旅游、连片扶贫开发、绿色经济、山水红军城"，另一边的主题有"秀美山水、珍稀动植物、民间剪纸、特色产业"，目的是让孩子了解通江，认识通江，培养孩子热爱通江的情感，增强他们为家乡的发展做贡献的决心。

为了让我们的办学主张留些印记，为了给师生提供展示与交流的平台，我们创办了校刊《自由呼吸》，创办了校报《小脚丫》，创办了"三小"的信息窗口《三小之音》。通过我们全体老师的努力，我们的校歌《让我们自由飞翔》诞生了。

结语：教育是一种生活

4月24日《中国教育报》第十版，刊载了《追寻学校管理与教育教学的真谛》（张宏旭：河南省任濮阳市油田第四高中校长）研讨会观点摘要，文中提出"中国教育变革要经历四个阶段：第一个阶段，教育是一门学问。走进教育就是获取知识，填鸭式、满堂灌、资料成堆的课堂模式阶段已经过去。第二个阶段，教育是一门科学。现在我们的教育拼命研究解码课堂、解码教学，各种教学模式数不胜数，大家都在用科学的眼光去破解教育密码。在这方面，高效课堂做得最好。第三个阶段，教育是一种文化。文化的内涵要有教育思想，没有思想就没有文化。第四个阶段，教育是一种生活。教育像每天呼吸空气一样自然。"从学问到科学，从科学到文化，从文化到生活，反映了我国教育不断向教育原点靠拢的过程，向教育本质靠拢的过程。当教育成为一种生活，以人为本就落到了实处，"人本"就不再是悬在空中的"楼阁"。

当前，人们正以市场的浮躁来审视教育；

坚信，只有宁静才是直指内心的力量；

事实，我们的教育只为懂他的人共鸣。

（2014-06-18）

办一所让生命自然生长的学校
——在贫困山区优秀校长国际领导力奖学金项目培训会上的学员交流材料

"人法地，地法天，天法道，道法自然。"在《道德经》中老子深刻地揭示了人类存在的自然法则和内在规律，是关于人类和谐共生的精辟阐述。埃德加·莫兰在《伦理》中提出的寰球伦理，对地球—祖国作为命运—根源—沉沦这个共同体的觉悟，对人的命运与地球命运息息相关的命运共同体的觉悟，和老子关于人类社会存在的哲学思想高度一致。当我们从这个角度思考"教育是什么？""教育是为了什么？""教育要怎样做？""培养什么样的人？""怎样培养人？"这些根本问题时，就自然而然可以回归到人的本质和教育的本质上来。

老子所提出的"人、地、天、道"就处在和谐共生之中。地就是人类社会的物质形态或物质基础，天就是人类社会的精神形态或思想世界；物质世界依规律而存在着，思想世界依规则（也即伦理）而存在着；道即命，也就是人类存在的规律、法则；人是地和天的杰出代表，人也要依道而存在，这种道是自然而然的状态，是不可逆转、不可破坏的人类伦理。教育就是要帮助人行走在道上，成就生命的自然而然，成就精神的自由自在。

当代著名学者、作家周国平在《教育的本质》一文中说：教育即生长，生长就是目的，在生长之外别无目的。这个论点由卢梭提出，而后杜威作了进一步阐发。"教育即生长"言简意赅地道出了教育的本义，就是要使每个人的天性和与生俱来的能力得到健康生长，而不是把外面的东西例如知识灌输进一个容器。蒙田说：学习不是为了适应外界，而是为了丰富自己。他们的教育思想也是对老子关于"人"与"自然"哲学思想的丰富与发展。

我在刚参加工作不久，就看到别人在文章中引用苏霍姆林斯基的一句话：

做最好的自己
走过通江三小的那段时光

"自我的管理才是最有效的管理。"1996年11月，我参加了国基教育在成都举行的"西部校长论坛"，时任潍坊教育局局长的李希贵到会作了题为"新课程背景下的校园革命"的报告，让我非常振奋，随后一口气读完了他的《为了自由呼吸的教育》《学生第二》这两本书。从中我似乎对"教育即生长"有了进一步的认识，对老子的"道法自然"有了更深的理解。从此也就有了我的教育博客——"自由呼吸"。2011年3月我有幸到济师附小学习，发现"自由的精神"是他们的培养目标之一。

老子的哲学思想、杜威和苏霍姆林斯基的教育思想，以及李希贵等的教育实践，让我坚定了学校是可以讲"自由"的想法。"自主"成了我教育思想的关键词。我理想中的教育应该是学校自主、自由的教育，是使"每个孩子都能成为最好的自己"的教育，是师生自由呼吸的教育，是成就"生命自然而然、自由自在"的教育。我希望自己一直行走在追随"自由呼吸的教育"的道路上。

（2014-07-26）

在2014年下学期开学典礼上的讲话

亲爱的老师们、同学们：

大家上午好，今天是2014年9月1日。随着五星红旗冉冉升起，新的一学期又开始了。我们隆重集会，举行开学典礼，首先欢迎新加入"三小"的三百余名一年级小朋友和新老师！同时，向顺利升入高一年级的同学表示祝贺！

几天前，我们六年级的同学参加了为期一周的军训，在身体素质、意志品质、吃苦精神、作风纪律等方面得到全面提升，希望你们不要丢掉来之不易的成果，为学弟学妹做好榜样。

新学期伊始，送同学们一句话："做一个有创造力的健康人。"首先要做一个健康人。我们要锻炼好身体，同时我们还要有健康的心理、阳光的心态。为了我们的健康，希望同学们从不吃零食做起，学校也规定在校园内不允许吃零食。其次，要做一个有创新精神的人，做一个有创造力的人。我们要善于发现问题，勇敢地提出问题。要敢于提出不同的意见，表达自己的见解。

同学们，本学期每周四下午，我们将开设很多校本课程和兴趣班，根据你们的爱好和兴趣可自由选择。希望大家把最好的一面展示出来。也希望大家在活动中提高学习能力。

今天晚上8点，中央电视台第一套节目首播《开学第一课》。请同学们按时收看，和家人一起看，这是今天的家庭作业。希望各班上好我校的"安全第一课"，组织好"守则""规范"的学习。

在此，我想向老师们说几句话。第一，要照顾好自己，身体健康才是我们最大的财富；第二，要加强学习，瞬息万变的信息时代对我们提出了更高的要求，我们要主动适应；第三，要团结一心，共谋"三小"的发展。我们学校正处在发展的关键期和艰难期，我们的建设正在从数量向质量转变，加快内涵发展。让我们团结起来，为"三小"美好的明天共同努力奋斗。

最后，祝同学们新学期里有新目标、新希望、新收获，祝老师们身体健康、家庭幸福、工作顺利！

（2014-09-01）

在"三小"新春团拜会上的致辞

亲爱的老师们，在忙忙碌碌中，我们充实而愉快地度过了2014年；在温暖与期待中，我们迈着稳健的步伐步入了2015年。

今天，我们在这里欢聚一堂，盘点过去。当回首时，才发现出发地已经被我们远远地抛向后方，留在了我们脚下。过去的一年，校园发生了巨大的变化：学校的危房全部拆除，南校区崭新的教学楼拔地而起。如果两年内你没到过"三小"，再来时你会以为到了另外一个地方。幼儿园里，茵茵草地，朗朗笑声，孩童们在这里欢快地游戏、奔跑、歌唱。我们的校园文化更加丰富，生命教育的思想在校园里生长。

更应该关注的是我们的孩子，记得原来四年级一班的邓同学和爸爸妈妈来到校会上，我们才发现如不出这次意外，他应该升入六年级了。就是我们每位师生的小小鼓励，给予了邓同学战胜病魔的信心和力量。还记得刚搬进新教学楼时，一个五年级的小女孩拍了拍我的手臂,说学校早点把图书室建好该多好呀,还说想到我办公室找几本书看。我告诉她,我书柜里都是老师教学和学校管理方面的书籍,不适合她阅读。这学期有个女孩毕恭毕敬地站在我面前说,要看看我办公室柜子里的书,她就是一年前要借书的孩子,她和我交流了读书的感悟,对阅读的看法,自己在读书与写作方面所做出的努力。我惊讶地发现,她一下子从小姑娘变成了一个充满智慧的青春女孩,沟通交流的语言和语气都发生了很大的变化,直到前几天才记住了她的名字——胡佳希。就在我们的这一转瞬间,孩子身体长高了,道理懂得更多了,知识更丰富了,他们比以前更加懂事了。我们是在希望的田野守望的农夫,仰望天边缓缓升起的朝阳,凝视脚下茁壮成长的禾苗,心中温暖而充实。教育是静悄悄的革命,孩子在静悄悄地成长。

如今,老师也需要减负,面对社会现实我们依旧热爱教育、坚守讲台,相信自己,相信未来,保持乐观豁达,我们应该把最热烈的掌声献给我们自己!

展望未来,满怀期待,充满梦想。新的一年,我们的校园格局就要形成,我们的课程体系更加完善,我们的教育思想逐步落地。我们的愿景是"办一所师生自己的学校",我们的使命是"给孩子一个快乐而有意义的童年",让孩子自主、自觉、自由地成长。我们和孩子们一起努力,"做最好的自己",卓越"三小"已经起航!

我们相聚在一起是缘分,我们的缘分饱含真情。因为真情融入爱情就是恒久,真情融入友情就是温暖,真情融入我们"三小"团队就是温暖的兄弟姐妹。年年年尾接年头,衷心祝福"三小"的兄弟姐妹新年新气象,幸福万年长!

(2015-01-30)

站在新起点,实现新跨越
——在学校2015年春新学期开学工作会议上的讲话

老师们:

昨日,我们还沉浸在喜气洋洋的春节中,今日,就将开启新学期和新年度的征程。

今天,在开学前召开全体教职工会议,研究和部署2015年度的工作,目的是进一步统一思想,理清思路,制定措施,明确目标。下面我就围绕三个方面谈谈新年度工作的想法,具体如何落实将在最近要召开的教职工大会上,由各位分管领导作详细安排。

一、回顾过去,我们已踏实走来

过去的几年,我们在爬坡,经过老师们的共同努力取得了一定的成果:一是学校的危房已经成为历史,二是学校的设备设施正在完善,三是周边环境正在改善,四是学校的办学思想正在形成,五是学校的课程体系正在构建,六是我们的队伍走向成熟。

特别是2014年,有许多收获值得我们骄傲。我们学校作为全县首批接受实施素质情况专项督导评估的学校,起到了一所城镇学校应有的示范作用,获得的评估分数为小学类最高分。我们学校取得了上海梦想基金会的认可,引进了"梦想课程",建设了"梦想中心"。我们获得了深圳云龙基金的捐赠,建设了有50台电脑的计算机教室。我们建起了70多平方米的标准实验室和50平方米的标准保管室。我们基本实现了幼儿园独立成园,办园条件有了显著改善,办园水平有了较大提升。我们成功获得了全县中小学生运动会小学组团队总分第一名。我们选送到县上展演的两个节目《让世界充满爱》《笠翁对韵》,获得一致好评。我们成功推广了校园健身操,启动了军训课程,完善了校会课程,创新了教研活动形式,这些都是我们工作的亮点,也必将成为"三小"发展链上一颗颗璀璨的明珠。

二、认清形势,我们应自强不息

我们正在走向信息时代,3D打印技术为我们获得低成本的个性化需求提供了可能。《国家中长期教育改革和发展规划纲要》(以下简称《纲要》)颁布以后,我国教育进入了另一个改革周期,教育发展从数量上的普及向质量上的提升转变。创新精神、实践能力、责任感成为素质教育的核心词语,教育信息化是教育现代化的必然途径。翻转教学、翻转课堂、微课、网络公开课既是信息化社会带来的新变化，也是对我们教师工作的新挑战。唯有学习，不间断地学习，我们才能应对新挑战，才能成为教育改革的主人，成为教育信息化的主人。

"反腐""反四风""党建""依法治国"成为新常态，教育也必将以新常态适应国家发展新常态。新的一届县教育局班子提出"认知新常态""把握新常态""适应新常态"的要求，我们全体教职员工必须端正心态，要以静心的神态、潜心的状态来适应教育的新常态。我们唯有减少满腹的牢骚，除去浮躁的心态，克制急功近利的言行，播种心中的信仰，树立教育的理想，方可在以精神立身的教育中收获幸福。

"三小"在新时期确定了三步走的发展战略，2015年是爬坡期的最后一年，是发展期的起始年，是承上启下的一年，也注定是"三小"走向卓越的关键年。"三小人"已经站在新的起点上，期待实现新的跨越。我们要以主人翁的态度投身到"三小"的建设与发展中来，同"三小"一起播种，一同成长，共同收获，为"卓越三小"这幅画卷添上绚丽的一笔。

三、理清思路，我们要奋勇前行

县教育局已经提出了2015年工作基本思路，我们学校的工作在新年里也要围绕这个基本思路来谋划。结合学校的实际情况，我们要确立以下基本思想。

（一）指导思想

以十八届三中、四中全会为指导，深入贯彻《纲要》和各级教育工作会议精神，把立德树人作为根本任务；在实践中继承和发展晏阳初教育思想，努力发挥学校在社区文化建设与社会管理中的教育作用；以"生命教育"为内核，构建学校教育思想体系；把"逗硬落实"作为年度工作的关键词；通过抓常规、重过程、抓坚持、创特色促进学校内涵发展、持续发展。

（二）工作思路

我们的工作思路是，突出一个中心，抓好三项建设，实现十大目标。

"突出一个中心"，即突出教育质量这个中心。教育质量的集中体现就是学生的综合素质，抓质量的提升就是抓学生综合素质的增强。总体来讲就是《纲要》中提出的：要着力提高学生服务国家、服务人民的社会责任感，着力提高勇于探索的创新精神和善于解决问题的实践能力。具体地说，就是要在考试分数、行为习惯、健康状况、创新水平、审美能力、活动参与等方面下功夫，花力气。希望各分管领导、各个部门认真思考，就分管的某个方面拿出办法来，扎实抓落实。

"抓好三项建设"，即抓好课程建设、文化建设、校舍建设。在课程建设上，要精选部级和校级课程项目，制定课程纲要，深入、系统、细致地实施到位，取得实效；春季在两个年级开设"梦想课程"，秋季在二年级至五年级开设"梦想课程"；要将所有校本课程纳入考核，并拨出专门的考核经费。在文化建设上，在已经形成的"成功教育"基本框架下，进一步论证思考，借助重庆师范大学的力量，最终形成"生命教育"体系。在校舍建设上，按规划完成学校结构布局，完成所有校舍的硬件建设任务，基本完成设施设备添置，特别是图书、信息化硬件、艺体教学设备、功能教室装备、办公条件等方面，满足教学工作的需要。

"实现十大目标"。新的一年，教学管理、教育科研、德育工作、艺体卫生、后勤保障、支部建设、安全管理、幼儿园管理等方面的工作要再上一个台阶，努力实现以下十大目标：

1. 学生的行为习惯良好率大幅上升，"两个十分钟活动"持续加强，学生自我管理水平有较大提升。

2. 学生不因贫困而失学，不因厌学而失学，巩固率达100%。

3. 教育质量综合考核排名居全县公办小学前十，位居通江镇辖区公办学校前三。薄弱学科教学质量逐步上升。

4. 学生身体素质稳中求进，学生近视率比上年度降低，校园健身体操全面推广。

5. 体育传统项目得到进一步加强，在县运会上成绩保持在全县小学前三。艺术教育做到堂堂落实，活动落实，全员参与，在县艺术节上成绩位列各类学校前十。

6. 教育教研活动的有效性、针对性进一步增强，同课异构和同课递进扎实开展。

  7. 杜绝违法违纪事件，安全工作实现零责任事故。

  8. 全面完成新教学综合楼二期工程扫尾工作，完成风雨操场和校门的建设工程。

  9. 构建以"生命教育"为内核的学校校园文化理念系统。

  10. 构建有"三小"特色的课程体系。

  老师们，新的一年又开始了。一年之计在于春，春天已经到来，时不我待。让我们一起投入紧张而有意义的工作中吧，要改变心态，树立新态，适应教育的新常态、国家的新常态。

  祝大家新的一年身体健康，工作顺利！

（2015-02-28）

在第三届"最美学生"颁奖仪式暨"六一"庆祝大会上的讲话

尊敬的各位来宾，亲爱的同学们、老师们：

  大家上午好！

  盼望着，期待中，2015年"六一"儿童节的脚步近了，享受欢乐、感悟温暖的时刻到了！首先，伸出我们热情的双手，把热烈的掌声，献给自己！让我们一起高呼："六一"快乐！让我们以热烈的掌声，欢迎各位领导和嘉宾与孩子们一起欢度节日！

  今天，我们欢聚在这里，隆重举行庆祝大会和第三届"最美学生"的颁奖仪式。会上我们要表彰优秀少先队员、队干部和在"两个十分钟活动"中表现卓越的同学。学校的舞蹈社团、合唱社团有精彩的汇报表演。其中舞蹈《春之梨园》还要到县上、市里汇报演出。会场外，学校的剪纸社团、绘画社团、书法社团等集中展出了他们的优秀作品；5月中旬，还举行了春季学生篮球联赛，举行了"最美学生"的评选与事迹展览；上周，我们一年级的小朋友到"红四方面军军事陈列馆"进行了庄严的入队宣誓仪式。这些活动是同学风采的集中展示，我们还要在下周校会上对一大批优秀的班级和同学进行表彰。让我们送上真诚的祝贺吧，祝贺同学们在各项活动中取得的优异成绩！

其实，大家都很优秀，都很出彩！学校没有搭建更多的舞台展示你们的风采，但你们要相信自己——"我能行"，学校也相信你们就是"出彩'三小人'"！学校一直倡导"学习自主、行为自觉、思想自由"，期望每个孩子都"做最好的自己"，这也是"三小"学子的做事准则，是同学们一生要追求的目标！

最后，愿同学们度过一个舒心愉悦的节日，度过一个充实难忘的节日，度过一个狂欢而又有意义的节日！

（2015-05-27）

以换骨的勇气，用较真的态度，扎实抓好我校群众路线教育实践活动
——在通江三小党的群众路线教育实践活动动员大会上的讲话

各位领导、同志们：

根据中央决定，县及县以下单位作为第二批党的群众路线教育实践活动单位，从2014年1月开始到9月底，用近8个月的时间集中开展以"为民务实清廉"为主题的教育实践活动。3月5日，通江镇召开了党的群众路线教育实践活动动员大会。3月10日，县教育系统党的群众路线教育实践活动动员大会在通江二中召开。今天，我校在这里召开教育实践活动动员大会，我校群众路线教育实践活动正式启动。

这次教育实践活动的指导思想是以党的十八大和十八届三中全会精神为指导，加强亲民、爱民、为民意识，树立"人民至上、法律至上"的群众工作理念，坚持"一切为了群众，一切依靠群众，从群众中来，到群众中去"的群众工作路线；总体要求是"照镜子、正衣冠、洗洗澡、治治病"；要解决的根本问题是影响党和人民群众关系的形式主义、官僚主义、享乐主义和奢靡之风等"四风"突出问题。规定动作是学、查、改三环节；目标是使全校干部职工思想素质进一步提高，工作能力进一步提升，工作作风进一步转变，家校关系进一步密切，为民务实清廉形象进一步树立，教育成效进一步显现，基层基础进一步夯实。

在接下来7个月的时间里，我们要按照"学习教育、听取意见、查摆问题、开展批评、整改落实、建章立制"六个环节，边学边改、边查边改、边整边改的工作部署，扎扎实实完成好教育实践活动的"规定动作"，并创造性地开展有自己特色的教育实践活动的"自选动作"，确保教育实践活动触及党员干部、教职

员工思想深处，着力解决家长和社会反映强烈的突出问题，为学校内涵发展提供有力的保障。

下面，我就学校开展党的群众路线教育实践活动讲几点意见。

一、深刻领会开展教育实践活动的重要作用

（一）开展群众路线教育实践活动是加强党的先进性和纯洁性建设的根本要求

毛泽东同志说过："真正的铜墙铁壁是什么？是群众，是千百万真心实意地拥护革命的群众。"邓小平同志一再强调，要把人民群众拥护不拥护、赞成不赞成、高兴不高兴、答应不答应作为工作的衡量标准。习总书记指出："开展党的群众路线教育实践活动，是实现党的十八大确定的奋斗目标的必然要求，是保持党的先进性和纯洁性、巩固党的执政基础和执政地位的必然要求，是解决群众反映强烈的突出问题的必然要求。"习总书记还指出："党员干部身上存在最危险的问题，就是理想信念滑坡。"我校开展党的群众路线教育实践活动，就是要培养、激发、释放深化教育改革和全面推进素质教育的新能量，把人民群众的期盼作为工作努力的方向，坚决维护立德树人的道德高地。大家要深刻认识我们党开展群众路线教育实践活动的必要性和紧迫性，树立自省、自警、自律的标杆，自觉遵守党章，严格执行廉政准则，主动接受监督，严格规范权力行使，不搞消极腐败行为，不做有违师德规范的行为，以自己的一身正气带动全校营造风清气正的良好环境。

（二）开展群众路线教育实践活动是加强和改进党的作风建设的必然要求

我们党最大的政治优势是密切联系群众，执政后的最大危险是脱离群众。党能否始终保持同群众的血肉联系，直接关系到党的生死存亡。在当前形势下，改进党的作风是保持党同人民群众血肉联系的关键。只有牢固确立了群众观念，我们的各项工作才能充满生机和活力，我们对工作才会充满激情。教育实践活动可帮助我们切实改进工作作风，赢得群众的信任和拥护。学校是知识分子集中的地方，教职员工具有较高的认知水平和政治觉悟。我们通过大家访，大结亲，大

育等教育实践活动努力做到在感情上贴近群众，思想上尊重群众，教育工作上依靠群众，齐抓共管，共教共育，整治身上"慵、懒、散、软、奢、浮"的现象，以优良党风和教风凝聚党心民心，带动校风学风。

（三）开展群众路线教育实践活动是贯彻落实党的十八大精神，努力办好人民满意教育的重要保证

党的十八大报告把教育放在改善民生和加强社会建设之首，强调要"努力办好人民满意的教育"，为教育改革发展指明了方向。几年来，县委、县政府坚持教育优先发展，以提高质量为核心，以促进教育公平为重点，以改革创新为动力，以服务发展为导向，实现全县教育发展大突破。近两年来，我校以十八大和十八届三中全会为指导，深入贯彻《国家中长期教育改革和发展规划纲要》精神，把立德树人作为根本任务；在实践中继承和发展晏阳初教育思想，努力发挥学校在社区文化建设与社会管理中的教育作用；紧紧抓住教学中心，努力在教育质量、危房改造、课程建设、队伍管理、安全稳定等工作中再上新台阶；通过抓常规、重过程，抓坚持、创特色促进学校内涵发展。近两年，我们总投资1000多万元，新建南校区教学综合楼，其中一期工程竣工并投入使用，二期工程力争9月完工；先后投资20多万元对北校区的校园环境进行了改造；投入近10万元改善了办公环境。2013年度，我们的基建工作、教育质量、德育工作均获得好成绩，被县教育局评为优秀单位。当前，我校的改革与发展进入攻坚期，我们要在践行党的群众路线教育实践活动中，进一步端正办学指导思想，把人民群众是否满意作为检验工作的最高标准，解决好人民群众最关心、最直接、最现实的教育问题，团结带领学校的广大党员干部和教职员工，聚集齐心协力发展教育事业的正能量，加快推进学校内涵发展、特色发展的进程，努力办好家长满意的学校，办好党政放心的学校，办好人民满意的学校。

（四）开展群众路线教育实践活动是解决突出问题、加强作风建设、密切党群干群关系的迫切需要

十八大以来，学校认真贯彻落实中央"八项规定"、省委"十项规定"、市委"九项规定"、县委"十项规定"和教育系统"九项规定"，大力推进我校行风评议工作，广大党员干部和教职员工的工作作风和精神面貌发生了明显的变化。但是，毋庸讳言，我们还存在一些问题，有的问题还比较突出。从学校领导班子方面来看，有的同志不注重学习，不钻研业务，安于现状，缺乏激情，缺乏斗志，工作凭习惯和经验进行；有的同志官本位意识浓厚，自以为是，深入课堂不够，深入教学教研不够，调查研究"蜻蜓点水"；有的同志原则性不强，缺乏是非观念，不敢与歪风邪气做斗争；还有个别同志大局意识不强，过多强调分管工作和联系年级。从中层管理部门来看，有的长期自以为是，自我封闭，各自为阵；有的相互推诿，缺乏配合，严以律人，宽以待己；有的服务意识淡薄，对来访咨询不认真接待……针对这些积弊和顽症，我们一定要以这次教育实践活动为契机，将任务聚焦在工作作风上，来一次大排查、大检修、大扫除，找准"四风"的靶子，不走神，不闪火，集中解决"四风"问题，目标任务指向十分明确，什么问题突出就着重解决什么问题，什么问题紧迫就解决什么问题，做到有的放矢、务求实效，大力营造风清气正、心齐气顺的校园环境，增强人民群众对教育改革发展的信心。

二、准确把握开展教育实践活动的具体要求

中央和省、市、县委，教育局和通江镇党委对这次教育实践活动的指导思想、目标任务、基本原则、方法步骤十分明确。我们要认真学习、全面领会、准确把握，按照"规定动作不走样、自选动作有特色"的要求，加大活动强度，高标准、高质量地组织开展好教育实践活动。

（一）坚持把活动总体要求贯穿始终

第二批教育实践活动确定总体要求是"照镜子、正衣冠、洗洗澡、治治病"。"照镜子"，是开展批评和自我批评的首要环节和基本前提。古人说："以铜为镜，可以正衣冠；以史为镜，可以知兴替；以人为镜，可以明得失。"对于教育工作者来讲，不仅要以"铜""史""人"为镜，更要以"法律""民意""师德规范"为镜，对照检查自己的思想和言行。我希望大家用这面镜子看看自己思想有什么问题，言行有什么不妥。扪心问问自己能力够不够、观念新不

新、作风实不实、业绩优不优，从而知耻而后勇，知不足而奋进，切实为学校发展履好职、尽好责。正衣冠，是开展批评与自我批评的基本条件，是在照镜子的基础上，按照"为民务实清廉"的要求，勇于正视缺点和不足，严明党的纪律特别是政治纪律，敢于触及思想，正视矛盾和问题。要紧密结合我们自己工作的实际情况，看看是否遵守了法律规定和纪律要求，各个方面都要深挖细究。"洗洗澡"，是开展批评与自我批评的基本方法。领导班子的团结，是做好工作的重要条件，但是这种团结不是建立在无原则的姑息迁就上的，不是无原则的一团和气。为此，我们要利用民主生活制度经常批评与自我批评。在开展群众路线教育实践活动中，更要通过这种积极而又健康的思想斗争惩前毖后，治病救人。校长、副校长、书记、主席，本身就不是"官"，更不能当作"官"来做，不能长期脱离教育、教学一线，不能"内行"变"外行"。面对这些问题，我们不但要洗，而且要经常洗，用力洗，用心洗，由外到内洗。包括我在内，每一名学校领导和中层干部、每一名党员、每一名教职工要力争实现自我净化，自我提升，自我完善。"治治病"，是开展批评与自我批评的基本目的。我们党自延安整风开始，就一直强调开展批评与自我批评是为了治病救人，惩前毖后也是为了治病救人，即开展批评与自我批评是为了增强团结而不是要增加矛盾。但不管是"救人"还是"团结"，都必须先"治治病"。在此次活动中，对于管理者不作为、慢作为、乱作为，对教师中缺乏职业道德和教育"三乱"等行为，我们该动手术的要动手术，该处理的要坚决处理！

（二）坚持把活动目标贯穿始终

这次我们学校要以换骨的勇气、较真的态度，扎实抓好党的群众路线教育实践活动。必须要树立五种新风气，一是培育全面发展人才，树立清正学风；二是坚守立德树人的价值观取向，树立清纯教风；三是切实规范办学行为，树立清新校风；四是坚定教师理想信念，树立清明行风；五是领导干部严守宗旨意识，树立清廉政风。要切实做到五个结合：把党的群众路线教育实践活动与学校德育、安全稳定工作相结合，与课堂教学相结合，与校园文化建设相结合，与家校联系相结合，与社会实践相结合。

（三）坚持把整风精神贯穿始终

整风是我党解决自身问题的优良传统。只有贯彻整风精神，才能去歪风、压邪气，倡新风、树正气。这次活动如同延安整风运动一样，我们要有抛开面子、揭短亮丑、刮骨疗伤的勇气，有动真碰硬、敢于交锋的精神，有深挖根源、触及灵魂的态度，深入开展批评与自我批评。每个党员干部都要把自己摆进去，用自我批评的利器进行一次心灵剖析，尤其是领导干部要有向"我"看齐的勇气检查自己。班子成员之间要在会前谈心交心的基础上，敞开心扉，推心置腹，既深刻剖析和检查自己，又诚恳进行相互批评，真正红红脸、出出汗、排排毒，努力取得"团结—批评—团结"的效果。要开好专题组织生活会，开展民主评议党员工作。

（四）坚持把开门搞活动贯穿始终

这次教育实践活动是在群众家门口开展，要坚持"开门搞活动"，每个环节、每项工作都要让群众参与，受群众监督，请群众评判，切忌自说自话、自弹自唱。领导干部要放低身段，抛开顾虑，对准"四风"这个聚焦点，真心诚意让群众挑毛病提意见，不要怕戳到痛处，更不要讳疾忌医。要"放下架子、拉下面子、掏心窝子"，我将带头与班子成员相互谈，与干部职工直面谈，与学生家长拉手谈，与群众代表贴心谈，与服务对象现场谈，深入开展交心谈心活动，开诚布公；领导班子要认真开展好亲民、亲访、亲贫，支部带领、先进带头、能人带动，民生账、和谐账、发展账的"三亲三带三本账"，广泛听取群众的意见、建议；各年级组要认真开展好"八个一"活动，即组织一次内部学习交流，上一堂民主法治课，做一次高质量的专题辅导，参观一次全县重点民生工程建设现场，组织党员干部听一次先进典型报告，看一场党风廉政教育专题片，瞻仰一次红军烈士陵园党性教育基地，举办一次技能大比武活动。

（五）坚持把突出问题导向贯穿始终

习近平总书记提出，坚持问题导向、解决突出问题，是教育活动的鲜明特点，是确保活动取得实效的关键。我们要把贯彻落实中央、省委、市委、县委、镇党委和教育系统的"规定"作为切入点，以"严以修身、严以用权、严以律己，谋事要实、创业要实、做人要实"的"三严三实"作风要求自己，找准穴位、抓住要害，解决身上的"形式主义、官僚主义、享乐主义和奢靡之风"的"四风"问题。要以服务学生为落脚点，着力解决好师生和家长最盼、最急、最难的问题，即使一时难以解决也要创造条件积极解决，确保教育实践活动取得让人民群众看得见、让社会真满意的效果。

（六）坚持把制度建设贯穿始终

作风问题具有反复性和顽固性，不可能毕其功于一役，更不能一阵风。必须经常抓、长期抓。只有建立好制度机制，明确好与坏、是与非、可为与不可为的界限，才能持续发挥制度的激励和约束作用，做到有形、有力、有效。要把中央和省、市、县各级的要求与教育工作实际结合起来，进一步修订、完善学校管理制度。"令在必信，法在必行。"要坚持一手立规矩、定制度，一手抓整改、抓落实，加强制度执行力，严密监督，把制度的要求转化为全校教职员工的行为准则和自觉行动。

三、切实加强开展教育实践活动的组织领导

同志们，第二批党的群众路线教育实践活动已全面展开，我们必须迅速把思想和行动统一到中央和省、市、县、镇的部署要求上来，深刻认识这次活动的重大意义，严明责任和纪律，积极参与，确保活动扎实有效推进。

（一）加强组织领导

学校成立了党的群众路线教育实践活动领导小组，由我担任组长，其他班子成员为成员。领导小组下设办公室，做具体工作，科学制定我校具体的实施方案，既要做到"规定动作"不走样，又要做到"自选动作"有特色。

（二）落实领导责任

学校党支部是这次活动的责任主体，我是第一责任人，学校班子成员也是支部委员，务必要切实负起责任，牢牢把握好方向、节奏、力度、标准，做好"五

个带头"：带头开展学习调研，带头征求各方意见，带头进行对照检查，带头抓好整改落实。在此，我作为第一责任人，也给大家表个态：切实履行好自己的职责，不折不扣落实教育局和通江镇党委的部署和要求，自觉接受督导组和干部群众的监督，发挥表率作用。同时，我也要求全体教职工认识到位、措施到位、工作到位，确保活动不走样、有成效。学校班子成员要按照"一岗双责"的要求，加强对分管工作、联系年级的组织领导与指导，积极参与年级的活动。

（三）重视宣传引导

在这次教育实践活动中，教育系统被列为重点部门，我们要高度重视舆论引导，充分利用电视、广播、网络、板报、展板、校报（刊）等媒体，及时反映教育系统教育实践活动的工作进展和实际成效，多层次、多角度加强宣传报道，要发现、挖掘一批叫得响、立得住、群众公认的"为民务实清廉"的先进典型，为活动开展营造良好的舆论氛围，形成群众路线教育实践活动可控的热度和力度。

（四）坚持统筹兼顾

开展教育实践活动的最终目的是推进工作。我们要统筹兼顾、协调推进，把教育实践活动与教育教学改革发展各项工作任务结合起来；与城乡教育均衡发展、提升教育教学质量等中心工作结合起来；与强力推进项目工作、圆满完成当年的目标任务结合起来；与规范办学行为、加强教师队伍建设、营造良好教育环境结合起来；与加强班子建设和教职工队伍建设结合起来；与建设"三名"工程结合起来；与主题家访活动、留守儿童关爱、孤残儿童帮扶、国学经典诵读、革命传统教育结合起来。合理安排，做到两手抓、两手硬、两不误、两促进。

同志们，开展第二批党的群众路线教育实践活动，时间紧迫，任务艰巨，责任重大。我们要在县教育局和通江镇党委的正确领导下，在督导组的具体指导下，扎实有效地抓好每一个环节，确保取得实效，发扬"为民务实清廉"的优良作风，奋力推进学校各项工作健康、有序发展，为"三小"的美好明天而努力奋斗。

（2014-03-15）

走向卓越的"三小"
——迎接素质教育实施情况评估汇报提纲

发展简史

通江县通江镇第三完全小学校始建于1985年，原占地近5000平方米，建有砖混结构教学楼和教师宿舍楼各一栋，共2000多平方米。建校初，城东小学部分年级并入，同时招收初中生。1988年更名为"通江县通江镇职业中学"，不再招收小学生，只招收初中和职高生。1994年职高分离出去，另址筹办；同时，城东小学全部并入，再次举办小学，恢复通江镇第三完全小学校。1999年秋初中全部剥离，只办小学至今。2002年征用土地十余亩，全校教职员工自力更生平整操场，绿化、硬化活动场地2000余平方米。2008年政府把原通江镇占地1000余平方米的计生指导站划拨给学校。学校撤除原建筑，新建教学楼2200平方米，2010年完工并投入使用（现北校区）。2012年1月，撤除了南校区教学楼（D级危房），在操场搭建过渡板房550平方米；2012年8月立项新建教学综合楼一期，建筑面积3574平方米，2013年11月竣工并投入使用。2013年8月立项新建教学综合楼二期，建筑面积4408平方米，于2014年年底竣工。如今，学校占地10 653平方米，建筑面积10 182平方米。现有小学教学班27个，在校学生1831人，教职工94人；学校附设新苗幼儿园共9个班，在园幼儿443人，幼儿教师16人。

发展战略

2011年，新一届学校班子上任后，确立了"三步走"的发展战略。在2011年到2015年学校的"爬坡期"内，我们完成了学校的基本建设任务，学校的设备设施基本配套，初步形成"三小"自己的教育思想和课程体系，实现走出一般学校行列的目标；在2015年到2017年学校的"发展期"内，我们将进一步完善学校的设备设施，全面加强软实力建设，形成具有"三小"特色的课程体系和校园文化，实现"全市名校"的目标，走向优秀；在2017年到2020年学校的"跨越期"内，我们将巩固学校的特色，对"三小"孩子产生稳定的、可持续的影响，办成师生向往的学校，实现"省内名校"的目标，走向卓越。

发展策略

学校认真贯彻党和国家的教育方针，在继承中发展晏阳初教育思想，初步构建了以"成功教育"为内核的理念系统；以"让每一个孩子成为最好的自己"为办学理念，把"办一所师生自己的学校"作为学校发展愿景；"给孩子一个快乐而有意义的童年"是全体教职工的使命，让孩子自信、自主、自觉、自由地成长；以"做最好的自己"为校训；以"自主的能力、自觉的态度、自由的精神"作为"三小"学子标准，把"引导自主、唤醒自觉、尊重自由"作为教师的行为追求。学校全面实施素质教育，不断探索教学改革，把"高尚的人格修养、健康的身心素质、扎实的基础能力"作为培养目标。学校根据办学理念，确立了三大行动：建构成功教育课程体系，建设公平、民主、自由的校园，构建"自主课堂"教学模式；制定了三大实施策略：以能力为中心，充分挖掘校内外资源，系统建构课程体系；以课程为中心，推进学校软硬件建设；以学生为中心，提升教师专业化水平。

课程建设

为深入实施素质教育，实现内涵发展，学校对课程进行了全面整合。在扎实落实好以学科课程为主的国家课程的基础上，充分挖掘校内外资源，大力开发学科拓展课程、活动课程、仪式课程、兴趣课程等，基础性课程全部为必修课，发展性课程部分必修、部分选修。目前开发的国学经典、硬笔书法、家务劳动、社区服务、阳光体育、远足活动、校会课程、毕业教育、军训、入队教育等列为必修课；剪纸、合唱、舞蹈、绘画、篮球、乒乓球、田径、信息技术、科技创新等列为校级选修课程，各年级根据实际开发选修课程。每周四下午，全校学生选择自己喜欢的课程，不再背上书包进行走班学习。

队伍建设

小学部拥有教职员工94人，专任教师中大专以上学历占95.7%，小学高级教师48人，中学高级教师4人，省级以上骨干教师4人。

学校以"专业引领+同伴互助+自我反思"的模式加强队伍建设：一是加强教育思想的领导，逐步完善学校的核心理念体系。确立了学校发展愿景和老师认可的教育教学价值观，与教育教学行为、学校管理对接，树立共同的追求。二是加强校本培训的引领，引导老师对教育理想的追求。坚持定期开展主题校本培训，设立"教师交流、名家指引、学校引导"等板块。三是加大集中研究的力度，促进教师队伍均衡发展。改革常规教研，大力开展级部学科组内"同课异构"和"同课递进"活动，大大提高教研的针对性和有效性。四是鼓励教师撰写教育随笔，及时总结，深入思考。每月要求中青年教师写随笔4篇，每位中青年老师建好自己的教研博客。一支"有理想、有思想、有学识、有爱心"的队伍正在形成。

结 语

"路漫漫其修远兮，吾将上下而求索。"通江三小，虽然建校时间不长，文化底蕴不深，不过，我们坚信：有默默耕耘的辛勤园丁，有勤奋学习的莘莘学子，一所师生喜爱的学校正在成长，一所卓越的学校正在成长。

（2014-12-16）

尽最大的努力，做最好的自己
——通江三小2015届毕业教育之校长寄语

亲家的同学们：

时光荏苒，日月如梭，转眼间我们六年的小学生活就要结束了。你们即将离开母校，离别亲爱的老师，走进新的学校，结识新的朋友，书写新的篇章。回顾这六年，我们在尽最大的努力，为你们的学习、生活创造条件，为快乐学习、健康成长打好基础。但是，因为办学条件的局限，我们还有很多事没做好，没有为你们服务好，希望你们通过自己的努力来弥补。在这毕业的季节里，作为你们的校长，我想送给你们三句话，作为毕业礼物。

第一句是关于"人心"的："让善良成为人性的底色。"灵魂最美的音乐是善良；小胜靠智，大胜靠德。

让我们善良起来，希望大家做好三件事。

一是"孝敬父母"。人们常说"百善孝为先"，做一个善良的人，首先是一个讲孝道的人。大家还要继续读好我国经典《孝经》，今天我们再来读"开宗明义第一章"吧！同学们，孝敬父母就要理解父母，没有父母的恩赐，我们就不能来到这个世界。当我们苛求父母没有做好我们的榜样时，反思一下自己：你为你将来的孩子做好榜样了吗？

二是"学会宽容"。"宽容有力量"，宽容是善良的重要表现。我们要学会宽容他人的失误甚至错误。宽容就是在呵护他人的自尊，让他人在愧疚之后能平静而从容地抬起头；宽容就是一粒真诚的种子，这粒种子一定会以满目苍翠回报你。宽容他人也就是善待自己！

三是"诚信交往"。"诚信胜黄金。"孔子说，"民无信不立"；孟子说，"诚者，天之道也；思诚者，人之道也"；莎士比亚说，"失去了诚信，就等同于敌人毁灭了自己"。诚信度是一个人在社会环境中的标签，我们的社会正在建立每个人的诚信度体系，将来，诚信度低的人在社会上很难立足。

第二句是关于"人身"的："健康是幸福生活的基石。"

孩子们，"安全、健康、财富、公正、平等、自由"按照重要性，你们将如何排列？关于"健康"我有三点看法。

一是珍爱自己的生命。《孝经》告诉我们：身体发肤都是父母给的，孝敬父母，就要从保护好自己的身体开始。人最珍贵的是生命，生命是有限的。我们决不能拿生命开玩笑，时时刻刻要把生命安全放在至高无上的地位，学会保护自己。在保护自己的同时，不能侵犯他人的身体，"己所不欲，勿施于人"。

二是养成良好的习惯。"行为决定习惯，习惯决定性格，性格决定命运。"一个人的命运应牢牢掌握在自己手中，需要我们有良好的行为习惯作保证。健康的身体来源于良好的生活习惯，习惯不好，再好的身体也会渐渐失去。

三是保持积极的心态。心态积极、良好才会有健康的心理。有的人总是看到别人的短处，看不到别人的长处，总是看到自己的长处，而看不到自己的短处；有的人总希望别人为自己做什么，而没想过我为别人做了什么；有的人看什么都不顺眼，做什么都不顺心。这就是典型的心态不正常、心理不健康的表现。一句网络名言说："你有阳光，世界就不会黑暗。"

第三句是关于"人生"的："努力做最好的自己。"

每个人的先天遗传因素、生活环境、学校教育和个人的主观能动性等方面均有不同，所以我们每个人的成长道路不一样。但一样的是我们在成长过程中可以做更好的自己。只跟自己的过去比，哪怕每天只是向前一小步，只要我们天天进步，就可以大有作为。"做最好的自己"有两层含义：一是走适合自己的路（七十二行，行行出状元）；二是要不断使自己更好（不积跬步，无以至千里）。在今后的人生旅途中，大家要时常问问自己："我还能更好吗？"让这句话伴我们一路前行。

在前行路上，我们要做到下面"三个充满"：

一是对自己充满信心。自信是成功的起点，踏踏实实做事是自信的基础。"相信自己，我能行！""不靠天，不靠地，要靠我自己！"

二是对现在充满激情。"激情成就梦想"是青岛啤酒的品牌文化核心。激情是做事的一种态度，一种精神，一种追求。"说做就做，说到做到"就是充满激情的状态。

三是对未来充满希望。也就是要有理想，没有理想就没有方向，没有方向随波漂荡在大海中的帆船，终将被海浪吞没。

同学们，今天与大家一起分享的这三句话，如果对大家有所启发，这将是我最大的慰藉。童年是人生一首最快乐的歌，这首歌你们有缘在"三小"唱过；青春是人生最美丽的画，愿你们在新的征途中好好描绘。

离毕业考试只有几天了，希望你们在小学阶段的最后这几天，再加把劲，努力做得更好，给自己一张满意的答卷！同学们带着欢乐与梦想、带着责任与希望，阔步前行！希望你们为"三小"争光，明天"三小"为你们骄傲！母校欢迎你们常回来,母校祝福你们更辉煌!

附:2015届全体毕业生在毕业座谈会上的誓词

我知道,"百善孝为先",要做一个善良的人。没有父母的恩赐,我还不能来到这个世界。

我知道,"宽容有力量",宽容是善良的重要表现。我要学会宽容他人的失误甚至错误。宽容他人也就是善待自己!

我知道,"诚信胜黄金""民无信不立""诚者,天之道也;思诚者,人之道也""失去了诚信,就等同于敌人毁灭了自己"。

我知道,"健康是幸福生活的基石",要珍爱自己的生命,时刻把生命安全放在至高无上的地位,学会保护自己。

我知道,"只要有阳光,世界就不会黑暗",需要保持积极的心态,学会多看别人的长处,"己所不欲,勿施于人"。

我知道,"做最好的自己"是母校给我们的训告,对自己充满信心,对现在充满激情,对未来充满希望;"尽最大的努力,做最好的自己"!

母校与我相伴六年,缘牵一生。童年是人生一首最快乐的歌,我有缘在"三小"唱过;青春是人生最美丽的画,我会在新的征途中好好描绘。带着欢乐与梦想,带着责任与希望,阔步前行!今天,我为"三小"自豪!明天,"三小"为我骄傲!

(2015-06-17)

在诺江镇庆祝中国共产党成立94周年大会上的发言

尊敬的各位领导、同志们:

大家下午好!今天,我们欢聚一堂,隆重庆祝党的生日。我很荣幸作为优秀党务工作者代表发言,这是对学校党建工作的肯定,是对学校教育事业发展的肯定,是对我们进一步抓好教育工作,更好地服务于政治、经济、文化、社会建设的鞭策。在此我要感谢镇党委对我和我们学校领导的信任与鼓励！

作为一名教育工作者和党务工作者，我想谈谈在学校支部工作的体会和感受。

第一，做好学校党组织工作，需要热爱这份事业。我们要把教育当作自己的事业，更要当作一生的志向，而不仅是谋生的手段。没有爱就没有教育，没有爱就不能做好学校党建工作。

第二，做好学校党组织工作，需要树好党员标杆。教师要"潜下心来教书，静下心来育人"，这样的工作是平凡的、琐碎的，需要有定力和责任感，心有杂念便做不好教育工作。在这些平凡而琐碎的工作中，必须强化党员先进性，让党员争做教职员工的标杆。作为学校的领头人，我始终对党的组织工作充满信心，充满热情！

第三，做好学校党组织工作，需要坚持守望。守望就是责任，守望就是使命。守望就是对纪律的坚持，守望就是对公正的坚守。在工作中，不管对待同事还是对待学生，做到公事讲原则，私事讲风格，公平公正办事，遵纪守法，坦诚谦逊，团结协作，堂堂正正做人，实实在在做事，不参与任何有损于组织和学校利益的事情，不在党务工作中谋取私利。按照基层党组织工作条例和对党务工作者的要求，自觉做到守得住清贫，耐得住寂寞，经得住考验，抵得住诱惑，努力树立党务工作者的良好形象。

通江三小是一所基础薄弱的学校，是一所正在后发赶超的学校。学校的硬件建设正处在攻坚阶段，三期的风雨操场、校门以及两校区的天桥建设正在启动中，学校的教育思想正在形成中，学校的文化正在建设中。学校的发展需要我们的智慧与热情。我们要发挥好党员模范带头作用和党支部战斗堡垒作用，怀揣满腔的热情、对党的忠诚、对学校的忠诚参与各项工作，为学校的发展贡献自己的一份力量！

（2015-07-01）

适应新常态　做好"三小人"
——在2015年春期末总结会上的讲话

一、让"三小"优秀起来——做"有尊严"的"三小人"

1. 认清形势

国际国内大形势。希腊债务危机中的世界经济形势不乐观，我们在全球经济危机中面临工作与生活上的困难是在所难免的；东海、南海危机四伏的态势，给我们的外交智慧提出严峻考验，对国内经济社会事业发展必然产生影响；"四个全面"为"亡党亡国"开出的处方正处在实施中的攻坚时刻，要理解"矫枉过正"给我们当前工作和生活带来的困难；困难的经济形势对收入分配体制改革产生了冲击，对学校正常发展的经费保障能力产生的影响，要实现我校的发展战略提高了难度。

《国家中长期教育改革和发展规划纲要》为"两基后"时代指明了方向，我国教育真正进入了素质教育时代。教育现代化的步伐越来越快，信息化时代的素质教育对教师的综合素质提出了挑战，而我校教师素养则面临更大的挑战；京、沪和成都地区实施素质教育的模式为我们追赶发展提供了经验；对教育系统内的不正之风的整治力度不断加大，"零容忍"的态度和"动真格"的行动有效地净化了教育环境，提升了教育形象，为教育的良性、持续发展提供了动力。

我们学校的发展战略明确具体，成功地走过艰难的爬坡期，步入以"提升软实力"为重心、以"提升质量"为中心的发展期。学校已经成为我县教育系统重点建设和打造的特色学校之一，为学校的加快发展提供了更大的动力。学校的教育理念已经形成，课程建设逐渐具有系统性，起步良好。学校的学科教师队伍渐趋合理，学科资源逐步配套。但我县特色小学不断增加，城区学校发展加快，而我校处于后发阶段，形势仍然紧迫，发展任务艰巨。

2. 坚定目标

学校努力构建好教育思想体系、育人目标体系、学校课程体系，形成有特色

的校园文化，让学校优秀起来。以京沪地区小学现有办学水平为目标，

力争在2015年至2017年年底，完成学校建设爬坡期的扫尾工作，全面步入发展期，为学校走向跨越期打好基础。

3. 实施策略

学校建设实施策略具体有上方面。一是文化建设。全体教职员工共同研究决定，以生命教育（成功教育）为主题，形成师生的"愿景""使命""价值观"，形成学校的"办学理念""培养目标""校训""校风"等；今年9月与重庆师范大学再次沟通，在他们的帮助下，完成学校的教育思想体系，启动校园显性文化方面的建设。

二是课程建设。进一步细化学校的育人目标，完善目标体系；在现有三级课程的基础上，结合学校的资源和地方资源，逐步完善学校的课程体系，以课程为支撑实现学校的育人目标，以课程为载体全面实施素质教育。

三是队伍建设。建设好党员队伍、班子队伍、教师队伍。党员队伍做到"吃苦在前，享受在后"，全体教职员工向党员看齐；班子队伍做到"忠诚学校，率先垂范"，全体党员向学校班子看齐；教师队伍做到"热爱教育，提升素养"，在孩子面前树立知识与道德榜样。学校要充分利用好校外资源，聘请优秀专业人员担任校级社团的辅导员。

二、赢在执行力——做"有激情"的"三小"人

1. 勇于担当，教育是爱的事业

"没有爱就没有教育。"教育是一个需要精神立身的行业，要在这样的行业里寻求物欲的满足，结果一定会无功而返。默默无闻，甘于奉献，是教师的写照，做一名好老师必须有这样的精神。教书育人不仅是我们谋生的手段，还应该是我们一生的事业，更是我们一生的志向。

学校是我们的大家庭，每位老师都是这个大家庭中很重要的一分子。学校的荣辱和我们每个人息息相关，学校的高度影响着我们每个人的事业高度。学校是一个大家庭，它的成功需要我们每个家庭成员为之不懈努力才能实现。而这个家

一定是大家的，绝不是哪一个人的。

爱学生是老师的天职。爱学生就要尊重学生的人格，他们虽然是孩子，但在人格上与我们是平等的。爱学生就要尊重学生的个体差异。我们有时很着急，是因我们错误地认为每个孩子都能达到我们制定的同一个标准。爱孩子就要宽容孩子的失误甚至错误。孩子之所以是孩子，就是因为他们经常会犯错，这是孩子在成长过程中必然出现的情况，我们要有母亲一样的包容能力，永不放弃。我们一定要做孩子一生的贵人。

2. 团结协作，方向一致才能志同道合

团结和睦是家庭建设的目标，我们每个人都希望有一个团结和睦的家庭。学校是我们的大家庭，一定要像爱护自己的眼睛一样维护学校的团结。团结才能出凝聚力、战斗力、影响力以及号召力。团结需要相互协作、相互支撑，老师之间、班子成员之间以及老师和班子成员之间都要相互补台，而不是相互拆台，这样才会"好戏连台"。学校既要走向远方，还要走向高处，这就要求大家必须志同道合、方向一致。

为了更好地团结协作，共建"三小"，我们要尊重领导，欣赏同伴，严于律己。

尊重领导。全体教职员工要紧紧团结在学校领导班子周围，尊重领导不是要吹捧领导，而是要理解学校领导班子做出的决策，尊重学校的决定，服从学校的安排。不能在背后诋毁班子集体和个人，有意见可以通过多种形式、多种渠道沟通交流。学校班子成员和领导干部也要努力提高自己，以高尚的人格魅力、专业素养和工作能力，来赢得教职员工的尊重与爱戴。一个有凝聚力、战斗力、号召力的班子，才能带出一支卓越的教师队伍。

欣赏同伴。"以人为镜，可以知得失。"同伴是我们工作的伙伴，长期在一起工作也就成了生活中的伙伴。同伴互助与专家引领和自我反思并称为"专业成长三大路径"。同伴互助的前提是相互认可，要多看到同伴身上的优点，要学会欣赏同伴，和睦相处、相互帮助、相互鼓励，方可共同成长。

严于律己。"己所不欲，勿施于人。"在要求别人前，首先要做好自己。严

格要求自己才能赢得别人的尊重,少指责别人,多检讨自己,才能营造和睦的氛围,建设一个团结的大家庭。一定要关注他人的感受,要让别人感觉到与自己一起工作相处很舒服,不觉得别扭,这是我们必须修炼的功课。

3. 突破范式,赢在未来,必须解放思想

教育行业的不正之风,学校中见惯不怪的陈规陋习,已经成为一方教育的"范式"。这种"范式"就是陷阱,大家都身处其中。例如补课、大量的教辅资料被视为提升学生分数的重要方法,机械重复训练成了抓分数的主要手段,分数成了孩子校园生活的唯一目标,开展活动被认为会影响学生成绩,安于现状却推说是大环境不好……在当前新常态下,我们必须解放思想,突破这些"范式",紧跟时代发展,与时俱进,才能赢在未来,才能在教育现代化与信息化的大潮中破浪前行,未来的讲台上才会有我们的一席之地。

守住底线,不越红线。作为老师,安全管理有底线,职业操守有底线。从教育部、省、市、县以及学校都制定了教师工作红线。不越红线,既是身为教师的自我要求,也是纪律规定;既是教育主客体的需要,也是突破范式的需要。

遵循规律,回归本真。遵循教育本身的规律,回归教育的本真,要做好三个坚持:坚持通过提升学生综合素质来提高学生分数,这才是学生的真分数;坚持"健康第一"的思想,把"促进学生身心健康发展"作为学校一切工作的出发点和落脚点;坚持成人比成才更重要、成长比分数重要,既教书又育人,把善良的种子种植在孩子幼小的心灵中。

自破自立,提升自我。老师要有自我革新的勇气,勇于担当,敢于向自己的陋习开刀,敢于向自己的私欲说不;要有开拓精神,不循规蹈矩,墨守成规;要不断进取,形成自己良好的工作与生活状态;要创造性地做好本职工作,既要提升执行能力,又要提升创新能力。

三、做最好的自己——做"有追求"的"三小人"

1. 脱离低俗,让自己优雅起来

规范言语。做一个优雅的老师,首先从规范自己的言语开始。我们是教师,

要多说内行话，少说外行话。这需要我们加强学习，不断修炼，提高专业水平。

约束举止。做一个优雅的老师，还要管控好自己的行为举止。我们的举手投足对学生产生着潜移默化的影响。我们的行为习惯也是学生的"教材"，编写好这套"教材"是老师的必修课。试想一下，当老师看到地上的纸屑都熟视无睹时，我们的孩子会不乱丢垃圾吗？若老师都不喜欢读书，我们的孩子会喜欢读书吗？

注意衣着。做一个优雅的老师，一定不能忽视自己的穿着打扮。教师衣着的示范影响作用决定了老师不可随便穿衣。要得体，不能过分追求时髦，影响学生的消费观；也不能太过死板，死板的形象学生不喜欢。

总之，我们不一定伟大，但我们一定不能低俗，要让自己有点品味，有点层次。

2. 充满激情，让自己认真起来

在每一届毕业班的学校寄语课上，我都会给同学们送上一句话："激情成就梦想。"激情是一种精神，也是一种工作态度，更是一种生活方式。激情就是让自己"不白活一回"。

立说立干，这是激情工作的显著特点。要干什么事，定下了就立马付诸行动，不拖沓，不推诿，不找借口，以积极的态度面对我们的工作和生活。

不说也做，这是内心充满激情的人的外在表现。不说出来就做，做了也不一定要说，在我们的小家里大家都能做到这点，因为作为家庭的一员，对家庭的奉献是无私的，是不附加任何条件的我们要把学校当成另外一个大家庭，做好主人翁。

做就做好。激情工作的重要表现就是不应付，主动想办法把事情做得更好。老师每天的工作是全新的，每个孩子是不一样的，不思考、不创新，对学校安排的工作应付着做，就不可能成为一个好老师，甚至不是一个合格的老师。所以，我们要把"做最好的自己"作为校训，这不仅是对学生的要求，更是对老师的要求。

3. 不断进取，让自己丰厚起来

前不久，我们学校有个孩子对我说："我们班上同学的QQ群里不加老师。"我很惊讶："为什么呢？加老师进来联系起来多方便！""老师和我们的话题太远""老师不太懂我们""老师跟不上时代，很多方面老土"，这些是学生的回答。反思下，信息时代变化无处不在，新事情的产生以几何级数在增长，不学习、不进步，我们就难以跟上学生的思维，还如何期望学生喜欢我们？同时，作为老师，没有经验的积累，没有丰厚的底蕴，我们将永远停留在"教书匠"这个层次，怎么能当得起"人生导师"呢？身为老师，一定不能"坐以待毙"，要努力做得以下几点。

第一，好读书。老师一定要把读书作为自己的爱好，如果现在已经不爱，就把它作为一项任务。"一个不读书的民族是危险的民族"，一个不读书的老师是不称职的老师、不负责的老师。读书是老师一生的必修课。

第二，常反思。有一句话说："有一种人把自己的思想装进别人的脑袋，这种人叫老师。"这句话告诉我们，作为老师首先自己要有思想，其次要有把思想装进别人脑袋的能力。不反思就没有自己的思考，何谈有自己是思想。叶澜教授说："一个老师写一辈子教案不一定能成为名师，如果一个教师写三年反思就有可能成为名师。"反思就是对我们的感受、体验回头看、回头问，就是对自己的经验进行质问和提炼，从而让自己的想法更加成熟，体系逐步完善，人格、个性更加彰显，自己的专业水平得到提升。

第三，善研究。解决职业倦怠的最好办法就是要处于研究的状态。研究就是要从我们平时工作中的问题中来，到问题中去。发现问题并不难，我们每天面临大大小小的问题，学校也有自己的特殊问题，难就难在我们对问题有没有解决的欲望和行动。我们还要善于发现有价值的问题、值得研究的问题，带着问题走进自己的教育教学实践中去。在思考中实践，在实践中总结，我们才会有自己的风格，才会成为优秀的教师。

后记：下决心要离开学校，有很多想说的话，特别是对老师们的期望，只有通过本学期的总结会传递给他们，作为我离别前的讲话。不知老师们是否感觉到这期的总结会有点不一样？会上我的讲话准备得很充分，提前写好了讲话稿，又反复修改。这是我作为"三小人"应尽的责任吧！

（2015-07-06）

第三部分

学无止境——心得篇

学习，
是为了站在高处看教育，
跳出教育看教育。

读温家宝"一定要把农村教育办得更好"随想

一

"人民贫，非教育莫与富之；人民愚，非教育莫与智之。"温家宝在讲话中引用了陶行知的话来阐述办好农村教育的重要意义。对于穷人来说，没有资本的积累，没有丰富的资源，没有先进的劳动工具和劳动技术，在生产力的要素中，唯有他的"人本身"是最重要、最有开发潜力的资本，让"人本身"增值是改变贫困的最有力的措施。让人增值的最好办法就是让其接受良好的教育。对于富人来说，上辈的资本积累为后人提供了富裕的基础。教育有责任、有义务，也最需要对更多的穷人进行关注。陶老先生说的"人民贫，非教育莫与富之"大概就是这个意思。温家宝引用这句话也就是要表达教育对改变人的命运、教育对改变社会贫富两极分化的重要意义。

我校虽然是一所县城学校，但学生基本上来自农村，并且绝大部分是留守儿童，还有相当一部分是进城务工人员子女，通江镇本地户籍的学生很少。办好学校，提高教育质量，是我们的责任，也是我们为办好我县农村教育应做的贡献。我们学校的学生中困难群体比重相当大。温家宝在讲话中要求老师"要满怀爱心"，"要特别注意关心、爱护、帮助家庭有困难、学习有困难、身体有疾病的学生，不放弃每一个学生，不让农村的孩子输在人生的起跑线上"。他的话充满了对农民、穷人以及弱者的深厚感情。"面向全体学生"，是一名老师应具备的基本思想，应坚持的基本原则。老师爱自己的孩子是本能，爱别人的孩子是责任。选择教师这个职业，就选择了责任，也就选择了努力走向高尚的道路。教师是太阳底下最光辉的职业，我们要无愧于这个赞誉。

二

温家宝在讲话中也指出,由于我国工业化、城镇化进程加快和农村富余劳动力向外转移不断加快,农村教育出现了一些新情况和新问题,比较突出的是留守儿童和农民工随迁子女教育问题,以及学校拆并引起的少量孩子辍学问题等。这些问题也会给城区学校带来影响,我们学校受到的影响尤其突出。我们必须积极面对,主动适应,要静下心来研究学生的特点,研究学校教育的外部环境,研究学校面临的特殊家长群体。我们更多的时候充当了家长的角色,时不时还要"承担""保姆"的工作。选择成为一名教师决定了我们有苦、有累;选择成为"三小"教师注定了我们更苦、更累。如果选择在抱怨声中"死"去,还不如在苦累中站起来,去寻找自己的快乐,去追寻自己的理想,来一趟自由精神之旅。

三

温家宝指出,要着力提高教育质量,既要靠改善办学条件,又要靠推进教育教学改革,特别强调"教育教学改革任务更加艰巨""要想提高教育质量,不改革肯定是不行的"。针对学校现状,有几个根本问题我们必须认真思考:学生素质的薄弱环节在哪里?我们能给学生提供什么样的课程?我们有没有科学的质量评价体系?我校提高质量的着力点应在哪里?我校的管理在哪些方面有碍质量的提高?我们的老师应对新要求有哪些准备?……或许,在不断的追问中,会感到无所适从;在不断的反思中,会发现时不待人,要思考的、要研究的、要付诸行动的事太多太多。我们的课堂效率不高,是当前最需要改革的;我们的课程资源太少,是亟待开发的;我们的艺体、科技教师太少,是最需要补充的;我们的老师还没有地方办公,学生没有充足的活动场地,是最需要改善的……

改革是学校不变的主题,特色是学校永恒的追求。改革是学校成长的动力,特色使学校彰显出活力。学校在"变"与"不变"中不断前行。

(2011-10-06)

读《在与众不同的教室里》（一）

在教育局开完会，刚下楼就遇到了一个朋友，他叫住我，要向我推荐一本书——《在与众不同的教室里》，并随即奔入办公室取书给我。我知道他给我推荐的一定是我喜欢的。

这本书介绍了近二十年来美国的8位名师事迹和他们的教育思想。本书开篇介绍的第一位是莱福·艾斯奎斯，书中这样定位他——信念、激情与创新的化身。他给我的初步感受表现在：

第一，他执着。艾斯奎斯在一所学校的同一间教室里（56号教室），年复一年地教同一个年龄段的学生长达二十多年，证明了一个人能够在最小的空间里创造最大的奇迹，而且他所在的洛杉矶霍巴特小学位于该市最贫困的社区。艾斯奎斯给学生的座右铭是"好好表现，勤奋学习"，教室正面墙上挂着"成功无捷径"的标语。

第二，他敬业。他的每一个学生在读五年级的一年间都要学习并参与排练一部完整的莎士比亚戏剧，并在全国各地甚至国外的剧院上演。艾斯奎斯每天工作12小时。他每天早上6:00到校，6:30的课是学生自愿参加的，通常会有很多其他班的孩子也来参加。他在课间教学生演奏吉他、打篮球和棒球。他还筹集资金带学生到世界各地旅行，教给学生在教室里无法学到的东西。很多人把他的成功归因于把在学校的时间用到了极致，因为每天早上他都很早到学校，很晚才离开，周末、假期也经常在教室里给学生补课。

他刚到学校不久，就接了一个班，而这些学生竟然上到六年级还说不了几句英语，怎么办？艾斯奎斯一向反感学校对学生的低要求，毅然决定教学生莎士比亚戏剧！学生每天放学后留下来排练戏剧，通过一句句地学，一句句地练，他们掌握了很多从来没有听说过的单词。

对于他二十多年的教学经验，书中总结道：思路开阔的教师，既能拓展课程内容，增加教学时间，增强学习难度，又能够给贫困儿童带来意想不到的帮助。

第三，他重视学生的阅读和写作。艾斯奎斯的课不会让孩子感到轻松，他总是站着，上课就像打仗。学生每天至少有90分钟的时间在大声诵读原版名著，每个月都要读一本自己选的书（通常是获奖的儿童读物）。他还开展"小作家"活动，每个学生在一年时间内要写一本书。在他教室的墙上有张光荣榜，上面都是他教过的已读大学的学生。他告诉孩子们，上面这些取得成功的孩子各不相同，但有一点是共同的：喜爱读书，且读得很好。他主张孩子们在学校读书，一般不在家里读书。他认为很多孩子家里的环境不适合读书。他不太相信作业的作用，给学生留的作业很少，成绩好的学生自己给自己布置家庭作业。他的学生把时间主要都用来读自己喜爱的书或练习乐器演奏。

第四，他的班级管理很有新意。他让孩子们自己制定一套行为准则，在他不在教室的时候，这些孩子也能表现得很好，因为他们不是为老师表现的。他用游戏来管理班级，完成班上的任意活动和劳动将获得"报酬"，学生必须花钱"租"自己的座位，学习好、表现好或取得好成绩都会有"奖金"，迟到、不做作业或犯下错误则会被"罚款"。如果学生的"钱"积累到足够多，还可以买下别人的座位然后"出租"。这套制度不仅让孩子学到了数学和经济学，还让学生明确知道班里的奖惩规则。

1992年，艾斯奎斯当选"迪士尼全美年度教师"。

（2011-10-26）

读《在与众不同的教室里》（二）

《55条基本规则》（中文译本书名为《优秀是教出来的》）一书畅销全球，作者的名字也被各国教育人记住，他就是被称为"美国教师"的罗恩·克拉克。

克拉克是一个喜欢冒险的人，早先没有想过教书。他出生在一个小小的村庄里，大学毕业后，独自一人背包到欧洲远足，在罗马尼亚因食物中毒损伤了身体，后来回到家乡。回乡后他的母亲要求他必须停止冒险，寻找工作。他家附近的一个小镇上有一位老师刚去世，学校很穷，很难招到老师。母亲带他去见了学校校长，校长给了他一个最差的班。当他走进那间教室时，他感到受到召唤，召唤他去给这群近乎疯狂的孩子带来变化。他改变了原来的想法，决定当老师，就从这个班开始。克拉克说：人们总是问我，我做老师的动力是什么。我走进那间教室，发现那些孩子没有我幸运，没有机会获得他人的鼓舞，这是我留下来做老师的动力。

他任教的这个班经常更换老师，老师要么是不愿意教，要么是教不下来。克拉克刚到这个班时，班里的孩子决定用三天时间把这个老师气走。一开始克拉克感到很头痛，经过一番思考后，他决定从制定班规入手。第一年克拉克给学生制定了5条，第二年制定了8条，最终变成了55条。这55条是集礼仪修养、纪律守则和做人原则于一体的班规。克拉克认为，恰当的行为举止与礼仪修养是学生学习成功的关键因素之一。克拉克要求全班学生必须讲礼貌，上课时必须集中注意力。他的第十一条规则是：当我讲话的时候，请用眼睛看着我。学生排队就餐时如果有人插队，全班同学都要留下来，等别的班都吃了才准去吃饭。他说：只有当一个班的孩子们变成一家人——大家相互尊重，以礼相待，相互支持，学习才会在教室里发生。有人在克拉克的网站上留言说：我照着这样做了一年，学生考试分数从来没有这样高过，这些规则给我的课堂和教学带来了令人难以置信的变化。

克拉克承认，要把这些规则教给五年级学生，需要花时间。他在开学后的两星期重点让学生学习这55条规则，和学生进行角色扮演，反复训练，不出一个月，整个班级便轻松运转，"就像时钟一样"。

克拉克的教育理想从他下面这些观点我们可以领略一二。

"对于有资质、有能力的教师来说，不得不应试而教、被统一的教案束缚手脚是一种羞耻。"

"孩子们只学会了如何考试，他们不再为学习的热情所激励，他们不再能成为终身学习者，进入大学后，他们将不再有学习的渴望，对知识的渴望。"

"我们不是在激励他们胸怀大志，而是鼓动他们应试，这是一个耻辱。"

"教师之所以做教师，是因为他们心系教育。"

"我感到，我找到了美国教育成功的关键。它跟《不让一个孩子掉队》没有任何关系，跟大图书馆和大学没有任何关系，跟钱、教材、设备也没有任何关系，它只跟教师有关系。"

"我访问过一些贫困地区,他们连投影仪都没有,但学生的学习成绩却非同一般,因为他们的教师非同一般。他们投入,有才干,有激情。"

"如果我们所有的教师都满腔热情、才华横溢,不仅熟练掌握课程,还热心于对孩子施加积极的影响,就没有必要那么强调分数,因为考试分数自然而然会高,且孩子们会更加喜欢学校,更加尊敬教师,发自内心地积极进取。"

"如果家长真的热爱学习,孩子也会对学习充满激情。"

"总的来说,教师首要的素质是激情。"

"做孩子的工作,先决条件是你必须有激情。"

"学生需要在走廊、橱窗和教室里看到他们的作品,应该尽可能地找地方展示学生的成就。"

"无论你是教师还是家长,生气的时候作决定从来不是一个好做法。"

克拉克的教育故事被好莱坞拍成了电影,他成了一名世界瞩目的美国明星教师。

《在与众不同的教室里》一书的编译者在书的前言中说:克拉克对中国教师最好的忠告或许是——提高成绩不必"应试而教",有很多办法可以让学习变得有趣,同时实现教学的最高水准,并提高学生的考试分数。

克拉克,伟大的教师!

(2011-11-02)

北大第四期"校长高研班"学习随笔(一)

学习,贯穿人生始末,对于现在的我来说,更需要加强学习。一则出于工作的需要,二十多年来,虽对教育有了一些自己的看法,但还是有许多的新情况想不明白,思路理不清楚,通过学习可静下心来反思过去,思考现在和谋划未来,通过学习可以进一步"跳出教育看教育";二则出于减压的需要,进入不惑之年后,学习不是为了学多少知识,而是通过学习提升,换个角度和高度思考问题,达到减负增效的目的。非常感谢县教育局给予我这次机会,参加北京大学教育学院举办的"第四期教育家型校长高级研修班"的学习。能到北大读书,是每个中国人的梦想，没想到我在这个年龄，也能在这方圣地聆听大师们的讲学，身临其境，目睹大师的风采和大学的风采。

11月26日一早我和碧海校长便驱车赶往广元机场。下午三点多直飞北京，晚上近七点便赶到了北大旁的宾馆报名注册，正式成为第四期高研班的学员。

27日上午，在参加了我们北大教育学院举行的开班典礼。仪式由班主任颜老师主持，北大教育学院的领导做了报告，学员代表发了言，观看了《永远的燕园，永恒的北大》专题片。随后全体学员在北大图书馆前进行了集体合影。集体活动结束后，我们怀着仰慕的心情游走在校园里，感受历经百年的中国第一学府的神秘气息。

下午，第一堂课正式开始。主讲专家赵琛，是全国政策科学研究会副会长，北京大学当代企业文化研究所副所长，报告的题目为"复命精神——打造以结果为导向的管理执行模式"。他所倡导的复命，简单说就是积极主动地、创造性地完成上级交办的工作任务。复命是与时俱进的中国特色的执行力模式，对加强效能建设具有很大的价值。他的讲课充满激情，使人振奋。他深入浅出地讲道理，结合实践，很能吸引人，他就是一个出色的演讲家。他的以下观点对我们教育工作者很有启发意义：

"成功必先有个积极的状态。"状态就是一个人的信仰，就是一个人的积极心态。要做成一件事情，要成就成功人生，就要"做一只学飞的小鹰"。他指出，当前中国人最缺状态，最缺信仰。

"成功必须选择正确的方向。"对于方向的重要性，他打了个比方："大米和糖在一起，早晚要被猪吃掉。"

"领导者领导状态，管理者管理制度。"这点对学校校长办学很有启发意义，校长领导状态比管理制度重要得多。校长应该把更多的精力放在对状态、价值观的引领上，给教职员工树立正确而崇高的教育信仰。

"$90\% \times 90\% \times 90\% \times 90\% \times 90\% \approx 59\%$"。这个公式告诉我们，在平时的教学工作中，每一个章节只学会了90%，那么5个章节后相当于只学会了59%，而不是90%。

在讲到返授权时，他说："没有方案，只有问题，最好把嘴闭上。"提问题是谁都会的事，能提出问题的解决办法才是智慧的。一个人经常只会提问题，只会找毛病，一定是心态有问题，能力有问题。

"聚焦策略：就其一点，不计其他。""10%×10=100%。"也就是说把一个人天分中10%的优点持续放大，做出十分的努力，就会实现100%效果；将少量的不同，通过资源的聚焦持续放大，就会变得与众不同。这个道理带给教育人的启示就是："要让孩子卓越，必须持续放大孩子的优点。"今天的时代不是补短板的时代，而是加长板的时代，即"扬长"比"补短"更重要。

他指出，学习的目的主要有三个：一是学以致用，二是转变观念，三是治疗和预防心灵感冒。"学不用则无用。""知识对一件事情起作用，而观念对所有的事情起作用。""每天对自己说：每天发生的事都是好事。"（改变不了结果，就改变心情和心态）"学习是用来宽心的：心大了，事就小了。"（盐放在杯子里与放在河里结果一定不同）"学习的态度：开放，放下，重生。""每个人都没有走弯路，走的都是必须走的路。""经历、历练是人生的必修。""晚成功不如早成功，但晚失败也不如早失败。"

最后，他告诉我们："文化就是行为习惯。"文化是一个组织的软实力。

通过第一天的学习，我们感觉很值！

（2012-11-27）

北大第四期"校长高研班"学习随笔（二）

上一篇忘了交代：27日晚上，我们在北京大学百周年纪念讲堂欣赏了中国人民解放军军乐团北大音乐会，票是班上发的（票价40元人民币）。

带着更多的期待，我们进入了第二天紧张的学习。

上午，主讲专家蒋凯，为北大教育学院副教授，香港大学教育学院研究员，博士后，主讲的题目是"理解中国基础教育"。他在报告中首先对我国基础教育概况进行了简述，对《纲要》中关于基础教育的内容进行了阐述。接着就"减负问题""择校问题"进行了讲解。听完他的讲座，我关于基础教育的一些观点得到进一步明确。

当前我们基础教育的三大任务是巩固和提高义务教育水平，促进教育均衡发展；减轻中小学生课业负担。为什么要研究这三个问题？肯定是因为它们重要，这三个方面是基础教育的主要问题和主要任务。在《纲要》制定前的征求意见中，最集中的前三名是"学生课业负担过重""择校""农民工子女入学"问题。

"课业负担过重，是中国教育的痼疾"，特别是我们的基础教育，走入了这个怪区，短时间内很难走出来。小学教育因没有升学压力，或可以放开手脚，率先实现减负，在这个方面可以为，也能有所为。

"不树立正确的教育观，就不能实现减负。"教育的对象是人，目的在于成人；教育是一项培养人的事业；人的发展包括身心两个方面；教育和人的发展贯穿于生命发展的全过程。爱因斯坦说："负担过重必然导致肤浅。""长长的路，慢慢地走。""快出来的最终会是社会的危害，也是不健康的，教育也是这样。"龙应台说："孩子，你慢慢来。"其实无论是校长、老师还是家长，我们都要慢慢来。

关于择校，蒋老师说："其他国家也有择校，但中国独特的是在基础教育的择校，主要是择公立学校，西方国家主要是择私立学校。优质资源不足，教育资源分配不均，教育机会不均等是造成择校的主要原因。"

学员们讨论非常激烈。大家都认为，要解决择校问题，要解决负担过重问题，必须改革高考制度；人才选拔制度不改革，学校评价制度不改革，这两个问题难以解决。我觉得，既然已经把全国重点大学的录取名额分配到了省，何不把名额按各县人口数，按比例分配到县。如果每年都有北大或清华等全国名校在我县招生的指标，还有那么多优秀学生转到成绵地区去就读吗？县级教育行政部门和各级各类学校在管理和教学上也会因此实现切实的转变。

然而现实是校长不抓分数，立马就"死"；校长只抓分数，早晚得"死"。

下午主讲专家是朱洪秋，他是北京市西城区德育室副主任，北京市陈经纶中学原副校长（主管德育和教育科研），北京师范大学博士，主讲题目为"教育模式与教育建模"。

他的主要观点如下：

所谓教育模式，即对教育的某一个研究对象建立一个有理论依据的结构。教育理论是不能直接指导实践的，必须以模式作桥梁；教育实践要上升到教育理论，也必须经过教育建模。建模就是把规律固化。教育模式必须"系统思考，本质把握，突出重点，简约表达"。教育建模有两种方式：一是归纳建模（先有实践再总结），二是演绎建模（先有理论再建构）。模型就是给老师工具，让老师轻松工作。

朱洪秋老师还介绍了他在陈经纶中学进行德育管理的操作模型。其中他在学生管理中通过建模实现"自我管理与自主发展"取得了很好的效果，学校的一切管理最终是通过学生管理学生来实现的；在他们学校，班主任老师是很幸福的，很多活动连班主任老师都不知道，学生就做好了。他们学校每个班有近二十个班委干部；学生们还成立了学生社团俱乐部、学生环保公司。

他们学校把"人生远足"纳入学校的社会实践课程。他们认为"生活即教育，社会即课堂，人生即远足"。他们的课程是菜单式的，自主选择，主要利用假期时间开展。他说"不出国，就不知道什么叫爱国"。

他还讲："给人以选择的教育才是好教育，给人以选择的课程才是好课程，给人以选择的课堂才是好课堂。"

最后，他还分享了他的"班会模型"（四步模型）：定主题→分享→定措施→实施。

我一直有把学校的各项管理工作以流程的形式固化下来的想法。我们在"毕业生教育流程""集体备课流程"方面有了基本模式，可进一步完善，建立模型，学校在这两个方面的管理就会实现自动化。他的讲课给了我新思路，更加坚定了我健全各项管理流程的信心。

（2012-11-28）

北大第四期"校长高研班"学习随笔（三）

第三天的学习让人兴奋，第一次听"佛学"方面的课，我对"佛"的认识都很肤浅，认为它很神秘。上午，主讲专家李四龙，北京大学宗教文化研究院副院长，哲学系和宗教系副主任，佛学教育研究中心主任，讲课的题目是"佛学与佛陀",主要包括两个方面的内容:一是佛陀的生平,二是关于佛陀的三个问题。

佛陀的生平可以用四个字来总结,就是"八相成道",即"从兜率天下、托胎、出生、出家、降魔、成道、转法轮、入涅槃"。传说佛陀从兜率天宫而来,古印度的迦毗罗卫国摩耶夫人梦见白象从右腋窝进入腹中,便怀孕了;王子降生后取名叫悉达多(后来出家修道,成了无上智慧的彻悟者,也成了无量功德的圆满者,无上的究竟者,所以称为"无上正等正觉"的佛陀)。佛陀出生于农历十月初八,人们把这一天称为"佛诞日"或"浴佛节",他的出生年代和孔子差不多。19岁骑白马出家,经过长年修行,特别是在空前的困难与诱惑的考验下,降服了身外与心中的魔鬼,于农历十二月初八在毕钵罗树下修成正觉,从此进入了长达49年的讲佛法历程,即为"转法轮"阶段;最后功德圆满而去。佛陀的生平告诉我们:一个人要成功(修成正果),必须经过空前的困难和诱惑的考验,没有捷径可走,经历本身就是人生财富。这些考验有来自身外的,个人不能左右;有来自内心的,需要勇气和勇敢才能战胜它。很多人走到了很高的位置,但都没有经得起考验,最终回到起点,甚至走向反面。人间的烦恼来自于"太把自己当回事",放不下自己。人都生活在"欲界、色界、无色界"之中,心中"欲望"在应有的范围就是上进心,超过了一定的界限便是贪婪,贪婪的最终结果是一无所有,人生成功与否取决于自己与这个魔鬼斗争的结果。"一个人的心态决定了一个人的生态(生活状态)",好的心态就决定一个人有好的生态。

通过学习,李老师让我们明白了三个问题:"谁是释迦牟尼?"释迦牟尼就是释迦族的圣人,是人们对佛陀的尊称;"为什么要出家?"佛陀感悟到人生痛苦无常,遂萌出家修道之志,出家的目的就是寻找到一个不老、不病、不死的方法,把人生的死路变成活路,把有限的人生变得无限与永恒,寻找到生命永恒的方式;"佛陀悟到了什么?"经过修行,佛陀在菩提树下觉悟了,最大的悟,用一个字来概括就是"缘",万事万物均是"缘"起,也是佛教思想的起点。"一切成功自己享受,一切失败自己忍受","要为自己的行为承担结果","今生的果缘自前世的因,来世的果缘自今生的因",一切都要"自作自受"。佛法的核心用两个字来概括就是"中道",即任何事物都是以非有非无的形式存在。烦恼就是人们把无常的东西当成永恒,这也是痛苦的根源。

我由此得到启示:"惜福""结缘""随缘"。

下午的安排是北京师范大学学前教育系教授、博士钱志亮老师讲课,他还兼任中国家庭教育学会常务理事、中国儿童安康成长专家委员会秘书长、北京市家庭教育学会常务理事、全国家庭教育专家团成员,主讲的题目是"回到原点看人"。他的讲座从"教育的逻辑起点:人性"开始,从基督教、东方传统文化、佛教、伊斯兰教和亚里士多德思想等多个视角分析了人的本性,人的属性包括自然属性、社会属性、精神属性。人和动物都有自然属性,人和少数动物有社会属性,人和动物的区别在于动物没有精神属性。精神属性又包括科学、艺术和人文。科学求真,给人以理性,使人理智;艺术尽美,给人以感性,让人富有激情;人文致善,融理性、感性、悟性于一体,其中的信仰给人以悟性,使人虔诚。人类文明的目标是不断增长人的精神属性。人类的精神属性的获得在于修行(最终落实到行动上),办法是不断学习与提升,自我反思与感悟。教育就是要尽量限制人类与所有动物都有的生物属性,极力扩大人类和少数动物才有的社会属性,无限彰显只有人类才有的精神属性。他说:"教育要做的事情就是缩小人与其他动物的共性、扩大人与其他动物的差异性,这样人就更加远离禽兽,更人化,从而成为真正意义上的人了!"教育的作用在于促使个体文而化之,教育的使命就是培养人,培养人的核心任务是教人学会做人,做人要懂得"人道、世道、天道"。

关于人文精神的培养,他的观点是:"人文精神之人性:恪守人伦——本分做人;独立人格——崇尚自由;坚持人道——仁爱道德。人文精神之理性包括:清醒态度——独立判断;崇尚科学——反对迷信;敬畏文明——尊重传承。人文精神之超越性:人生价值——满足不同需要;生活品质——追求幸福美满;尊严权利——被尊重有面子。"

他说,后现代的教育关注人作为人的生存及意义,以人为本的教育核心是人文精神的传递,但是,那种饱含对生命的终极关怀,对人的自主、公正和生存尊严的教育已经远离我们;当今的教育被淹没在机械化培养、程式化教学、标准化测验、模式化要求、集体化生活、规模化复制的冰水之中。

我们的教育对象是人,他指出,不但要关注群体的人,更要关注个体的人:

群体的人强调共性、社会性，个体的人强调差异性、个性；不但要关注外在的人，更要关注内在的人：外在方面"训练"人、"塑造"人、"培养"人，内在方面"唤醒"人、"生成"人、"提升"人。

他的"回到人的原点的教育观"是："接纳：差异是普遍存在的客观现象；承认：每个人生来就是与众不同的；明白：没有哪个学生希望自己落后；摈弃：只有不会教的老师，没有不会学的学生；拒绝：'只要功夫深，铁杵磨成针'；树立：五指有长短，做人要厚道；认定：教育就是个'来料加工'工作；牢记：'麻袋绣花，基础太差'道理。""教育的使命是培养人，在尊重生命的存在与差异前提下，努力发现各自生命的价值与潜能，让其充分享受成长的幸福和尊严，将其带到人类丰富的精神世界中去，引领其做个有人性的人、有信仰的人，做个人格健全、和谐可持续发展的人。"

他要求，教育孩子"八荣"从身边做起：热爱祖国从孝敬父母、爱家庭开始；服务人民从团结同学、服务社区开始；崇尚科学从实践检验开始；辛勤劳动从自理与家务开始；团结互助从合作多赢开始；诚实守信从说话算话开始；遵纪守法从走路靠右开始；艰苦奋斗从认真完成作业开始。

他认为教育有三种境界：以工具性为主，培养听说读写能力，应付世俗各种考试、考核、面试，能在商业化的社会中满足生存之需，即能站得人前，此为第一境界；以人文性为主，提高审美鉴赏能力，陶冶情操，培养真实个性与独立人格，能在庸俗功利的社会中保持清醒的态度与不泯的人性，即能耐得住寂寞，此为第二境界；以精神信仰为主，"文以载道"，儒者兼济天下，侠者为国为民，道者独善其身，释者身体力行……即能退得人后，笑看花开花落，此为第三境界。

最后，他说：

一百多年前，梁启超说"教育就是教人学做人，学做现代的人"；

一千多年前，韩愈道"师者，所以传道授业解惑也"……

这几句话，我们应认真思量。

教育，需要我们回到原点去思考！

（2012-11-29）

教育春天的期待

2013年第6期《人民教育》本刊评论员文章《把提高教育质量的口号真正变成行动》说，今年的年度工作会上，教育部袁部长释放了一个强烈的信号：提高教育质量将成为教育工作真正的核心。回头来看，教育系统内不论大会还是小会，不论是领导讲话还是个别发言，无不把提高教育质量作为重中之重来抓。抓了这么多年，我们的教育质量提高了没有？哪些方面提高了？反思这些问题时我们会发现，还有一些本质问题没有思考明白。所以文中标题告诉我们：长期以来，我们的"提高教育质量"还停留在口号上。

首先需要想明白的是"什么样的教育质量才是好质量"，也才能比较教育质量是否有了提高，也即要弄清教育质量的标准。文中说："提高质量的现实总是难以如人意，升学率背后的高利害性固然是一个原因，而另一个原因，则是根本上缺乏科学有效的评价制度。"《国家中长期教育改革和发展规划纲要》明确提出："树立科学的质量观，把促进人的全面发展、适应社会需要作为衡量教育质量的根本标准。"虽然有了标准，但如何利用这个标准来衡量学校教育质量的提升水平，如何衡量学校在现有教学资源基础上的教育质量的提升水平，还有待完善。考试不改，评价不变，分数可以提高，升学率可以提高（永远也不会高过100%），但真正的教育质量难以提高。《纲要》中提出的衡量标准有两个方面：一是促进人的全面发展，二是适应社会需要。其实，"促进人的全面发展"还是有点"空"，有点"大"，实现人的全面发展是一个理想的境界，"让学生成为最好的自己"就是很高的目标了。

提高教育质量该从什么方面抓起？这也是必须弄明白的问题。文中说："提供适合的教育，最重要的是提供适合的课程、适合的教学，让课程多样化，让教学个性化。社会责任感、创新精神和实践能力，皆在适合的教育之中才能孕育。"这里有两个关键词——"课程"和"教学"。提高教育质量首先从课程抓起，课程才是学校最重要的资源，是教育的载体。课程建设不好，质量无从提高。记得李希贵校长讲过：当校长只做一件事时，就是抓课程建设。

文中还指出，"提高教育质量，根本在教师"。"芬兰的教师，收入并不高，但是入职门槛很高，相反，对教师入职后的'管理'是相当宽松的。"教师没有教学的自主权就没有个性化的教学，也就不会实现学生的个性化发展。留给学校多大空间，学校就有多大的发展空间；留给教师多大空间，教师就有多大的发展空间；留给学生多大空间，学生就有多大的发展空间。正如文中所说："或许正因为这种'自由度'，芬兰的教师职业成为最具竞争力的职业，芬兰的教育质量才能'称霸'世界。"

现在，人们开始回到原点看教育，开始回归本真办教育，教育发展的春天不远了。

（2012-04-15）

读《向着太阳唱出歌》有感

习近平总书记说："我们比历史上任何时期都更接近中华民族伟大复兴的目标，比历史上任何时期都更有信心、有能力实现这个目标。"5月1日的《中国教师报》刊首文章《向着太阳唱出歌》，正是基于中国青年教师的教育梦的时代性、重要性、紧迫性而写的。读罢此文，我深感作为一名教育人的使命与责任。

文中说："选择了教师职业，我们比同龄人肩负了更大的责任，我们的梦想是中国梦最具未来影响力的部分"。教育梦是中国梦的基石，青年教师的教育梦是教育梦的中坚力量。

"教师是人类文明的传承者。让热爱真、善、美、爱的人越来越多，让他们的声势壮大起来，这是教师永恒的责任。"我们学校一直把对"真、善、美、爱"的追求作为教育的价值追求，作为做人的高尚行为准则，并把这几个字放在楼梯间显眼的位置，师生行走间抬头便能看见。

关于教育工作的特殊性，文中说："教育也许是世界上最复杂的工作：人性的深邃，成长的漫长，过程的琐碎，只有勇于面对教师职业的特殊之难，才能体会它的特殊之美。"为什么老师有职业倦怠？为什么老师随着教龄的增长，越来越觉得工作烦？或许就是"深邃""漫长""琐碎"所致，这也正是教育行业的特殊性所在，长期当一个老师了不起，做一名优秀的老师真的很伟大。同时，正是因为"深邃""漫长""琐碎",所以我们要以更加宽容的态度对待孩子,以更加长远的期望等待孩子,以更加平和的心态对待每天的酸甜苦辣。老师们,教育,我们一起慢慢地来;教育,我们一起静悄悄地做。

文中这样写道:当身边的人集体性地谈论车子和房子,很多人的业余生活只是吃喝玩乐,少部分人的消费倾向成为社会时尚……你或许不止一次问自己:"教师到底要寻求什么样的人生意义?"我也经常这样问自己,有些老师也经常这样问我,我却无言以对。每当这时,我便读书,让自己的心平静下来,静静地思考人生的意义。文中下面几句话说得好:"每个人都有个体价值实现的需要,但高度功利化、物质化的价值标准,会使这种需要或被异化,或被遮蔽,或被悬置,进而使人生处于一种深层次的茫然状态,丧失意义的深度。""教师天然是追求精神快乐的职业。""古今中外,教师都不属于高收入群体。这种现象,本身就隐喻了教师职业的某种特性。"

关于教师的精神生活,有这样几句话值得分享:"高尚的精神生活,是阅读、思考、写作,也是游历、探索……是充满高尚情趣的业余生活,也是秉持操守的职业体验。""无数的教师从读书思考中获得做教师的定力。这绝不是偶然。"读书与思考,与教师这个职业永远相伴,也是职业必须。但是,现在的老师能静下来读书的太少了!

为了教育的未来,为了国家的未来,同时也为了找回我们教育人的幸福,让我们伟大起来。

"教育从来就不是惊天动地的事情,担当也不全是轰轰烈烈的行为。从小我到大我,往往只是一步之遥。收住怒气,换一种方式批评学生;收起偏见,给贫弱的孩子多一点笑容;收起虚荣,直面每一节课的得失……所以,有教师说,自己是在琐碎之中积累伟大,在坚守之中兑现梦想。"

(2013-05-16)

抬头看路

4月24日《中国教育报》第十版刊载了《追寻学校管理与教育教学的真谛》（作者张宏旭为河南省濮阳市油田第四高中校长）研讨会观点摘要，文中提出"中国教育变革要经历四个阶段：第一个阶段，教育是一门学问。走进教育就是获取知识，填鸭式、满堂灌、资料成堆的课堂模式阶段已经过去。第二个阶段，教育是一门科学。现在我们的教育拼命研究解码课堂、解码教学，各种教学模式数不胜数，大家都在用科学的眼光去破解教育密码。在这方面，高效课堂做得最好。第三个阶段，教育是一种文化。文化的内涵要有教育思想，没有思想就没有文化。第四个阶段，教育是一种生活。教育像每天呼吸空气一样自然。"从学问到科学，从科学到文化，从文化到生活，各方反映了我国教育不断向教育原点靠拢的过程，向教育本质靠拢的过程。当教育成为一种生活，以人为本就落到了实处，"人本"就不再是悬在空中的"楼阁"。

5月1日《中国教育报》全面报道了"中国基础教育昌平论坛"及"第三代课改"研讨会的盛况及主要精神。《第三代课改改什么》一文指出："自主，合作，探究"是课改的六字箴言，但在实践领域，由于认知和观念的差异，课改在不同阶段呈现了不同特征，《中国教师报》以此把课改大致分为三代。第一代是通过调整、改进课堂教学的手段和方式，实现从低效到有效的跨越，改变的是课堂的结构；第二代课改实现了从"教中心"到"学中心"的飞跃，改变的是教与学的关系；第三代课改在此基础上，摆脱知识对教育的束缚，不再过度纠缠课堂技术，而是以"人本"为基石构建全新的课堂规则和形态，更加强调生活内容和方式，更加关注生命状态和质量，改变的是教学的意义。中国教师报编辑部主任李炳亭指出，第三代课改有三个主要标志：第一个是无限放大自学，即学生自主学习，因为学生才是教育最重要的资源；第二个是去教师主导化，尽可能减少教师对学生学习的控制；第三个是去形式化，课堂教学的形式和技术必须基于学情或者学习现场的需要。"教学改革不是简单改技术，而是改观念。改观念不是白板黑板的问题，而是教学的意义，课堂的背后是教育思想的支撑，对学生生命成长方式的认识。"从第一代课改到第三代课改，实现的是从方法到内容的转变，是从形式到意义的转变，其根本是从关注物和事向关注人的转变。

教育在改变，老师也必须改变。我们一定要跳出课堂看改变，跳出教材看改变，思想才能跟上时代的变化，跟上教育的变化。潜下心来教书的同时，也要抬起头来看路。

（2013-05-17）

创新人才培养还得从娃娃抓起
——北大第四期"校长高研班"第三次集中学习心得一

上午由北京大学教务部副部长兼北京大学元培学院副院长卢晓东主讲。卢老师是北大本科毕业，又获得北大教育经济管理博士学位。他主讲的题目是"试答钱学森之问——教育创新人才培养三项改革"。

他说"公平问题、质量问题和创新人才问题是当前中国高等教育的三大问题"，通过对这三个问题的分析他引入了"钱学森之问"。整堂课围绕他提出的"范式陷阱"展开讨论。他认为，我国的教育特别是基础教育陷入了一种范式，越往高一级教育走就会陷入越深，往往知识学得越多陷入越深。他列举了大量对社会革命和技术革命产生影响的人，这些人都不是常规情况下学书本知识更多的人，如毛泽东、袁隆平、比尔·盖茨、乔布斯等。当然也不是说知识学得越多越没有用，意在跳出传统的人才范式看人才有一定的意义。

他讲，我们目前的教育主要任务是让学生学习旧知识，考试考的是旧知识，很少有发散性思维的考题。现在反思我们的课堂教学，学生在课堂上提出了多少新问题？有多少新发现？创新人才的培养就要从小抓起，从每一堂课抓起，就要从每堂课让学生自己提问题抓起。我们的课堂为什么能复制（赛课就是典型的课堂复制）？就是因为我们陷入了所谓的好课标准的陷阱。真正的好课是学生能提出问题，提出别人没有提出的问题，是学生自主学习的课。真正的好老师不是讲得如何好，而是给学生的舞台搭得好。

讲课开始阶段，卢老师让我们回答钱学森提出的问题："为什么我们教育培养不出拔尖创新人才？"我第二个发言。我说："我们的教育最缺的是自由的思想，只有能够让教育有自由的思想，老师才有自由的思想；如果老师都没有自由的思想，学生就不可能有自由的思想。现在的教育很难让学生思想自由。钱学森是拔尖创新人才，因为他所经历的教育大环境思想是自由的，学术是自由的，同时期出了很多创新型人才。"老师认可思想自由，课中还让我介绍了"三小"两个语文教学改革实验班的情况。办学的教育家应该在一线的老师和校长中产生，老师成为教育家，思想必须是自由的。连教学自主权都没有，哪能有自由的思想呢？这些都曾是我开展语文教改实验的思想基础。

下午课程由北京第八十中学校长兼党总支副书记田树林校长主讲，题目是"学校发展规划：校长引领学校发展的蓝图"。

她说，我们思考学校发展问题必须首先回答：谁需要学校？为什么需要学校？她指出政府、学生、家长、社区和教职工都需要学校，都是学校的利益相关方，制定学校的发展规划就必须研究他们需要什么。我边听边想，谁需要我们通江三小？政府需要"三小"做什么？教育局希望我们学校考试排名在"二小""一小"之前吗？我也在教育局工作过，其实谁排第一、谁超过了谁不是很重要，更关心的是谁的学校更有特色，更有持续发展的能力。现在要思考学校的中长期规划，和城内其他小学比分数没有意义，我们只有办出"三小"的特色，办出真正让学生健康成长的学校才是最好的。

田校长还结合北京第八十中学的具体情况讲解如何制定学校的发展规划。她说，"现在回过头来看，我到八十中十年来主要就做了两件事：一是抓教师的思想管理，二是抓课程建设。"这也和李希贵校长的做法一致。

在听课过程中我萌生了一个想法：每学期开展"闭课周"活动，让老师和学生走出校门，走进社区，走向大自然；让学生走出课本，走进自己的兴趣，走向探究学习。

（2013-10-10，于北京锡华酒店）

不断放大优点和特长
——北大第四期"校长高研班"第三次集中学习心得二

今天进入本次学习的第二天。秋高气爽，碧空万里，和昨天的天气一样好，北京对我们本次学习班学员真的很照顾，把一年最好的天气留在这几天。

上午，由北大教育学院的林小英博士主讲。她在北大工作十年，主要研究方向是质性教育。她主讲的题目是"心流体验幸福感：探求教育的智慧"。

她说本课的主要观点来自哈佛大学桑德尔的《幸福课》。桑德尔的《幸福课》在网易公开课网页上可以找到。心流体验是积极心理学的一个概念，强调一个人不断体验、放大和实践优点和特长，可以挤占缺点，直到把缺点缩到最小。

她让我们每一个教育工作者记住，人类社会追求的价值排序依次是：安全、健康、财富、自由、公正和平等。现在这个社会价值过分强调排在第三位的财富，以至于弱化了排在第一位和第二位的安全与健康；自由是创新的保证，自由应当成为一个社会的重要价值追求。

"天才是全社会的财富，不是哪个学校和哪个地区的。""孩子不由父母管，由老人带的社会是有问题的社会。""个人太强，组织太弱，不能获得最终的幸福。""北大哲学系的老师都很长寿，其秘密就是这里的人都讲仁爱。""中国人擅长批评、否定别人，不善于欣赏、表扬别人。"这些观点都对我们教育工作者有很好的启示。

什么是心流体验？她说："人类最好的时刻，通常是在追求某一目标的过程中，把自身实力发挥得淋漓尽致之时。"带来沉浸体验的活动的特征为具有挑战性且需要技术，注意力集中，目标明确，有即时反馈，深度投入，控制感、忘我、时间停止。如何获得心流体验呢？工作、休闲娱乐、人际关系。在工作上要给自己设立一个高兴起来的目标，不断写教学反思笔记，学校让老师变成他自己想要变成的样子；要变被动式的休闲娱乐为主动式的休闲娱乐，学校里自发组织有共同兴趣和爱好的老师一起开展一些休闲娱乐活动，如爬山、跳舞、打球、摄影；建立良好的人际关系就是要学会发现他人的优点，感受到美好，学会欣赏。

幸福在哪里？她说，幸福在日常生活的习惯中。什么样的习惯让你更幸福？你希望生活发生什么样的改变？一定要把想的写下来，写下来是第一要务，然后坚持30天，习惯就自然形成了。现在学校有很多活动是应付上级，没有传统，要把活动变成规律；有规律地举行活动，就能形成传统，只有传统才是最好的东西。她说，老师们每天放学前利用五分钟时间，让学生记下五件值得感激或快乐的事情，人的幸福感一定有改变。

什么是幸福？她先给我们讲解了幸福类型坐标图和心流通道图。她对幸福的定义是：快乐与意义的结合，即当前的快乐与未来的意义的结合。

下午，聆听了北大教育学院讲师、蔡元培研究会秘书长助理蔡磊砢博士的讲座，她是蔡元培的孙女。她讲的题目是"蔡元培的教育思想对当代的启示"。她首先对蔡元培的身世、人生简历作了介绍，对他的思想发展进行了讲解。随后介绍了蔡先生就任北大校长的几年内的一系列改革措施，为一所中国现代大学建设实现了良好的开端，并为其发展奠定了坚实的基础。最后重点介绍了蔡先生的教育思想和美育思想。

（2013-10-11，于北京锡华酒店）

尽力而为就好
——北大第四期"校长高研班"第三次集中学习心得三

学习的第三天，我们的教室搬到北大风景最好的区域——进西门左侧的外文楼。

上午的课程，由北大历史系教授阎步克博士主讲，题目是"从世卿世禄到选贤任能"，对我国古代的选官制度进行了简要讲解。这让我明白了我国的选官制度的演变过程，从周朝的世卿世禄到秦汉、魏晋、南北朝的察举制度，再到唐宋至明清时代的科举制度，一直在不断追求社会公平，削弱贵族官宦的特权，科举制度在中国发展完善坚持了一千多年，是有社会进步意义的，现在的考试制度也是在科举制度的基础上发展完善的结果。面对现在的高考制度改革，特别是自主招生考试，我们要认真思考如何改进。

下午的课程由北师大心理学院教授、北师大心理学院咨询与临床心理研究所所长刘翔平博士主讲，题目是"教师的职业倦怠与职业积极"，这也是我本次学习期待的一堂课，所得体会和感兴趣的内容记录如下。

职业倦怠是因对没有产生预期回报的事业长期奉献而带来的疲劳和挫折。比如老师对学生付出的感情永远大于学生对老师付出的感情，后进生往往比优生更感谢老师，因为好学生记忆好，记住了知识而忘记了老师。

最易引起心理不健康的职业排在前三位的分别是警察、医生和教师。警察因职业习惯容易把每个人假想为嫌疑人；医生长期跟病人打交道，容易产生冷漠的情绪；老师特别是中小学老师，老是跟学生较劲，其实学生是我们控制不了的，包括父母要控制孩子也是不可能的。如果一个孩子长期在老师和家长的控制下学习与生活，一定不会健康成长，心理一定会出问题。从中我们也可推测，凡是跟人打交道的职业都是不好做的职业，这些职业难以实现心理预期，容易产生职业倦怠。在这些群体中越是好强的人心理越容易出问题。

学校活动多，学生就快乐，学生情绪就积极。学校重要的任务就是要营造积极的情绪氛围，多开展活动。

产生职业倦怠的一个重要原因是传统环境。如考试分数的评比。每个学生的学习能力是不一样的，有的学生有学习障碍，主要是阅读障碍和注意力障碍。所以，学校要把每个学生培养成成绩优秀者是难以实现的，学校不能只抓分数，只要尽力而为就行，学校内老师之间、学生之间不能老是"比"。现在看来我在学校曾对老师们说"学生最多只能考5分，他考了5分，就要当成100分来看"是有道理的。所以我们"三小"不能老是和其他几个学校比分数，这没有意义，我们要做一些对学生、对家长、对社会有益的事，让学校和学生有自己的特色。正如昨天林教授所说，优秀学生、有学习天分的学生是一个区域内的共同资源，不是哪个学校的，因为这样的学生的出现是一个概率事件。记得去年六年级考试前，我对老师们讲，不管考到什么结果，只要我们尽力就行。在几次学生集会上讲，"三小"的全体师生"要做更好的自己"，何必一定要和别人比呢？努力就好，尽力就行。

成功是外在的目标实现，幸福是内在的目标。成功与家庭背景、专业技能、运气和动机有关；幸福与生活满意度、人际关系有关。成功是别人给自己的定义，幸福才是自己内心的真实感受，把钱给别人花比给自己花得到的幸福感更高。

在追寻幸福的道路上，要积极指向三个"学会"：一是学会遗忘。"记忆好是把双刃剑"，很多时候放不下，"难得糊涂"就是幸福。二是学会原谅。宽容的心理基础是牺牲，不公正有时是无法避免的。三是要学会感恩。

提升满意度的方法：一是回忆美好的经验，如记住自己感到美好的事情。二是学会品味，如遇见好风景就认真看看，遇到好吃的就细细品味，好音乐就多听听，好作品就多看看。三是学会发挥优势，尽量找机会展示自己的特长。四是提高积极率，不论在什么场合，对什么人，讲好的方面要占到3，不好的占到1，好心情占到3，不好的心情占到1。不要一开会就老讲不对的，要多讲做得好的。回到家中要多谈高兴的话题，少讲不高兴的话题。

幸福是什么？幸福是积极、快乐工作的结果。

（2013-10-12，于北京锡华酒店）

在交流中学习
——北大第四期"校长高研班"第三次集中学习心得四

今天进入学习的第五天，由班委会组织，第三期和第四期两个班的学员一起在北大正大国际会议中心举行论坛活动。本次论坛交流的主题是"我的办学理念与实践"，全体学员必须发言。今天本来安排了十名学员作主题发言，然后学员互动交流，我恰好被安排在第十位，但由于时间太晚，我改在下次论坛第一位发言。

河北李宏远是一位民办学校校长。他在乡镇上办了几所民办学校，很有特色。他的学校把"第一"和"唯一"作为追求，教育质量要第一，办学特色和为学生服务不但要寻求"第一"，更要"唯一"。特别是他们把德育课和体育课作为统考科目，和升学考试科目同等重视，落实得非常到位，值得我们学习。

鲁军校长是河南一所公办学校校长。该学校的文化主题是"阳光教育"。他有几个做法我很感兴趣：学校里有个标志墙，把常识集中展示出来，让学生从小记住；为了发挥集体备课的作用，增强集体荣誉感和凝聚力，一个学科组内平均分在班级之间的差距超过3分的，所有老师不评优秀，不表彰；学校层面只评比"阳光学生"和"阅读之星"，其他表彰全部下放到年级组和班级内。

韦霞校长是江苏连云港外国语学校的校长。他们学校每学期都要开展学科文化周活动；为了加强家校配合，家长进班会课，班级建立QQ群，老师用相机或手机及时拍下班级和学生的照片、视频上传到群里，让家长随时了解到班级情况，并且每学期给班上每个学生建立一份电子档案，学期结束时送给家长；所开展的教师教学"七个一"活动，也很有借鉴意义。

重庆外国语学校曾义容校长高度重视课程建设、国家课程校本化，大力开发校本课程、学校顶层设计，教师人人参与，成效突出；狠抓课堂教学改革，紧紧抓住课堂的"教学目标、学生和老师活动安排、评价"三个基本要素进行研究，提高了课堂效率。

湖北随州熊仕容校长所在学校是双语学校，英语教学特色明显，学校开设了由外教任教的口语课，天天、周周、期期都有分级别的"英语风采大赛"；其他学科围绕课程内容开展课前5分钟活动，形式多样，既巩固了知识，又锻炼了能力。

总之，通过交流，我才发现自己与他们的差距还很大，还需要加强学习。

（2013-10-14，于北京锡华酒店）

不能缺少生命的冬天
——北大第四期"校长高研班"第三次集中学习心得五

开展了两天的活动后，我们今天继续在北大的外文楼阶梯教室听课。

上午的课程，由北大心理咨询与治疗中心主任方新博士主讲，她是国际催眠学会（ISH）唯一的中国委员，主讲的题目是"校园心理危机的干预与管理"。

她说，心理学是人类生存经验的传递，心理咨询可以让人生活得更好。怎样理解优秀？人来到这个世界只是为了学习，为了工作？优秀不等于分数高，学习不是最重要的，心理健康、综合能力和对世界的理解才是最重要的。现在的孩子很多时候都在干自己不喜欢干的事情，用于干自己喜欢的事情的时间太少。儿童应该多干自己喜欢干的事，成人要干自己应该干的事，同时成人也应干些儿童喜欢干的事，这样人才不会活得太累。

听了她的课，我觉得学校要把"让老师和学生都健康"作为最重要的价值追求。方新老师说，学校应开设生命教育和生命意义的相关课程。春天是万物萌发的季节，夏天是生长的季节，秋天是成熟的季节，冬天是蕴藏能量的季节。人的生命不也要经历这样的轮回吗？该休息的时候必须休息，老师和学生的生命不能缺少冬天！

对校园危机正确理解应该是：坏事可以转变为资源利用，这样就没有坏事情。

下午，由北京师范大学博士生导师曾晓东教授主讲，题目是"民办教育的投融资——制度建设的目标和关键构件"，与公办学校关系不太大，但我还是学到了一些新知识。

政府对民办学校的管理是依法管理，对公办学校的管理是行政管理。

"汉堡包课程"是好看但没有营养的课程。这种说法我是第一次听到。现在的社会是供给导向的社会，"大规模不合作博弈"（如办酒席、补课）社会现象。

"凡是大树存在的地方，小草就长不起来。"这话有道理，对于学校管理也有借鉴意义。

（2013-10-15）

教育的问题在观念不在技术
——北大第四期"校长高研班"第三次集中学习心得六

今天所学习的两个专题内容，都是关于国际关系与中国政治的话题，看起来与教育的关系不很直接，但留给我们教育工作者的思考还是很多的，最深的感触就是"教育的问题在观念不在技术"。

上午，由北京大学国际关系学院博士生导师王正毅教授主讲，题目是"世界体系、国家兴衰与中国崛起"。

在讲主题之前，他先提出一个问题："如何评价一所大学的质量？"他认为，这要看大学培养的毕业生20年后是不是国际社会和国内社会的中坚力量。从中学来的学生质量看，中学的教育质量至关重要，特别是要树立科学的人才观。他认为人才有三个标准：一是要有知识，这是最基本的，知识不是靠老师教出来的，现在的中学还做得远远不够；二是要有智慧，这种智慧不是教的，而是要学生自己把所学的知识转化成智慧；三是要有情趣，特别要有生活的情趣。

进入主题后，他又提出一个问题：我们与世界接轨，这个世界是什么？是美国吗？是西方吗？通过他的讲解，我明白了以下几个新问题。

由资本主导的世界已有500多年的历史，期间有两次地理大发现。第一次是1500年至1750年，由荷兰主导资本世界，实现了第一次地理大发现，不断扩大他们的生存空间，实现他们的资本积累；第二次是从1945年起由美国主导的资本世界，实现了第二次地理大发现，在全球范围内扩大他们的生存空间，实现他们的经济持续发展。这两次的区别和共同点是什么？共同点是都是为了扩大生存空间，掠夺资源；不同的是，第一次是有形的生存空间和资源，而第二次是以无形的空间和资源为主。

1500年至1750年资本体制世界由荷兰主导，靠的是中间贸易，核心是资本（第一次有了银行这个金融服务业）；1750年到1945年由英国主导，靠的是工业技术和科技人才，工业革命促进了剑桥和牛津大学的发展，两所大学的发展又为他们提供了强大的人才支持；从1945年起由美国主导，靠的是信息技术革命。未来将由谁来挑战美国的主导地位？首先由苏联向美国发起挑战，最终以冷战结束、苏联解体而失败；其后由日本挑战，特别是在纺织、家电、电子产品、汽车等方面向美国挑战，发生多次贸易摩擦，但是美国后来发起信息技术革命，IT产业迅速发展，日本败下阵来。未来中国能取代美国的地位吗？我们靠什么向美国发起挑战？我们凭什么来主导这个世界？现在全世界都在讨论中国什么时候取代美国的主导地位，有人预测2035年可以。但是中国能改变世界规则吗？改变什么规则，建立什么新秩序？这将是一个未知的结果。

有人说美国政府关门了，奥巴马没有钱来参加东盟会议，现在的美国经济衰退了，但是他认为并没有衰退。原因是美国经济利用外包，是24小时在运转，没有哪个国家是这样的，高附加值的产业全由他们自己做，低附加值的事全部由其他国家做。

中国正处于转型期。转型期国家战略目标有三点：一是国家安全，二是追求经济的增长，三是社会稳定。当前经济发展中我们做得最差的就是金融服务业，这个行业的水平不上去，很难实现经济增长水平。

下午，由清华大学社会学系教授孙立平博导主讲，题目是"'十八大'与未来十年中国的改革与发展"。他讲了三个问题。

第一，站在历史的高度理解十八大后中国的改革与发展。他说十八大是改革开放以来第二次重要的会。第一次是十一大，开启了改革开放的30年；十八大将开启另外一个30年。这30年面临很多社会问题，如何走是当前政府面临的最大挑战。其中特别是公平与正义的问题，是一个不得不解决的问题。

第二，走出转型社会，究竟要解决哪些问题？一是要转变发展方式，体现公平、公正，解决好利益分配、贫富差距问题，建立良好的社会生态。二是要转变社会治理模式，实现依法治国。三是要解决社会深层问题，遏制腐败现象。要重视社会基础秩序的建立，基础秩序就是这个社会的根，如同基础设施。当基础秩序完善了，表层制度层面就越简单越好。

第三，在社会进步的视野中重新思考中国的改革与发展。改革开放前30年的成果是建立了社会主义市场经济，接下来的30年将建立公平与正义的社会。

最后孙老师提出了一个问题：我们这一代人把资源用完了，把水都污染了，给子孙后代留下多少财富，留下多少生存空间？后人如何来评价我们这一代人？唯一给子孙留下的是城市建筑，但是几十年后，它们将变成什么？变成了没有地方处理的垃圾！

面对这些课题，我们教育者如何思考我们的工作？

（2013-10-16）

改到深处是课程
——中小学课程领导力提升培训心得

11月21日至23日，成都国基教育培训中心在成都空军礼堂举办了"中小学课程领导力提升高级研修班"，我有幸参加了这次培训。我对学校课程实施的思考和研究由来已久，特别是在教育局基础教育股工作期间阅读了很多文章，进入"三小"后进一步探索，开始构建学校的课程体系。在思考的过程中，还有很多的问题我没有想明白，虽然设计了一个初步方案，但还是无从下手。接到培训通知后，我便充满期待。通过培训，我的思路逐渐清晰，信心更加坚定，能力得到提升。

一

首都师范大学王云峰教授作了题为"中小学课程建设的理念与实践"的报告。报告围绕"什么是思考课程问题的原点？""如何实现学校课程发展"两个基本问题展开。王老师认为，思考课程问题的原点只有一个——人，课程必须指向人，并且是指向未来的人。学校教育要培养未来社会需要的现代中国人，课程设计必须考虑未来社会对人的基本素养要求。也就是说，课程追求的起点是培养现代化的中国人。人的基本素养应包括道德修养、审美素养、人文素养、语言与数学（基础工具）素养、科学素养、运动与健康素养六个方面。开发校本课程一定要指向这六个方面，要认真分析学生的需求，结合可以整合的各种资源，尽可能多地满足提升学生基本素养的要求；对准备开发的课程一定要追问：价值是什么？与学生有什么关系？

过去，我认为课程是学校给学生提供的经验与活动的总和，后来发现学校的环境也是课程，教师本身也是课程，课程的外延还不只是经验与活动。通过培训，我知道了"课程是学生全部学校生活的总和"，全部的学校生活更加准确地界定了课程的外延。

有了这些基本认识，我们才知道国家课程校本化实施和开发校本课程的出发点、路径、落脚点，以及课程内容如何选择、课程实施如何管理。鉴于此，我校原先的课程体系还需要细化。

二

北京中关村四小李晓琦校长重点介绍了"儿童本位"课程。在他们的理解中，课程是孩子学习的支持系统，包括内容、时间、空间，课程是学生学校生活的总和。"四小"确立的教育哲学是"儿童站在正中央"，每个人都是重要的；"忠于祖国，做负责任的未来公民"是中关村四小的校训。他们的校本课程有人物课程、自治课程、校园节日课程、慈善课程、体验课程等。他们是这样理解课程资源的：学校的所有空间都是教室，要构建自己独特的教室、自己独特的课堂；学生也是课程资源，高年级学生到低年级做"实习班主任"；管理也是课程，把校园交给孩子们来管理。

课程建设要指向学生，以学生为中心，中关村四小是很好的学习样板。他们的"头脑风暴"给我们以启示，要做好课程开发，首先必须洗脑，教师是课程开发的主体，要理解学校顶层设计的课程体系是什么，为什么，怎么做。教师是开发课程的前提。认识不到位，思想不统一，是搞不好课程建设的。没有很好的课程，学校就不会有鲜明的特色，不会有很好的教育质量。通过培训，我也明白了一个道理：教师一定会伴随学校课程一起成长，并且这是一条最佳路径。

课程建设是我们学校今年的五大重点工程之一，并将在一个较长阶段作为一项重点工作来抓。今年已经完成了学校课程体系顶层设计的初稿，下一步工作将是培训，培训后就是对体系的细化。

三

上海市的新课程改革走在全国的前面，在课程建设上有很多成功的案例值得我们学习。上海市江宁学校吴庆琳校长作了题为"优化课程，为实现每一个学生的全面发展提供可能"的报告。课程是什么？吴校长认为：课程是跑道，课程是老师，课程是奔跑。他们提出了"不一定第一，但绝对唯一"的办学思想。学校的课程建设就是要构建"以学习者为中心"的学习环境。他们构建了"3+2X"课程体系。"3"代表了基础性课程、限定性拓展课程和限定性探究课程，

"2X"代表了选择性拓展课程和选择性探究课程。教学组织形式有学科分层走班、主题式混龄走班、长课时小组合作学习、长短课时、主题协同教学、个别化教学等。

他们开发的有些课例对我们很有启发意义。如,心理课"开口向陌生人借一元钱",环保课"参观污水处理厂",每个毕业生做一个数字故事的幻灯片(PPT)。他们同样推行了班级自治管理。

(2013-11-23)

挂职跟岗学习随笔(一)

根据北大教育家型校长高级研修班的课程安排,3月24日至3月28日,我们第三期和第四期的学员共六名分在一个小组,在延安东方红学校孙毅校长的带领下,到北京海淀区玉泉小学"挂职跟岗"学习。

玉泉小学于1960年建校,原名"解放军政治学院(现国防大学)子弟小学",主要解决教官子女入学问题。1967年政治学院子弟小学划归北京海淀区教育部门管理,更名为"玉泉小学"。

学校校长高峰三年前被人才引进到该校。高峰曾任山东省东营市胜利第四小学校长,兼任潍坊市北海双语学校校长和潍坊幸福教育联盟学校总校长。

早上7点,我们匆忙起床,吃过早饭,8点准时出发赶往学校。学生已全部到教室,老师也到位了,校长正在组织召开管理例会。我们被接待人员安排到"教师中心"(一间教室大小的会议室),十来位教师已经坐在里面了。经介绍,这十几位教师是长春市宽城区选派的分管教学工作的副校长,来这里进行两个月的学习,已经来了有一个月了。利用学校召开例会的简短时间,我们和长春来的校长们进行了交流,主要由他们给我们介绍情况。从他们的介绍中,我们初步了解到这个学校最大的特点是重视顶层设计,一切工作都有深入的思考,并形成具体的实施方案,经校委会决策后实施;这个学校的特色是"幸福教育",将"让每一个孩子拥有一个幸福的人生"作为教育追求;这个学校管理重心完全下移,加大了级(部)主任的人权、财权;学校中层不叫处室,而改为室部,设立了六个室部,分别是课程发展部、适性课程部、学生发展部、后勤服务部、督导评价部、校务办公室,前三个是技术部门,后三个是服务部门;学校的一切活动皆视为课程,国家课程校本化和校本课程开发做得非常有特色。最后这一点是我非常感兴趣的。

9:45至10:15,参加了学校的全体师生校会。校会由大队委两名学生干部主持,分为四个板块。第一个板块是升旗仪式,首先是六位升旗手分别讲话,接着校长为升旗手佩戴授带;接着出旗,由一个班的学生护旗;最后是升旗,辅导员、少先队员行队礼,全体师生唱国歌。第二个板块是温馨提示,主题是"与诗歌同行"征文。第三个板块是值周总结,由大队委干部负责总结,通报了各项做得不好的班级,表扬做得好的班级。第四个板块是幸福时刻,通报了受区表彰的四十多名"三好学生",校长向他们颁发了证书,合影留念。校会结束,全体同学踏着音乐节拍,有序解散。

10:20至11:00,我们到六年级七班教室听了一堂语文课《大自然的秘密》。这堂课加强学生"尊重自然规律"的教育,并重点学习了对比的写作方法。

11:00,学生还在上课,我们先到教师食堂进午餐,每人20元。他们学校的老师早餐、午餐不收费,晚餐要收费。学生全部在学校用午餐,由食堂工人把学生餐送到每个教室。

13:10至13:50,我们到第二音乐教室听了曹老师讲《京调》一课,其中有一个学生对京剧的了解给我们留下了很深的印象。玉泉小学的民乐团还赴瑞典学校演出过。同一时间,参加上午听课的老师在教师中心进行评课,这一课的内容本周还有两位不同老师讲。

14:15至17:00,我们到"教师中心"听高峰校长做报告。报告围绕"学校是什么?""什么是好的教学?"两个问题展开,中途我们还停下来观摩了学校的安全疏散演练。

17:00,高校长还要开级部主任会议,我们也结束了第一天的学习。

(2014-03-24)

挂职跟岗学习随笔（二）

今天，为了看看学生上学的情况，我们不到7点便来到学校。值班领导、教师和保安在校门口值班。在校门内，两位同学手里拿着一个文件夹，文件夹里有一张表，记录着对班级学生的行为常规考核。学生进校后，直接进入教室，开始早读，每个教室老师早早到位等候学生。

上午我们到玉泉小学分校去看看。分校离本校只有5分钟的路程，分校安排一、四年级，本部安排二、三、五、六年级。两校的环境风格基本相同。玉泉小学的廊道文化很有特色，与山东济师附小类似，不过玉泉做得更好之处是廊道里到处是书，随手就可拿到，但通过观察，在走廊里看书的同学很少。

8:50至9:30，又回到本部，正巧赶上长春学习的校长们参观校史馆，我们也顺便参与其中。通过讲解员对图片墙的讲解，我感受到，玉泉小学把一切活动都上升到课程高度，活动课程化，活动系统化。如，每年评选"十大好玩课程"，五年级要开军训课程，六年级有离校课程，一年级在8月下旬开设新生入校课程（培训家长—培训学生—六年级学生牵手新生走红地毯入校），另外还有远足课程、亲子课程。学校为了去行政化，推行学术治校，成立了由教师组成的"学校决策团"。"学校决策团"有别于校委会，校委会只负责制订方案，决策权交给教师，如果决策团没通过就一定不会实施。为了打造学校文化，学校成立了文化研究院，文化建设方案全由研究院决定。学校还设立了级部，级部主任竞争上岗，教师与级部实行"双选"。

9:45至10:15，本应是学生做课间操的时间，但因区教育局通知"雾霾橙色预警"，课间操取消了。眼保健操后，学生全部在教室由班主任安排，有些班在开班会，有些班在组织学生做作业，有些班的老师在讲课。

10:30至11:30，在教师中心，课程发展部张爱平主任向我们介绍了学校语文课程校本化实施的情况。在我的理解中，他们主要做了两项工作，一是实行了单元整体教学，二是开发了《趣味识字》和《语文幸福课》两本校本教材。他们总结出了七种课型，每个单元通过教师的研究后确定采用哪种课型来实施。他们的阅读抓得相当不错，每位学生都有一个手册，上面有实施方案、读书登记、在家和在校阅读篇目，工作做得相当扎实。他们将"思维图"引进课堂教学，大大提高了课堂效率。

13:30至14:30，在教师中心，课程发展部邓宝剑主任向我们介绍学校数学课程校本化实施情况。他们重点做了三项工作：一是引桥课程的研发与使用，二是"节点突破"的教学研究，三是校本题库建设。引桥课程开发了三本校本教材：《数学识字》《数学阅读》《数学游戏》，每周安排一节课落实。学校建立了试题库，随机组题，实施同年级单元过关考试，相关监测工作进行得相当认真。

15:15至16:30，在学校的会议中心，"听"辅导员杂志社的总编柯英老师的报告，题为"开好少先队活动课，推动少先队活动课程建设"，学校所有教师参加了学习。团中央出台了《少先队活动课程指导纲要（试行）》，对各年级的活动主题确定了具体的内容，少先队辅导员必须认真研究这个文件，加强少先队员对少先队知识的理解和接收。他的报告让我们对如何做好少先队工作、如何融入学校德育工作有了更加清晰的思路。

（2014-03-25）

挂职跟岗学习随笔（三）

今天与昨天一样，7点起床，8点进校。当我们来到学校时，学生已基本上全部进教室里早读。上午一、二节课时，共给我们安排了四节随堂课选择听，我选择听了一堂五年级的数学课观摩。这堂课由我们四川达州籍的老乡王清碧老师讲《长方体的体积》。王老师这堂课水平很高，把学习的权利交给了学生，学生在自己的探索中发现长方体的体积计算办法。唯一有点遗憾的是这个探索的过程做得还不够细致。

第二节我们深入五年级的资源教室，看看他们如何走班。五年级共两间数学资源教室，每个教室里面摆放了不少数学学具、教具，可以看出学校向我们真正把一切方便学生、方便教学作为管理原则。这种走班是因资源走班，还不是分层走班。根据高峰校长下午介绍，他们正在研究分层走班问题。

10:30至11:30，我们又回到教师中心，课程发展部闫红燕主任向我们介绍"英语课程校本化"（课程发展部三位主任，分别负责语、数、外三门学科）。在校本化实施过程中，学校抓了三个方面的工作：一是扩大英语教学时空，增加各年级周课时数，一、二年级每周三节，三至六年级每周四节，开设了外教课，推行了双语教学；二是利用课外活动和校园文化，推进英语校本化；三是提供优质的教研活动，促进校本课程建设。

13:30至14:30，在高峰校长办公室，我们聆听了他关于玉泉小学课程建设的顶层设计报告。题目是"用课程改造我们的学校"。他自2011年来学校后，经过半年调研，做的第一件大事就是制定了《北京玉泉小学发展纲要》，在纲要的基础上研究学校的文化系统和课程体系。这些都是在一个体系内。

每周三下午，是学生玩的时间，校级有社团，级部有各种兴趣班。14:30至16:00，我们重点参观了校级社团：合唱团、民乐团、篮球队、机器人社团、舞蹈社团等，各年级的兴趣班就太多了，各个级部各有不同，全校1 800名学生人人参加，所有教师也参与，完全打破了原有班级团体，整个校园充满了生机与活力。立足孩子的天性和本质来思考课程，课程要与学校传统、地域资源结合，这是玉泉课程建设给我们的启示。

19:00，我们还参观了六年级学生家长培训会——"家长夜校"。

（2014-03-26）

挂职跟岗学习随笔（四）

今天的任务相对轻松一些。

8:50至9:30，在数学资源教室听五年级三班上数学课，由王文革老师讲《长方体的体积》，这个内容王清碧老师昨天也上过，明天有一位老师还要上这个内容，这是他们的"同课递进"教研活动。这堂课经过级部教研室磨课后，明显改进了不少，效果也好了许多。利用下课后的大课间，教研室的老师们再一次磨课，为下一堂课作准备。

10:20至11:00，我们到六年级四班听牛瑞玲老师讲《大自然的秘密》，这个内容本周六年级组是第三位老师讲了,是六级部语文教研室开展的"同课异构"活动。和星期一听的课相比较,各有特点,各有侧重,都非常优秀。

13:30至15:00,我们学习考察团举行了座谈会,畅谈学习心得。15:00至16:00,在高峰校长办公室,聆听他关于如何建设学校的治理结构、保证学校工作有序运行、保障学校加快发展的报告。

等高峰校长接见几位家长后,我们在他办公室与他一起合影。随后他把自己的著作《重新发现学校》签名赠送给我们每人一本。

(2014-03-27)

挂职跟岗学习小结

根据北大的安排,从3月24至28日,我们在玉泉小学跟岗学习一周。时间很快就过去了,这一周是忙碌的一周,是劳累的一周,更是收获的一周。这一周我深入参与了以下活动:

1. 向高峰校长近距离学习,聆听了他的治校方略。5天中,分别于周一、周三和周四在他办公室,与他一起座谈,听他讲他的教育历程,他的"玉泉嬗变",听他讲如何制定学校发展规划,如何顶层设计校园文化,如何系统设计课程体系,如何设计学校治理结构。

2. 与学校中层部门负责人近距离对话,学习玉泉的课程建设。一周中,我们先后与课程发展部、适性课程部、学生发展部的几位主任进行了交流,学习了玉泉小学"语文课程校本化""数学课程校本化""英语课程校本化""适性课程建设"等课程开发的具体做法。

3. 深入课堂,深入教师,学习如何使课程有效落地。一周来,我们聆听了三节由三位老师"同课异构"的六年级语文《大自然的秘密》,两节五年级不同老师上的"同课递进"课《长方体体积》,还听了一节音乐课《京调》、一节美术课《恐龙的世界》、一节体育课《短跑》。

4. 观摩了自主选修课程的实施情况。星期三下午,全校师生参加自主选修课程,我们走进了本部和分校所有普通教室和功能教室,走进学校的活动场地。

学生要么参加学校社团,要么参加级部兴趣班、特色班,每班有两个辅导老师,没有一个学生和老师落下,整个校园充满了生机和活力。

5. 深入校会、安全疏散演练、少先队工作培训活动,学习他们如何把学校的活动课程化,如何落实"学校一切皆课程"的理念。

通过学习,我对以下三点体会最为深刻:

第一,校长对学校的管理,首先是思想的管理。校长加强顶层设计,系统设计学校的发展规划、校园文化,让一切教育教学行为、教职员工的思想统一到校长的办学主张中来,形成共同的价值观与愿景,是玉泉小学近三年来跨越发展的基本路径,是可供借鉴的成功经验。

第二,课程才是学校的核心竞争力。高峰校长到玉泉小学三年时间,除完成学校顶层设计外,把课程建设放在重中之重的位置,经过两年的努力,特色已经彰显。

第三,建设合理的治理结构,是学校有序推动工作,实现持续发展、和谐发展的保障。高峰校长到玉泉后,进一步理顺学校的党政关系,取消了原有机构,设立了课程发展部、适性课程部、学生发展部、后勤服务部、督导评价部和校务办公室,一切为学生服务,为课程建设服务。

学习时间是短暂的,收获是巨大的。我还需要结合本校的实际,再反复思考,才能有机消化,学以致用,为通江教育的发展做出努力。

(2014-03-28)

为了山区孩子的微笑
——第五届中国贫困山区优秀校长国际领导力奖学金项目学习心得

在启动仪式上的发言

尊敬的各位嘉宾,各位老师,各位同仁:

很荣幸入选"中国贫困山区优秀校长国际领导力奖学金项目",作为第五期参训学员,也很荣幸代表全体学员发言。我们来自贫困地区,我们缺校舍,缺设施，缺师资，但是这些都不是最根本的，我们最需要的是思想，是智慧。没有思想的教育不是真教育，有思想的校长才是好校长。

对这次培训，我们满怀期待。我们为丰富思想而来，为解决困惑而来。期待与专家的相会，期待在首都和大师对话。通过培训，我们想达到"站在高处看教育，跳出教育看教育"的目的。

同时，我也代表全体学员表态：第一，认真学习。认真听老师讲课，积极与老师互动；认真向伙伴学习，积极交流讨论。第二，遵守纪律。全身心投入这次学习，静下心来悟道，当好一名学生，严格遵守作息时间和培训纪律要求，听从安排，服从指挥。第三，不断反思。我们会边学习边思考，结合学校自身实际情况，把学到的知识、理念与思想，融会贯通。让我们的学习成果影响山区孩子，为贫困山区的教育梦想而努力，为我们自己的精彩教育人生而奋斗。让我们山里的孩子都微笑起来！

破冰：我们成了一家人

26日晚，所有参训校长学员陆续抵达。27日上午，在志愿者孙国徽的主持下，我们开始了第一课——破冰。

首先，志愿者一一作了介绍：付敬、国徽、翠翠、青虹、青云姐妹，西村和他的未婚妻西村王俊，罗丽婕，还有老乡郑静，模联活动中外交学院的大学生志愿者何娟、孙小惠。还有帮助了我们的朋友：远程授课中的美女翻译，到人民大会堂聆听音乐会时跑前跑后为我们服务的郑静的两位朋友，到五道口感受北京夜酒吧的风情时陪伴我们的翠翠的朋友。

接下来，我们来自四川、云南、青海、河南、安徽、黑龙江等七个省的15位校长分别作了自我介绍。在这个大家庭里，有大气深邃的范长山校长、朴实认真的毛俊峰校长、友善执着的韦婷校长、敢于担当的孟庆杰校长、沉着稳重的王峰校长、充满活力的钱冬冬校长、思辨直率的袁兴龙校长、谦逊和蔼的周首忠校长、朴实谦和的夏吾仁青校长、豁达稳重的代明国校长、知性内秀的陈丽红校长、能歌善舞的桑杰扎西校长、激情坚定的田青梅校长。在这个大家庭里，我们彼此信任，坦诚相待，相互支撑，共同进步。

接着，国徽同志把我们分成两组，做了一个互动游戏。在游戏中，不知不觉中，我们没有了距离，心灵更加交融。

为了增强我们这个团队成员的团体意识，国徽同志把我们分成三个小组，每个小组围坐在一起，讨论小组的名称、口号、组歌，并现场展示、交流。我们第三小组取名为"兄妹彩虹队"，口号是"站高望远，放飞梦想"，组歌是《相聚在北京》。

最后，三个小组分别讨论有关教育的五个问题，问题主要集中在管理体制、留守儿童、办学条件、队伍建设、风险管理、教育均衡、培养目标等方面。

在愉悦的体验中，在深入的思考中，在激情的讨论中，我们结束了幸福的第一课。

下午两点钟，举行了简单而隆重的开班仪式，仪式仍由国徽同志主持。中国民间组织合作促进会黄浩明秘书长、国家自然科学基金会中德中心赵妙根副主任、华南师大王红教授、项目发起人之一的美国龙安集团创始人饶及人董事长和中国日报资深记者付敬出席会议并讲话。青云作为志愿者代表，我作为学员代表发言。仪式很简单，没有鲜花，没有红地毯，没有主席台，但内容很高端，学员们对接下来的内容非常期待。

学习：为我们提供了丰富的思想盛宴

在《科学的昨天、今天和明天》这一课里，中科院理学博士王渝生老师告诉我们什么是科学，告诫我们"五岁的孩子是天生的科学家，科学家是长不大的孩子"，保护好学生的好奇心和求知欲比分数更重要。不以分数给学生排名，不以分数简单地考核老师，这是我们应该做到的，是不需要努力就能做到的。王老师还说，世界上没有什么比得上科学和文学对人类的帮助。我想是文学的丰富想象力为科学插上了飞翔的翅膀吧。

华南师大基础教育与培训学院副院长王红老师作了题为"从中美比较反思中国基础教育改革"的报告。"我们培养了很多才，确没培养出很多人。""看到最真实的学生生命状态，才是对参观者的尊重（美国教育同行是这样认为的）。""和美国比，我们为什么赢在了起点，却输在了终点呢？""美国的大学最看重学生的社会责任感。""把答案给学生是对学生思维的束缚，而我们的教育就是在不断地给学生标准答案，学生也在不断地与标准答案比较。""九岁之前是孩子的想象力的最佳培养期。"（所以小学不能让知识把学生装得满满的，要留给学生想象的空间，不是知识越多越好）这些话，一次又一次触动着我。王红老师说，中美教育最根本的不同在于目标不同：中国是以知识导向为目标，让学生"学会"；美国是以能力导向为目标，让学生"会学"。她还指出，美国和中国对"基础"的理解是不一样的，对孩子来说最重要的基础应该是热爱、好奇、自信、好学、想象力、质疑（善提问、敢提问）。这些基础比知识更重要，我们的基础教育并非是越多、越深、越难、越快越好，我们更需要有独立人格、自由思想、质疑和批判精神的现代人，这才是具有良好基础的人。我觉得，老师的任务就是帮助学生提出问题，并且要提出有价值的问题。王老师还说，教师专业化的进程中，应重点提高两方面的能力：一是学会提问，二是把握孩子的认知规律。我觉得老师要着重提高帮助学生提出问题的能力，给学生搭建质疑、批判的平台。王老师还给我们讲了一个新概念"思维课堂"，并且已经有了教学模式，这是我们以后要认真研究的。最后，王老师问：现实中我们的基础教育能做什么呢？他建议：不问客观，从"我"做起，以内在良心而不是以外在的评估驱动思考学校的教育工作，实现从培养才到培养人的转变，带上镣铐跳出优美的舞蹈来。其中让我感受最深的一句话是："当一个人要成为你的家人（爱人、儿媳妇或女婿）时，你希望他（她）是什么样的，我们的教育目标就应制定成什么内容。"

中央电视台《天气预报》节目主持人冯殊为我们讲授了关于泥石流、雷电、地震等地质灾害方面的防御知识。他还热心公益事业，"我和冯殊去支教"就是他倡导的一个公益活动。我提出了建一个心理咨询室的想法，希望得到他的援助。

视情教育创始人、中国多元智能教育协会副会长张巨河老师亲临讲课，题目是"学校发展的蓝海战略——开发多元智能的视情教育策略"很是令人期待。他的很多话让人回味无穷："志愿者的力量是强大的""把家长的资源用好是学校发展的蓝海战略""语文老师是用语文学科工具和特点来挖掘学生潜能的人，而不是教语文的人""老师也要把孩子教育好""爱他人（孩子、学生）就是要帮助他变得更好""每个人设目标与不设目标是不一样的"。他说我们要学会设立目标，设立目标有七个要求：必须是设立人自己想要的，必须是经过努力才能实现的，实现后对设立人是有好处的，必须坚信能实现的，必须是可数的，必须是可以解释的，目标是可以不实现的。特别是最后一点很重要，一定要把目标的结果与简单、快乐、幸福、美好联系在一起，否则就没有意义。关于挫折教育，他认为不能给孩子制造挫折，但可以对孩子进行挫折教育；挫折教育的主要内容一是规避挫折，二是如何在挫折中不受伤害，三在挫折不能成为灾难。他还指出：人生每时每刻做出的选择都是最佳选择。选择之后，一是要百分之百地坚信，二是要全情投入，三是要全力以赴。最后，他指出，视情教育的目标是"培养有创造力的健康人"。经申请，他同意我校加入他们的"视情教育"项目，前提是学校要全力以赴地去做。

著名音乐评论家、中国国际合唱节艺术总监刘雪枫老师给我们讲"音乐给生活带来了什么"。他说，"音乐是一切科学之母"，"人和音乐之间是缘分"，"音乐与心灵走得最近"，"科学家基本上都是音乐爱好者"，"天才往往看起来都很傻"，还向我们普及了交响乐、歌剧等方面的基本知识。

30日晚上，我们在中德中心会议室聆听了前世界自然基金会（WWF）全球顾问、瑞典21世纪前沿创始人丹尼斯·派姆林（Dennis Pamlin）的讲课，题目是"全媒体时代学校面临的挑战与机遇"。他告诉了我们未来教育变革的方向主要集中在九个方面：教材更加多元多渠道；互联网让学校与家长沟通更多元；教室发生巨大变化，学习地方无处不在，在老师的指导下学校教室可以承载更多的教学内容；考核学生重在学生的创意和批判能力，考核办法更加多样；学校将全天候向学生开放，让学生喜欢在学校里；教师更像教练和导师，不仅仅是传授知识，这既是机遇也是挑战；校长角色将发生转变。他还说，麻省理工学院的"开放课程"有50万学生，"可汗学院"颠覆了传统课堂和教学模式，"反向教学或反转课堂"成为新的教学方式，学习发生革命性变化，学生自主学习成为必然，在家可以有选择地学习课程，而在学校做作业。"手机学习功能更强大"，学生可以在手机上观看课程视频，并可反复看、有选择地看。学生不再有统一的课程表，可以自己规划一天的时间，老师也可以通过手机追踪每个学生的学习情况并进行考核。丹尼斯指出校长应关注的五个问题：一是如何看待校长的责任；二是以学生为导向关注学生的生活和需求，以学生为中心调整和改变学校及管理方式；三是过去是通过教材获取信息，现在是海量信息，关键是要辨析；四是教室变成学生激发创造力的地方，重新确定教室功能；五是教育变得更加个性化，量身打造要针对每个学生，而不只是针对一个班级。他说，未来十年非常重要，更多的是机遇，变革是无法阻止，我们只有适应。

体验式培训，这是新精英高校事业部总监李春雨老师给我们带来全新的授课方式。他首先让我们每人围绕"教学法和教师团队建设"提出一个今天对课堂的期待，他边听边将其编辑到幻灯片中，然后根据需求临时调整授课内容。他让我们全体学员围在他身边，进入他的一个故事，让我们在故事中作三次选择并说出理由，在游戏中体验与感悟。让我们对体验培训有了更直观的感受。接着教给我们"四W备课法"。"四W"即"他们是谁？""他们想要什么？""我有什么？""通过哪些方式向他们传递？"我们被分成三组，每组按他教给的方法利用十分钟制定一个"小学生课堂最佳模式"并进行交流。两个活动告诉我们一个道理，就是我们要把受教育者放在中心，充分了解他们的需要才是出发点，也是落脚点；要让受教育者参与体验和感悟，并且还要有高峰体验的快乐。归结起来就一句话："了解对面的人比自己想办法改变他更重要！"

国家气候中心首席科学家姜彤老师给我们讲了"全球气候变化与应对"。这堂课除关于气候相关知识得到了进一步普及外，收获最大的一点是校长应具有风险意识，树立正确的风险观，对风险结果的不可预知才是最大的风险。最后，姜彤老师建议我们读读《黑天鹅》这本书。

青海格桑花教育救助会副理事长、创始人戴玮向我们介绍了格桑花教育救助会的发起、发展情况，并分享了他们助学的一些故事，特别是一些校长的故事，其实就是在告诉我们如何当好一名校长。他向我们推荐了全国一些有名的基金会，特别是上海的"真爱梦想基金会"。认识他们就给学校增加了一个发展的助推器。他们的资源是丰富的，力量是无穷的，爱心是无边的。

茅以升科技教育基金会秘书长、中国科技馆副研究员、茅以升女儿茅玉麟给我们分享了她父亲的故事。至此我们才知，茅以升不仅是我国现代桥梁的先驱，还是著名的教育家、社会学家、管理学家。他的"学生考先生"课堂模式、"先习后学"教学法等至今都是先进的教育理念。茅老在90岁高龄，视力极度下降几乎失明的情况下，仍在女儿的帮助下亲笔手写入党申请书，并在其中写道"加入中国共产党是他一生的总结"。最后，她还介绍了基金会和"小桥工程"的运作情况。我还特别就我们学校的过街天桥规划向她做了汇报。

人民日报海外版主编、中国文物学会大运河专委会副秘书长、文化遗产公益人齐欣老师拄着拐杖与我们相会，讲了他做文化遗产公益事业的活动情况，并讲到他正在做川陕蜀道文化景观线路图，其中一段是汉中到巴中。他通过实际行动回答了文化遗产与我们生活的关系，以及如何与学校链接，让孩子树立文化遗产保护开发意识并参与其中。

北京大学高等人文研究院世界宗教与普世伦理中心主任杨煦生老师专门从欧洲赶回来，他讲的是"中国精神语境中的世界伦理问题"，让我们对伦理有了进一步的认识。通过他的讲课，我们知道，全世界七千多人签名的《世界伦理宣言》的基本原则有两条：一是人性原则（"欲立立人"）；二是道德黄金定律（"己所不欲，勿施于人"），这两条其实都是儒家的重要伦理思想。对伦理的认识可以帮助我们从人性的角度思考教育本质。

7月29日16:30，我们迅速吃了点东西后便赶赴人民大会堂，观看第十二届中国国际合唱节开幕式音乐会。

7月30日，上午参观了世行驻中国代表处，负责对外宣传的官员李莉接待了解我们，并向我们介绍了关于世行的一些基本知识；代表处高级教育专家肖丽萍博士介绍了世行有关教育的项目。教育方面的项目已经由改善办学条件转向质量的提升，重点做三个项目：教师培训、课程建设、学校管理。这三个项目都要经过官方申请。

下午，我们参观了北京育英学校。育英学校设从小学到高中，在校生四千多人。他们的理念是办一所学生自己的学校，环境建设一切围绕学生着想，取消了一些草坪，铺起了沙；学生有工作办公室，定期列席校务会；高年级学生教低年级。学校体育重点开发了游泳和下棋，特别是下棋，投入不多，既是体育活动，也是心理健康课程。学校设立了四个中心：教学服务中心、学生服务中心、人力资源中心、行政后勤中心。每个中心由一名副校级干部分管。所有人员实行"聘用合同+岗位合同"管理，绩效工资实行岗位管理。我们参观时，全校老师在外地进行"封闭研修"，这是每年暑期的必修课。

7月31日下午和晚上，在外交学院何娟、孙小惠两位志愿者的主导下，我们举行了一次模联大会。大会主题是："全球水资源保护与利用"。在活动中我作为日本国的代表参加，并获最高奖——最佳代表奖。

8月1日下午，付敬老师带我们参观了中国下一代教育基金会的"中华魂"多媒体互动阅读教室。教育部关工委副秘书长郭春开老师、基金会办公室梁主任等向我们介绍了项目开展及申请办法。我们与会的每所学校均被列入了捐建计划，这令我们非常兴奋。

（2014-08-02）

揣回思想，追逐山区教育梦想

与大师对话，思想在传递，在承继。学习，为我们搭建了一座座桥。

王渝生老师告诫我们："五岁的孩子是天生的科学家，科学家是长不大的孩子。"保护好学生的好奇心和求知欲比分数更重要。王红老师要求：我们的基础教育不问客观，从"我"做起；带上镣铐也要跳出优美的舞蹈。张巨河老师指出：教育的目标就是要"培养有创造力的健康人才"。

丹尼斯告诉我们，全媒体时代的学校面临的是挑战，更是机遇。李春雨老师告诉我们："了解对面的人比自己想办法改变他更重要"！这就是教育的真谛。戴玮老师分享的助学故事，其实就是在告诉我们如何做一名好校长。于硕老师给我们讲"伦理"，就是教我们如何吃饭、如何走路、如何穿衣的根本问题。还有冯殊、刘雪枫、姜彤、茅玉麟、齐欣、杨煦生等老师的教诲，其实就是高人指路。

因此，我想说：中国贫困山区优秀校长国际领导力奖学金项目，是一座桥，是一座连接思想的桥。

做最好的自己
走过通江三小的那段时光

　　回过头来，不敢相信，在全国这么多的校长中，我们这15位竟成了幸运的宠儿。平时我们只能在电视中仰视的饶及人老师、付敬老师，还有主管部门和鼎力支持单位的领导、老师和企业家们，在这里，我们的手握在了一起。在茫茫人海中，做梦都想不到遇见的孙国徽老师、杨翠老师等志愿者，在这里，我们的心连在了一起。项目组为我们邀请了各个领域优秀的顶级专家，实在是我们学习难得的机会。在这里，我们收获着他们的思想。在这短暂的时间里，通过他们，我们结识了更多做公益事业的朋友，这是山区教育和山里孩子的宝贵财富。

　　因此，我想说：中国贫困山区优秀校长国际领导力奖学金项目，是一座桥，是一座好人汇聚的桥。

　　校长个人的力量是有限的，但是，我们身后有一个庞大的热爱山区教育事业的教师队伍，我们身边还有和我们一样出色的山区校长队伍，我们要把收获的思想播撒开去，让我们的思想搭乘着爱的雨露，浸润着山里孩子的心灵，伴随孩子们健康成长。

　　因此，我想说：中国贫困山区优秀校长国际领导力奖学金项目，是一座桥，是一座山里娃通向外面精彩世界的桥。

　　我不想说感谢，为了山区教育梦，虽然只是握手，也是孩子微笑的源泉；我不想说再见，相见时难别亦难，哪怕只是擦肩，也是八百年里修来的福缘。揣回爱心，传递思想，让我们、我们的老师成为影响孩子的贵人，让我们的学校成为促进其成长的福地。

　　"汇聚爱心摆脱贫苦，发展教育融入世界"，这是他们的使命，也是我们的使命；"为了山里孩子的微笑"，这是他们的目标，也是我们的目标。国家梦，必先圆教育梦；教育梦，定会助推国家梦。为了梦想，我们一起上路，一路同行。

（2014-08-03）

第四部分

离别反思——日记篇

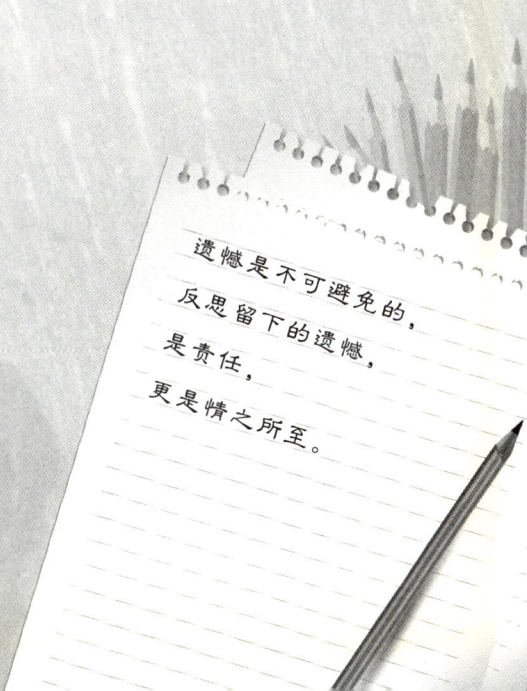

遗憾是不可避免的，
反思留下的遗憾，
是责任，
更是情之所至。

2015年4月27日 星期一 天气：晴

校会课程的实施需要回到最初的状态

城区小学教职工运动会圆满结束，经过两周的艰苦奋战，男篮取得了冠军。还没有从疲惫中挣脱出来，新的一周又开始了。

每周一第一节课是校会，全校学生参加。早上6点就醒了，7点便来到学校。同学们还有来得更早的，校门口拥堵不堪。每天开校门的时间、放学的时间都通过开家长会和"给家长的信"的两种方式告之家长，并反复强调为了孩子的安全希望不要提前到校。但是，绝大多数孩子仍然要提前来。是不是要提前开校门？我多方征求过意见。老师们反对，保安更是反对，因为这样会加大学校的管理难度，出了事学校要承担责任。其实，都挤在校门口，过往车辆多，更不安全。为什么孩子们早到学校？我想大约有以下原因吧：我校的孩子大多数是留守儿童，爷爷、奶奶根本就管不住他们；学校周边以违法建筑和小产权房为主，环境很差，除了学校就没有更好玩的地方了；学校里还有相当部分孩子是随家长进城务工就读的，家长很早就去上班了，孩子也随父母离家，早早来到学校。站在这个角度想，孩子喜欢到学校里来，不是好事吗？不是更安全吗？学校有这样的凝聚力，我们应该感到高兴才是。将来，也许学校会全天候向孩子开放。

过去，每周一学生到校后第一件事就是参加升旗仪式。我们学校分南、北两个校区，北校区的孩子要穿过一条马路才能到南校区操场上集合。就为了参加几分钟的升旗仪式，学生要用上十倍的时间集合，还要为过马路担惊受怕，值吗？我们必须把升旗活动开展得更加有意义。去年秋季开始，学校每周一的升旗仪式正式改成"校会",列为一门全校师生的必修课程,对课程的内容进行了全面设计,制订了专门的课程实施方案,让校会内容更丰富,形式更多样,更加有教育意义。我们的校会方案具体如下。

通江三小校会课程实施方案

全面落实"全人教育"理念,进一步构建和完善学校课程体系,扎实推进德育工作,培养学生良好的行为习惯和道德品质,为师生搭建共同交流沟通的平台,丰富校园文化生活,促进学生全面发展、和谐发展,在过去每周升旗仪式的基础上,规范实施流程,丰富教育内容,把校会建设成我校的校本课程。校会课程为全体学生的必修课程。

一、课程内容

校会课程共五大板块。

升旗仪式:内容包括升旗和少先队员国旗下主题(孝敬、友善、诚信)演讲两项内容。

知识广场:内容包括本周节气、节日的基本常识和过去一周要闻两项内容。

温馨提示:内容包括"安全教育"和"法律知识每周一得"两个内容。根据季节进行安全知识讲解并给予安全防范提示;每周给学生讲解一条法律知识。

荣誉时刻:对过去一周全校师生所获各种表彰或奖励进行通报或现场颁奖。

工作安排:内容包括"上周工作总结"和"本周工作安排"两项内容。

二、实施时间

星期一早上早读时间为整队集合时间,校会为第一节课时间。

三、实施地点

南校区操场。

四、参加人员

全体师生。

五、实施流程

总主持人：少总部。

（一）升旗仪式

1. 主持人：少总部总主持人主持；升旗手：值周中队遴选。

2. 议程：

第一项　全体肃立，出旗；

第二项　升国旗，奏唱国歌，少先队员、辅导员敬礼；

第三项　国旗下主题演讲。演讲内容由学生写，学生讲，由中队辅导员提前审核。

（二）知识广场

1. 主讲人：值周中队遴选。

2. 内容准备：

本周节气、节日的基本常识、知识由少总部提供；

过去一周要闻内容由办公室提供。

（三）温馨提示

1. 主讲人：由值周中队遴选。

2. 内容准备：

"安全教育"和"法律知识每周一得"由安保处提供。

（四）荣誉时刻

1. 主持人：学校部门负责人或学校领导；

2. 颁奖：由校领导向获奖者颁奖。

（五）工作安排

1. 主持人：少总部总主持人。

2. 内容：

第一项，由上周值周教师总结工作；

第二项，本周值周领导讲话。

六、相关要求

1. 校会是学校全体师生共同参加的集体活动，请各负责部门提前做好相关准备，由学生主讲的内容周五放学前必须发到学生手中，周末练习，确保校会顺利进行。

2. 如遇雨天"升旗仪式"和"荣誉时刻"两个板块不能实施，"荣誉时刻"放在下次校会集会上举行，其他板块在播音室举行。

3. 校会全体老师参加，按指定位站立；中队辅导员跟班，站在队伍的一角，中队辅导员必须佩戴红领巾。

今天的校会课同往常一样，按程序进行。不一样的是主持人变了，以往由五六年级的少先队干部担任，今天选了四年级的一名小女生主持。她虽然个子不大，但声音非常洪亮，普通话也标准流利，老师赞不绝口。校会的"荣誉时刻"表彰了付文金和邓舒航同学。六年级的付文金同学提前被通江中学邀请去参加市运会，取得了50米短跑第二名的好成绩。她还要代表巴中市参加省运会。四年级的邓舒航同学与白血病顽强斗争，他代表通江县到巴中市参加演讲比赛，讲了自己的故事，荣获了三等奖。他的故事感动了在场的每一个人，他还接受了多家媒体的专访。

在我们的"校会课程"实施的过程中，也有一些问题，和我们以前的设计有差距。一是除了班主任，参与的科任老师不太多。后来我们把每个老师的位置固定下来，并书面告之，学校领导站在最前面作示范。二是几个板块内容的搜集、整理工作做得还不够好。尽管我们将不同板块资料搜集工作分给不同部门去完成，全部由学生演讲，但还是存在有些部门不认真负责、应付了事的现象。三是校会过程的纪律不好，学生开小会的还有很多，还有一部分老师常常带头开小会，没有给学生做好榜样。我们教育学生要学会倾听，为什么老师做起来很困难？

参加完校会，就匆匆忙忙赶到实验小学，给即将聘任的中级职称教师上课，参训的老师有两百多人。原计划9点半开讲，因领导讲话延时，我从10点钟才正式开始。其实也说不上讲课，大部分时间是和大家一起讨论一些感兴趣的话题。

以前讲课，给我布置的专题是"师德修养或政策法规"，这次在我的申请下，改为"课堂中的思想和思想中的课堂"。为了让课堂更有活力，我选了两位老师当助理，其实也是在告诉老师们，我们平时的课堂也要用好我们的小助理。他们帮我干了很多事，我更轻松，效果更好了，何乐而不为呢？在这次互动式讲座中，我分享了去年在北京参加及人教育的校长培训项目中的收获，并分享了我比较满意的自己上过的两堂课的设计思路。两个小时的讲座，突出的就一个思想："我们必须把学生放在课堂的中心。"一切先进的教育理念可以用这一句话来诠释。在课堂上，还是有老师打瞌睡，可以理解，因为从高中到小学，从语文到体育，各个学科的老师都有，很难让每位老师都对我要讨论的话题感兴趣。

下午两点就赶到学校，因为实验小学的王老师要来我们学校上一堂课，她要代表巴中市到省上赛课。听罢，总觉得王老师是在按教案走程序，是改变她原来在市上赛课的课题，选了别人上的一个内容。看来，她对这个内容还在熟悉中，没有走进去。课后，和听课的几位老师简单进行了交流。

在刘琼香主任的电话催促下，我又匆匆赶到学术厅，审议她们为艺术节准备的朗诵节目。我们学校留守儿童多，也涌现了很多在自立自强方面很优秀的孩子，我们想通过这个节目来弘扬自立向上的正能量，同时也想借这个机会向社会呼吁，孩子的成长需要家长的陪伴，没有家长陪伴的教育是有缺陷的教育。为完成这个节目，我们还组织老师和学生一起到孩子家里体验。稿子经过很长时间的酝酿和修改，现在基本成型了，但并不是很满意。不过仍然非常感谢老师们辛勤的付出。

放学了，我和王校长安排完明天到杨柏小学、后天到唱歌小学支教等事情后才离开学校。

吃过晚饭，又急忙赶到钻石酒店，在大厅里等待来自香港的朋友们。他们每年都要来通江两次，开展捐资助学民间活动。每次我都接待他们，并和他们一起做家访，考察项目。为了慈善事业，力所能及地做一点服务性的工作，也是应该的。

2015年4月28日　星期二　　　　　　　天气：晴

送教重在送思想

  教育局通知，市上最近要检查教育均衡发展工作，特别是对城区学校结对帮扶农村学校进行重点检查。我们学校联系杨柏小学和唱歌小学。根据王校长与结对学校的商定，今天送一堂语文课、一堂数学课到杨柏小学，明天送一堂音乐课和一堂体育课到唱歌小学。我早上6点就醒了，7点钟开车到学校，接上赵超英、杜玉梅和余洪波三位老师，一行四人去杨柏小学。因距离不远，到学校时还是早读时间。第一节由赵超英老师上语文，小学二年级补充教材的内容——绘本《逃家小兔》；第二节由杜玉梅老师上《搭配的规律》。两位老师基本完成了任务，达到了预期的效果。杨柏小学结对支持的学校长兴小学的几位老师也赶来听课。课后，我们在会议室进行交流。讲课的两位老师首先说课，接下来听课的老师评议课，最后我对这两堂课进行了点评。《逃家小兔》一课充分体现了"想象力比知识更重要"这一思想，但还要在"读、悟"上下功夫，在绘画与文本的结合上下功夫，在完整而有效的板书上下功夫。《搭配的规律》一课充分体现了在生活中学数学、在玩中学数学和有序思考的数学思想，但要在思维过程的逻辑性和操作过程的严密性上进一步思考和改进，把统计的工具运用到课中来。关于小学课堂教学改革，以先进的思想指导课堂，我提出了两点看法：一是课堂要始终"把学生摆在正中间"，我们要善于把自己隐藏起来，站在学生背后去，推着孩子向前走，而不能一直站在学生前面，牵着孩子向前走，否则脑子里始终想着教案，而没有学生；二是课要上得有学科味，充分体现学科特点和学科特有的教育价值。

  在不知不觉中，一个上午过去了。

  尽管这只是任务，但我们还是精心准备、认真对待。因为，教育人的良心和责任不容我们应付了事；同时，这也是检验我校教研水平的一个契机；这更是两校互助互学、同生共长的好时机，因为两种思想碰在一起，就可能会收获第三种思想。

吃过午饭,我们便匆匆赶回学校。最近老师参加学习和因病或事请假的人很多,调课都很困难,几位老师的课都调整到下午上。实在太困了,躺在办公室沙发上小睡了一会儿。

上课铃响了,刚起身在办公桌前坐下,余主任送来了厚厚的一摞文件。关于安全的有两个,关于法制教育的有一个,关于人事管理的有一个,关于党风廉政建设和反腐败工作的有一个,有两位领导的讲话,其他方面的有两个。把这些文件资料快速地浏览完,就足足花了一节课的时间。要把所有文件精神全部落实到位,既要许多时间,还要人力、物力和财力。第二节课集中处理了幼儿园报账事宜,随后在工地上转了一圈。南校区教学综合楼二期还没有完工,因学校需要,几个功能教室就违规提前使用了。看到工程进度跟不上需要,心里急!既要质量好,又要进度快,加上资金紧张、缺口大,推进起来难度真大。还好,已经接近尾声,难过的日子即将熬出头了。

2015年4月29日　星期三　　　　　　　　　　天气:晴

"规范""责任"是管理和管理者的必备素养

早上7:40早读开始了,本周执行红领巾广播站广播任务的同学还站在音控室(兼作保管室、杂物间)门口等开门。负责管理的大队部两位大队长轮流负责开门及播音管理。我已经发现好几次没按时开门的情况,并且也没有填写播音日志。办公室张志老师说,广播站应该规范管理了,确实存在一些问题,应做到以下两点:一是广播稿必须严格审核,至少做到中队辅导员和少先队总部总辅导员两级审核,未经审核的稿子不能播出;二是播音的同学必须在播音的头一天熟读稿子,做到读正确,读流利,不能唱读。学校新办公区即将投入使用,马上就会设立专用的广播室,同时,也要像校会课程一样,建立学校播音管理的流程,完善管理制度,加强日常管理。广播站既是一块教育阵地,同时也是向周边居民宣传学校的窗口,播音主持也是孩子展示与锻炼的舞台。每学期还要评选优秀的中队辅导员、播音员、少先队干部，在规范管理的基础上，用表彰和鼓励助推这项工作持续健康发展。

上午，郭校长报告，五年级一名学生从昨天下午至现在没到学校上学了，此情况已经向其监护人及时了解了信息。这名学生是留守儿童，父母离异后父亲再婚，孩子由继母在城区租房送他们兄弟俩读书，父亲在外务工。该生近阶段和继母的关系处得不是很好，继母说了句让他不能接受的话，加之昨天中午被哥哥"教训"了一顿，下午就离家出走了。郭校长刚离开我办公室，该生的班主任老师来了，很生气的样子。她说，这个孩子出走前，拿走了班里一名女同学的手机，并以15元的低价卖给同班同学，带着15元钱离开了家。让班主任老师生气的是这位低价购手机的同学转到我们学校还不到一年，行为习惯有问题。这样两个孩子，惹出了很多麻烦，让她这个班主任当得很不省心。

应该肯定，这两个孩子出现这样的情况，与他们的家庭背景和家庭教育存在必然联系。记得在北京大学的培训中，一位老师说过："一个孩子不由父母监护的社会是有问题的社会。"这个问题首先波及的是学校，学校将担负不应承担的责任，就是代替父母陪伴孩子。因为父母的陪伴本身就是教育的一部分，是孩子健康成长的重要条件，而学校及老师是代替不了父母的，爷爷、奶奶等其他亲人也代替不了父母。留守儿童这个社会问题将影响到中国的一代人。

就我们学校近几年转学生的总体情况来看，转入者多数因为行为问题而转校，试图建立新的人际环境，或者是学习成绩不好希望更换学校获得更好的教育。但是，从实践情况来看，因换学校而达到家长和孩子期望值的少之又少。该不该接收转学生，接收转学生需要设置什么条件，是不是要认真研究？四年来都没有一个很好的方案。

还好，出走的孩子回家了。我也相信，这样的孩子是走不远的，他一定会回家。

2015年4月30日   星期四   天气：晴

如果我们的家访都能这样

在永安工作时，我认识了两个经济上非常困难但又非常有爱心的孩子，随后对他们兄弟俩进行了一些资助（现在都读大学了）。因为这件事，我认识了C女士，她是一位上海姑娘，新加坡Z先生发起的"新星阳光"助学工程在通江的执行人。C女士在通江的工作感动了她的朋友，随后一帮年轻人带上爱心和资金来到通江开启了助学之路。这帮年轻人成立了自己的"SSAW基金"。他们从海外留学回来工作都不久，但他们愿意把自己收入的一部分拿出来，帮助在通江就读的贫困学生。他们每年来通江两次（利用"五一"和"十一"两个假期时间开展工作），一是家访确定资助对象，二是回访已资助的学生，了解他们的学习、生活动态。我们也加入他们的行列，作为项目实施的志愿者。

4月27日起，这四位年轻人陆续从深圳和上海赶过来。因为学校工作太忙，28、29号没空和他们一起家访。今天和明天我陪同他们，后天他们将返回。早上8点，我们从钻石酒店准时出发，第一站是会家小学。"SSAW基金"在通江的第一个资助项目就是为会家小学出资修了一层教学楼。这栋教学楼规划修三层，因资金不足改修两层，他们了解后又决定再出资修完第三层。10点钟来到学校，胡校长向我们汇报了整个教学楼的使用情况。我有一年的时间没到过这里了，和过去比，环境和办学条件发生了彻底的改变。孩子们都坐在宽敞的教室里，教室里也有了很多图书；学生的寝室不再是在楼板上搭地铺，每人都有一个床位，床、被子、床垫都是"新星阳光"项目捐助的。C女士还给学校购置了热水设备，学生在学校里24小时有热水用。随后，在会家辖区我们做了三个学生的家访。然然（化名）家在短短几个月里发生了几件不幸的事：妈妈摔伤卧床，奶奶过世今早才出殡；晴晴（化名）父亲去世了，和妈妈相依为命；玲玲（化名）读二年级，弟弟在幼儿园，母亲离家出走多年，爸爸身体不好，奶奶年事高且多病，小女孩非常懂事，喜欢学习，成绩也不错，很可爱。他们都被列为"SSAW基金"关注对象。

为了走访更多的贫困家庭,在会家小学食堂吃过午饭,我们便急匆匆赶往钟凤小学。下午又家访了三个孩子。七岁的小女孩明祥(化名)读一年级,父母都是残疾人,奶奶无劳动能力,好在她叔叔对她家有一些关照。怀东(化名)读四年级,家里三个人:爷爷、爸爸和他。爷爷七十来岁了,父亲在外务工,收入不多。五年级的芳芳(化名)家在高山上,我们沿着崎岖的村道路前行,最后一段路只有步行。她家中也只有三个人:爷爷、爸爸和她。奶奶去年过世了,爷爷年龄大,父亲老实本分,在外务工也挣不了多少钱。钟凤小学这三个孩子也成为"SSAW基金"的关注对象。

翻过龙虎山,回到县城已是傍晚6点了。

2015年5月1日　星期五　　　　　　　　　　　天气:雨

善良的力量,民间的力量

昨天晚上,有两位朋友从上海来参加今天的走访活动,加上在涪阳小学支教的Y老师和Q老师,还有我和老柏,今天出行一共十人。老柏和我各开一辆车,兵分两路,一路走铁佛、麻石一线,一路走董溪、澌波、松溪一线。

早上8点出发,天下着雨,似乎要为我们的家访增加一点难度。一路上挺热闹的,特别是在涪阳支教的两位老师非常健谈。从聊天中才知道,他们在上海工作。Q老师来自台湾,从小到大陆读书,现在定居上海,是一所幼儿园园长。Y老师是一位专业舞蹈老师,他们来涪阳支教三个月,教孩子们舞蹈。一路上他们畅谈支教感受,我很受启发。他们说,Y老师在孩子面前,没有一点"尊严",女生和他"吵架";女生追逐男生打闹,他都要站出来"保护男生";有时女生连老师、男生一起"打"。课余生活就是孩子们带着老师出去玩,来到河边玩石子儿,爬到山上采野花,在学校操场里"打水仗"……Y老师说,他的脾气不好,没有耐性,当不了老师,但是他不会装好脾气,不好的时候也会对学生发火,但从不打骂学生,这是底线,同时也必须告诉孩子什么是对的,什么是错的。两位老师还说我们这里的老师都"很凶"，有时连他们也怕！总体上感觉我们这里有些老师是为职业而工作，职业只是作为生存的需要。我辩解说，你们支教不一样，三个月就走了，我们的老师是一辈子与孩子打交道，久而久之也有职业倦怠呀！他们不同意我的看法，认为老师和其他职业不一样，老师倦怠了，可是孩子就有可能被毁了，因为他们成长的关键期不会再来，如果当不了老师，可以改行干其他的呀。他们还认为，教小学的老师不需要多少知识，孩子也不需要学多少知识，老师要学会做人，教会学生怎么做人，这才是最重要的。

  到了董溪快中午11点了，董溪学校刘校长接待了我们。刘校长从贫困学生花名册中选择了最困难的三位介绍给我们：六年级的禄禄（化名），单亲家庭，父亲在家务农且多病，奶奶脑溢血至今未醒过来；二年级的美美（化名），父母是新组合的家庭有三个孩子，七十多岁的爷爷多病；一年级的蓉蓉（化名），父母多病，供两个孩子读书，爷爷、奶奶年岁已大。因为雨实在太大，三个孩子的家离学校又远，车去不了，所以不能实地家访了。我们只有把信息记录下来等下次再去。资助对象的确定有时也要靠缘分。

  我们马不停蹄，冒雨赶往下一站——澌波小学。学校已经放假，刘主任留下来接待我们，一下车，他递给我们一人一把雨伞，开始走访。首先我们到四年级文文（化名）家，哥哥在洪口中学读七年级，妹妹在澌波小学读三年级。73岁的奶奶照顾孩子读书，爸爸在外务工，妈妈长年住在医院里。家里的住房应该是20世纪六七十年代的房子，堂穿壁漏，条件非常差，三个孩子读书，每个月的生活费要上千元。在他家下面不远就是我们要走访的另一家，二年级鑫鑫（化名）和三年级雪雪（化名）两姐妹，妈妈在北京务工，爸爸在家不仅要照顾病重的曾祖父和孩子的爷爷、奶奶，还要照管家庭更加困难的小姑一家。走访完这两家，原路返回，在澌波街上刘主任家吃过午饭，赶往三年级婷婷（化名）家，这是我们要重点考察的资助对象。她家离学校有七八千米的路程，其实老家并不在这里，因家庭原因现住在姥姥家。她姐姐在洪口中学读七年级。妈妈患尿毒症，爸爸在家照顾妈妈，偶尔做做短工，日常生活由姥姥、姥爷打理。在他们的老家，姐妹俩还有一个奶奶，身体也不好，需要爸爸时常关心照顾。疾病让这个家负债很大。两个孩子读书的成绩都还不错。返回的路上，我们走访了六年级茁茁

（化名）家。只有79岁的奶奶在家，奶奶身体非常不好，我们在她房间里的这段时间，她就一直坐着，没站起来一下。父母和孩子都不在家。据了解，父亲身患重病，妈妈也体弱多病。茁茁的哥哥在达州工作。

今天家访的最后一站是松溪小学五年级忆忆（化名）家。我们来到小学时，何校长已经准备好车，忆忆所在村的村主任和学校的其他几位老师一同前往。他家路也不好走，一路急弯陡坡，车行到途中，还有一段需步行，踩着山间泥泞小路近一小时才来到孩子家里。家里三姊妹：忆忆、妹妹和姐姐。姐姐小时候被严重烧伤，妈妈、爸爸身体也有残疾，七十多岁的爷爷还算健康。

原定傍晚6点赶到县城两路会合，汇总情况，因忆忆家走访用的时间太多，晚上8点才赶回来。

最后经过商议，我们这一组确定了婷婷一家为"SSAW基金"的资助对象，其他为持续关注对象，待时机成熟再资助。忆忆家的情况被C女士知道了，她决定资助，并且在上海找一家医院免费为忆忆姐姐做烧伤的功能恢复手术。

善良的力量是伟大的！

2015年5月4日　星期一　　　　　　　　天气：雨

发展就是不断解决不满意的问题

火红的5月是最忙碌的一个月。这个月是我校"最美三小学生"的评选和事迹展示月，是传统的篮球联赛比赛月，是"六一"庆祝活动的准备月，是六年级学生的毕业教育活动月，也是毕业生的体育考试月。本周是这个月的开局周，今天又是星期一，回顾一天的工作，有以下问题需要解决：

一是校会未能有序实施。因为下雨，校会无法集中在操场上举行，但学生和老师应在教室内，由少先队总部在播音室举行。不知是不是放了几天假的原因，执行校会工作的相关人员未能按时到岗，校会的内容也没有提前准备好。在这里，应当指出的是：收假当天就要举行的校会，少先队总部及相关部门负责人应在假期的最后一天做好准备工作，否则校会将是无序的。

二是县艺术节参赛节目准备不充分。年初就发了文件进行了安排，本周就要录制节目，报送音像资料，但是连服装道具都还没有订购。课间操召开紧急会议进行了研究布置。

三是对毕业教育课程的实施不够重视。自我到"三小"来，从2012年起就对毕业生的教育进行了系统的思考与设计，三年来的优化工作，从课程的内容、实施环节、过程管理到资料的整理，更加充实和完善。但是，学校的管理者、老师还没有主动作为，说什么才做什么，不安排就不做。

四是"最美三小学生"评选准备不到位。尽管我们建立了评选工作的管理流程，但4月末就应制订今年评选工作的实施方案，下发到各班级，进行宣传发动。老师重点关注评选的结果，但没有认识到这个过程本身很重要，过程的价值远大于结果的价值。

五是对学生篮球联赛的认识不统一。过去一年联赛在六年级各班中举行，六年级语文、数学老师有意见，认为影响学生的学习，举行一周的比赛，学生的心思集中不到学习上来。今天我们调整到在五年级各班中举行，有老师认为年龄小了效果不好，没有意义。篮球是我们学校的传统项目，在各个年级都要开展好篮球这项运动，每个年级举行联赛都是应该的。只不过我们现有的场地还不能满足需要。

六是今年的毕业生体育考试备考工作不力。往年从4月起就开始备考了，今年也许是职工运动会的影响，一直没有进行过专题研究。过去我们学校在这方面比其他学校有更多的优势，就是因为我们更加重视，抓得早，抓得主动。

总之，从今天工作的表现来看，大家没有进入应有的状态，工作不积极思考，不主动作为，对分管的工作、分内的工作没有用足心思，好像桐油灯盏，拨一下才亮一下，这是最不好的工作态度和状态。也可能在目前的形势下，学校没有过多的刺激积极工作的措施，没有应有的工作报酬，但是选择教育就选择了精神立身。我们可以等，但孩子等不起，因为他们一旦错过了这个机会就再也找不回来了。公立学校的机制需要改革，否则就缺乏活力。

2015年5月5日　星期二　　　　　　　　　　　　天气：晴

认识孩子是爱孩子的基础

今天上午8点30分，县委中心学习组暨科级领导干部读书班学习会在会议中心举行。按照组班要求，作为城区的一所小学的校长应该不在这个学习班之列，因为我们既不是中心学习组成员，也不是科级领导干部，但会务组通知我们必须参加。5月是学校工作非常忙的时候，不过，不管什么学习，只要用心去学，一定会有收获的。

学习会中，学校分管安全的郭校长来电话了，我的心"咯噔"了一下，因为在一般情况下，我开会时学校不会来电话的。还好，不是什么大事，是因为我原来联系并资助的六年级二班洋洋（化名）同学犯事儿了。洋洋，脾气暴躁，动不动就"狮子吼"，调皮打架已是家常便饭，又患过一次重病，沟通起来很困难。他的爸爸患有尿毒症，需长期治疗。我决定晚上去家访了解情况。

吃过晚饭，我从家里出发，走了40分钟，来到洋洋的家。我没有直接走入洋洋家里，而是把孩子叫出来，陪我一起走走，边走边谈今天发生的情况。我的到来，也没有让他有什么惧怕，因为我以前和他聊过天，还聊得很好，有什么事他也愿意讲。他说，在今天上午的课上，同桌在玩电动飞机，被老师发现了，他迅速将飞机转移给洋洋，让他帮忙藏一下，他也来不及，顺手就放在自己的课桌下面。这样老师就以为是他在课堂上不遵守课堂纪律，并批评了他。课后，班主任老师又对他进行了严厉的批评，还叫来了他的妈妈。妈妈到学校后，在教室的走廊上当着同学的面对他进行了体罚。他讲着讲着眼泪就出来了，他觉得自己在这件事上很委屈。他认为，在老师的眼里，他就是一个坏学生，尽管不是自己的错，老师也不会相信他的话。他还说老师冤枉他摔坏了学校的凳子，其实凳子本身是坏的。在我的引导下，他认识到这件事中自己在好几个地方做得不对。同时，他也对老师的行为提出很多批评意见。比如，上课骂学生；对学习成绩好的学生宠爱有加，对成绩差的同学另眼相看，对学生不平等；经常拖堂，不能按时回家，受到父母的质疑；经常罚学生抄作业、打扫卫生等。我也问他：这些意见你为啥不和老师当面谈谈呢？他说老师很忙，上课要讲课，下课要改作业，没有机会给老师说。还谈到了家庭教育的问题，他最反感家长的体罚。有一次，要不是邻居的劝阻，他差点被家长从三楼扔下来。家长和老师一样不相信他，把他当成坏孩子。他还觉得在他身边，好像家长随时有双眼睛在偷偷地盯着他。他在教室里，眼睛好像在窗外边；他在上学路上，眼睛好像在路边草丛中。不知不觉，我们聊了近一个小时。

我让他回家，我要找他爸爸谈谈。他说基本没有用，只有极小的可能让他爸爸改变教育方法。我就不相信，我一定要试试。和孩子爸爸在他家的公路旁边聊了约半个小时。可以看出，家长过去的教育方法确实很有问题，孩子从小就生长在"棍棒下"。父亲表示会改变自己。我相信他会变，谁不爱自己的孩子？

这件事如何与老师交流呢？想了好久，决定首先让老师与孩子进行一次诚心的交流与沟通；在此基础上，再同老师一起交流我与孩子的交流情况；最后讨论对这个孩子如何教育的问题，以及我们应该注意的事项。

对于孩子的成长，家长也好，老师也好，我们一定要相信孩子，走进孩子心灵，让他有机会将想说的话讲给我们听，我们也要主动聆听他们的想法。在孩子的成长过程中，我们要站在孩子后面，推他们前进，帮助他们克服困难，不断鼓励他们，让他们建立自信心，获得成功的体验。我们要把孩子当人看待，他们不是我们获取分数的工具，不是我们用来证明自己很有本事的标本，他们有自己的思想和个性，他们是需要自由和平等的活生生的人。

2015年5月6日　星期三　　　　　　　　　天气：晴

"世界因我多温暖"

校长奖学金项目给我带来的最大收获，就是建立了一个有思想、有爱心、有理想的朋友圈。特别是在建立的微信交流平台上，经常有认识的和不认识的朋友在上面分享有价值的文章，对我的启发很大，对我工作的帮助很多。

"无名小屋"今天分享的文章是《〈世界因我多温暖〉，感动了无数学生和家长的千字校训》。文中说，4月13日早上，金华市环城小学发布了这篇千字的"校训文"——《世界因我多温暖》。全篇文章与学习基本没有任何关系，这样的"校训文"在全国基本上难得一见。一位家长在家教女儿读时，读着读着眼泪就流了下来。文章是以第一人称写的，就是以学生自己的口吻来阐释学校的校训——"世界因我多温暖"。没有说教，把"宽容、使命、责任"贯穿始终，用"善良、自强、温暖"主导全文，用诗一般的语言回答了学校的教育思想和办学主张，把让学生成人作为首要的任务。读罢此文，突然想起在北大学习时，一位老师非常推崇台湾地区一些学校让学生每天清晨诵读"祁愿文"的做法。"祁愿文"一般是请寺庙里的高僧撰写的，目的是让孩子每天都要警醒，不能虚度光阴，要做一个善良的人。回到学校后，也想以"做最好的自己"写一篇训文，让孩子每天诵读，至少要在校会上全体师生诵读。经过去年以来的深入思考与实践，现在我们初步把"做最好的自己"作为校训，但一直没有实现根据校训写成一篇训文的初衷。为了给我们更多启发，现把《世界因我多温暖》这篇文章摘录如下。

世界因我多温暖

我知道，我不是因为偶然才来到这个世界，我是为了践行一个平凡、美丽、无私的梦想而来的；我是为了通过各种苦乐逆顺的体验来历练自己而来的，并由此完善，成长而提升。

我深深地知道，改变这个世界的力量来自太阳，来自人类心灵深处的温度。

我，要让世界因我而多温暖。

我知道，我所有的长处都源自父母祖宗的优秀，源自华夏千年文明的积淀。但它不是我炫耀和自私的资本，它是我赖以成长并服务人类的工具，它是我生命的伟大、美好和无私的工具。

我知道，我的缺点与不足不是我的自愿，那是因为我是从有缺点和不足的爸爸妈妈而来，选择这样的爸爸妈妈是我的自愿。对于这些缺陷，我全然接受，并通过今生的感恩、忍受和努力来弥补。

我想对爸爸妈妈说，我愿意从今天开始，不再用完美要求你们，也请你们不再用完美苛求于我，我是你们的一部分，我们是一个整体，让我们一起改变，用爱让家里充满温暖，以影响世界。

从今天起，我将高高地放飞自己的梦想，积极乐观地生活和学习。

命运从来没有规定我此生将是什么，国家没有规定我，父母没有规定我，老师也是一样。一切万物都没有规定我必须是什么样的人，大家把一切主动权交给我，让我自己决定自己的梦想，然后慈悲无私地帮助我，成就我。

因此，我必须让我自己成为一颗最圆润的种子，让周边的世界因我的成长而温暖。

我知道，生命是人世间最美丽的奇迹，读书是人世间最享受的愉悦。

老师对我说，曾经有一个善人，在春天的时候特别给两个乞丐一间破房和一块空地。到了秋天，一个懒惰的乞丐贫病而死，而另一个勤奋的乞丐却富裕安乐。

在宇宙中，每一个灵魂都是乞丐，四处漂泊。父母就是善人，给了属于我的一间破房和广袤无垠的空地，那间破房就是我不完美的身体，而那块空地就是我无边的心灵。我坚信，只要用勤劳播撒智慧与爱的种子，就一定会有硕果累累的明天。

从这一刻起，我要用无限的信心走向未来。

我知道，生命中最珍贵最强大的就是灵魂。环城小学是我人生的第一所母校，母校给我的最大眷顾是把我放在春天里，给我规矩，给我阳光，给我一颗春天般温暖柔软的灵魂，去温暖属于我们的世界。

谨此践行我们的校训：世界因我多温暖。

做 **最好** 的自己
走过通江三小的那段时光

2015年5月7日　星期四　　　　　　　天气：晴

过程和结果都是课程的重要内容

今天，靳书记对我说，在下午的教职工例会上，讲讲第三届"最美三小学生"评选的事。为什么呢？因为有班主任老师对她讲，评了三届，他们班上没有特别突出的了，评出的候选人也不能最终获奖。

为什么要设"最美三小学生"这个奖项呢？我刚到"三小"时，有一个感觉——老师非常重视考试科目，特别重视语文、数学学科，其他学科的重要性没体现出来，其他学科老师也觉得和语文、数学老师渐渐有了距离。考试分数高才是好学生吗？光凭说教是难以改变老师的观念的。于是便萌发了一个想法——也要表彰其他方面非常突出的孩子。同时，这样也有利于提高非语文、数学学科的地位，提高非语文、数学学科老师的地位。

第一届评选中，我们评了一名在县小学生运动会上创多项纪录的孩子，评了一名写小说达几万字的孩子，评了一名在家里自立自强的留守孩子，当然也评了一些学业成绩优秀的孩子。在第二届评选时，我们觉得还应该把这个评选过程的教育作用充分发挥出来，让全校师生参与其中，让家长参与其中，让全体学生学习我们身边的榜样，弘扬正能量。于是，设立了候选人奖，每班都必须产生一名最终的候选人，并由班上全体学生来评选决定。参选的孩子要在班上宣讲自己的事迹，其他的同学还要推荐。学校把校级候选人的事迹制作成专版，在校内宣传一个月。到"六一"颁奖前，学校才组织评选，评委有上届"最美三小学生"代表，有老师代表，有学生家长代表等。评选结果在颁奖典礼上才最终揭晓。

今年是第三届了，我们更加觉得，评选的过程比结果重要。前面老师们反映出来的情绪还是观念的问题，是没有把"过程比结果重要"的理念入脑入心，没有看到学校已经把这个活动上升到课程建设的高度了，没有看到这门课程内在的价值。

其实，不论在哪个班，都会有某方面表现很好的孩子，这需要我们老师有欣赏美的眼光，也要有发现美的能力。优秀孩子在于培养，在于给予特别的信任，在我们梦想中心教室里有这样一句话——"信任比帮助更重要",就是这个道理。

又是一年评选时,有太多的孩子让我记住了他们:与白血病魔顽强斗争的邓舒航,有代表中学生参加市运会的我校六年级孩子伏文金,酷爱读书的孩子胡佳希,唱歌、跳舞、弹琴、主持样样都行的多才女孩庞添天……而每次考试前几名的孩子,我真还没有记住过他们的名字。

评选最美不是目的,希望在评选中大家能向往美,追寻美,不在乎一定要获得"最美"。人,能做最好的自己就足矣,他也就是最美的自己了!

附:"最美三小学生"评选课程实施流程图

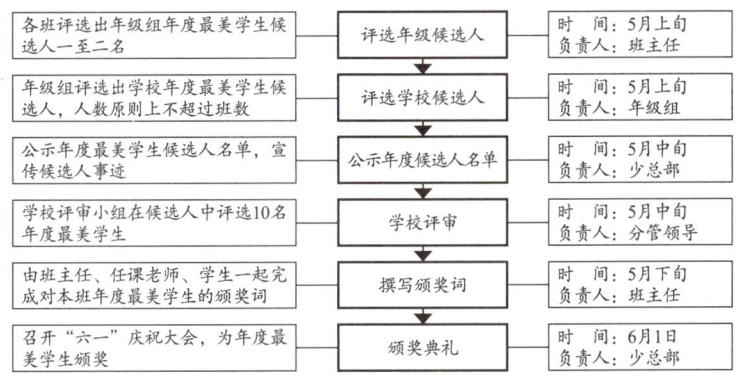

2015年5月11日　星期一　　　　　　　　　天气　晴

让老师走出去就是学习

　　现在的培训学习机会很多，甚至有时候令人感到厌烦，一碰到出去学习，这些老师的在校工作安排就很麻烦，所以偶尔有些机会我们就放弃了。今天，收到黄荟老师交的"作业"——学习心得体会，我觉得："不能烦！"要让老师们经常走出去，听听外面的声音，听听大师们的声音，让自己行走于教育理想的道路上，才不会迷失方向，才有不断前进的动力。

　　以前的培训，我们始终考虑一个问题：谁去收获更大，并且回来能影响到我们，就决定派谁去。这样的标准往往就会让一部分人经常出去，有些老师根本就没有出去的机会。这学期，和王校长商量只要不是上面点名参加的，把机会分给年级组，由谁去由年级组老师们决定，要求尽量照顾近几年没出去过的老师。本学期的第一个机会就给了一年级组，一年级组给了H老师。当得到这个机会时，她推脱不去，在教科室的再三劝导下才决定去。按她的原话说，"去就去吧，出去玩两天也好"。

　　她这一去，"玩"得怎么样呢？我们来看看她的学习心得中的第四部分"听课感悟"吧！

　　专家们的授课让我感受颇多，也让我对自己的学习及教学态度进行了反思。"闭门造车"让我目光短浅，不思进取更让我停滞不前。我虽然不能够将专家们的精彩表现一一呈现，但我想将我的一些粗浅认识和感悟与大家一起分享。

　　感悟之一：学校派我出去学习时我是毫不情愿的，但"五小"的老师却给我上了生动的一课。"五小"外出学习只有一个名额，可另外两个老师在说服校长无果的情况下自掏腰包参加了这次学习，其中一个还带着嗷嗷待哺的孩子，她们的精神让我惭愧。

　　感悟之二：这次培训学习名师云集，内容丰富，教法独特，两天半的学习时间让我感受到了吟诵、群文阅读、微课程、童话育人、儿童诗等课程的教学方法，感受到了授课者的博学、听课者的认真，更让我惊奇的是与会者的学习热情。每天很早大家就去抢位置，偌大的会场没有一个空位，连过道都坐满了人。会场秩序井然，无人睡觉、玩手机，大家都认真记笔记，每一堂课都聚精会神，像小学生一样努力汲取知识，晚上在宾馆里还在讨论专家们的课。他们的学习态度让我佩服。

感悟之三：这次会场设在科大附小，参与示范课的学生精神饱满，礼貌大方，思维活跃，积极回答问题，每一次精彩的亮相都能赢得经久不息的掌声。他们的自信和阳光让我感动。

尽管别人的优秀折射出了我的不足，但我真的要感谢学校领导给了我一次学习的机会。通过这次学习，我端正了学习态度，融入了一种求学的氛围，感受到不学习就要落后，不学习就要被淘汰。在与各位专家及同仁交流沟通的过程中，我也扩大了自己的专业视野，了解了更多的信息，从中领悟到语文教学的博大精深，更懂得了身为一名语文老师的职责。这次培训，丰富了我的教育思想，更激发了我教好语文的热情和信心。作为一名小学语文老师，要真正为学生的将来考虑，要教给学生学好语文的方法。"授之以渔"而不要"授之以鱼"。我也将修正我的教学思路，不断学习，不断充电，扩大自己的知识面，阅读经典，陶冶情操，提升我的语文素养，这样才能更好地教育学生，引导学生，并潜移默化地感染学生，让他们真正体会到读书的快乐。我将为之努力奋斗！

读万卷书，更要行万里路。

2015年5月12日　星期二　　　　　　　　天气：晴

这是"三小"宝贵的财富

　　去年在北京参加了"贫困山区优秀校长国际领导力培训奖学金项目",有幸结识"上海真爱梦想基金会",更有缘的是基金会为我校捐建了"梦想中心教室"。我们从去年9月开始申请,很快就接受了电话专访,不久就得到审核批准。我们等捐方的时间也不长,11月就收到了基金会寄来的建设物资。我们在正建设中的教学楼中加急建设了一间教室,为"梦想中心"专用。期待在本学期初就投入使用。这套资源非常好,还对课程进行了系统设计。课程分为三大板块:"我是谁""到哪里去""怎么去",每个板块都有近十门课程,分成了一至三年级、四至六年级和七至九年级三个层次实施,由华东师范大学的一个专家团负责课程的开发。所有课程有"课程纲要",有分课时的活动方案,老师只需要按照活动方案去组织实施就可以了,所有课程都没有教材。这套课程体系设计遵循三大理念:"问题比答案重要""方法比知识重要""帮助比信任重要"。

　　今天,上海方给我来电,了解运营情况。从去年年底安装后,我们进行了教师全员培训,老师们对梦想课程有了初步的了解。从4月起,我们选出了六位种子教师,率先在六个班试点。但"梦想中心"教学资源一直没能使用起来,因为我们的新建教学楼未能按期交付使用,设备设施没能很好地发挥作用。建设之初我们与基金会签署了协议,如果没有按要求运营,将要追究责任的。这项工作没有做好,我一直很自责,也没有亲自到一线去查看六位种子老师的上课情况是怎么样的,始终把没有做好的原因归结为"应付上级的工作太多",其实是自己工作没有沉下来,浮在表面;同时也有一个重要原因是中间管理层级的作用没发挥好,没有主动的态度。特别是在当前这个转型期的社会中,很多规则正在制定,机制正在完善,一时间难以有效调动端着铁饭碗的学校管理层人员和老师的积极性,工作没有主动性,没有创造性。

　　今天下午,县财政局教科文股两位股长来校检查学校前两年的政府采购执行情况。工作结束,请他们参观了我们的"梦想中心"教室,汇报了工作开展情况。他们非常高兴,认为我们在促进学校内涵发展、推进素质教育的举措等方面值得肯定。还特别表示,关于这项工作县财政局将给予专项资金支持,希望我们一定要开好课,让更多的学生受益。

这件事若抓不好,愧对基金会的发起人、管理团队和全体志愿者们,他们付出了努力,我们应当更加努力。尽管教学楼没交付使用,但我们要尽力用已有的条件去做。明天放学后是学校例会时间,会后召开梦想课程种子教师专题会:一是听各位老师的汇报实施情况,二是找出课程实施中的问题,三是就下一步工作进行讨论与布置。后天下午是我们全校的选修课时间,会有开设"梦想课程"的班级上课,我一定要去看看。

2015年5月15日　星期五　　　　　　　　天气:晴

教育追求:志同道合,方向一致

好几周没参加年级学科组的听课、评课活动了。到"三小"将近四年,听课、评课活动作为学校常规教研活动也发生了很大的变化,每次都试图让常规教研变得效果更好,老师负担更轻,这样才能让老师喜欢,才能更加持久。但是,就现状来看,没有达到目的。

刚来的第一年,每周一堂公开课,学科老师参加。一开始,大家准备得很认真,听课的也认真,一学期结束,大家的积极性就没有了,安排讲课犯难,谁都要找个理由推脱。教研员也难当,提出不干了。好吧,改进!接着变,每周二上午第二节全校语文老师没课,周三上午第二节数学老师没课,安排听公开课。开始效果也不错,老师没有因调不开课的理由,到得很整齐。但一学期过后,问题又来了,只要没有领导听课,东来一个西来一个,或听到中途就走人,或者听了之后走人,不参加评课活动。记得有一次,我中途才去,发现没几个人,于是点了名。这终究不是办法,效果越来越差,一切都是应付了事。

好吧，继续改进！2014年上半年，我到北京玉泉小学学习了一周，他们的教研活动很实在，那就学他们吧。经过深入思考，9月出台了《通江三小常规教研活动实施办法》，减少活动次数，每学期每个年级的学科组开展两次活动，一次是同课递进，一次是同课异构。每次活动持续一周，只在年级组内开展，其他时间老师教研活动自由安排。给每个老师发了一份文件，召开专题会议进行学习，并安排相关工作。这个方案基本做到了有计划，有执行办法，有检查方案，责任落实，明确了什么时候什么地点什么人要做什么事，怎么做事。这样的安排够科学、实效了吧，老师的负担也轻了，应该喜欢了？结果还是很不理想，主要表现在：老师准备的课没有质量，一些老师借各种理由不上课，还有些年级造假资料迎接检查。是不是这样开展活动，老师的负担还是重了？于是，本学期再改进，只开展同课递进，下学期开展同课异构。据了解，效果仍然不理想。

什么原因呢？一是我校教师平均年龄偏大，大部分老师教研倦怠，不思进取；二是没有经济上的刺激作用，没有奖，也没有惩；三是学校领导不作为，该听的课不去听，不深入指导；四是学科教研员的影响力、号召力、组织能力不够，学校给予的责、权、利不到位。这几点中，管理的问题是根本，没有一个实干的、有思想的、有创新精神的班子，是不能带好一个充满活力的教师队伍的。如何带领和管理好班子队伍呢？我感到分身乏术，不能让责、权、利有机统一起来。这也许就是公办学校现阶段在机制上的问题吧！

附：《通江三小常规教研活动实施办法》

为了深入抓好有效教研，努力打造以"真实、自信、自主"为核心的课堂。做到研训一体化，本学期我校以年级学科组为实施单位，开展"同课异构"和"同课递进"活动。

一、活动目的

开展"同课异构、同课递进"两种形式的教研活动，是为了更加突出和完善老师个人的教育风格和特色，更加深入地贯彻学校成功教育的基本思想，不断丰富和完善我校"自主课堂"的理念。

二、教研活动模式及实施流程

（一）"同课异构"教研活动

同课异构就是同级部、同学科组内老师根据自己的理解和教学特色，对同一教学内容各自进行备课，并在相对集中的时间内让教师依次上课，最后集中一起研究每堂课的特点、特色和改进意见。同课异构的教研方式能展示教师对教材不同的分析理解、不同的策略选择、不同的资源选用，呈现课堂教学的多样化，有效解决教师教学中的实际问题，彰显特色，相互学习，取长补短，共同提高。

具体有以下几个实施流程：

1. 确定主题

以级部教研组为研究单位，以两个月为一个活动周期。一学期有两个周期，确定其中一个周期为同课异构活动。由教研组长牵头，组内老师共同协商，学期初制订教研计划，提前一周再次确定课题内容（一般情况下不做调整）。

2. 个性备课

备自己：知识储备、仪态、精神状态、语言艺术等。

备教学内容：细细研读课标，充分了解教材，仔细琢磨单元目标，广泛浏览相关课外读物，做到胸中有"标"，目中有"本"，心中有"底"。在此基础上再多元解读文本，灵活选择教法学法，充分发挥自己的聪明才智，设计属于自己的课。

备学生：充分了解学情，做到因材施教。

3. 依次展示

备课完成后，组内各位老师依次进行教学尝试。每位教师对新课标精神的理解既有和谐的共振，又有自己独特的想法，每个人能力有大小，见解有高低，通过"同课异构"的模式，能够产生"雪可借梅三分白，梅也增雪一段香"的效果。

4. 反思提升

依次展示完成后，集中研讨，分析几堂课中哪些环节适合学生特点，适应学生需求；哪些设计对于解决教学重点、突破难点有益；哪些训练能起到多维效果。在听取了大家的建议之后，执教教师反思自己的教学过程，记录自己教学过程中成功的片段，分析不足，并结合教师们的评课建议寻求更好的改进措施。

5. 资源入库

教研组开展研讨，总结出最佳教学方案，将导学案完善，然后将其收纳于学校教学平台，以便全体教师日后借鉴。活动结束后，执行组长将全部资料收集整理后上报学科教研员，再由学科教研员将资料报教科室。

（二）"同课递进"教研活动

同课递进就是充分发挥同级部的同学科组内老师的集体智慧，根据我校的教育思想和课堂理念，选择一个教学内容，共同设计教和学的方案；根据教学方案由第一位老师进行教学尝试，课后随即一起讨论修正意见；接着上课的老师在前一位的基础上改进教学，最后形成一个成功的教学案例。同课递进的教研方式能发挥集体的优势，让个体在集体中实现快速成长，共同提高。

1. 确定主题

级部教研组确定另一个周期开展同课递进活动。由教研组长牵头，组内老师共同协商，学期初制订教研计划，提前一周再次确定课题内容（一般情况下不做调整）。

2. 集体备课

确定主题后，第一上课人应提前钻研教材，关注教学目标的准确定位，关注教学结构的优化组合，充分挖掘教学资源，引领深入解读，写好主备稿，精心设计教学预案。接着，组内老师集体研讨。集体讨论时，先由第一备课人围绕主备稿说课，其他教师人人发言，集思广益，优化备课方案，教研组长做好详细记录。备课地点在各年级组办公室。

3. 递进式教学尝试与研讨

第一备课人进行教学尝试后，大家及时开展探讨，发现问题，商讨改进办法；然后由第二位老师根据改进意见，完善导学案，再进行教学尝试，再讨论，再改进；接着由第三人进行教学尝试；以此类推，直至组内所有老师完成教学尝试为止。在不断深入地体验和感悟、反复地推敲和揣摩、循环往复的行动跟进中，一个成功导学案形成了。

4. 资源入库

完善导学案，收纳于学校教学平台，以便资源共享。活动结束后，执行组长将全部资料收集整理后上报学科教研员，再由学科教研员将资料报教科室。

三、教研活动时间安排

1. 各年级活动时间

语文　二年级：第4、12周；三年级：第6、13周；四年级：第7、14周；五年级：第8、15周；六年级：第9、16周；一年级：第10、18周。

数学　三年级：第4、12周；四年级：第6、13周；五年级：第7、14周；六年级：第8、15周；一年级：第9、16周；二年级：第10、18周。

上述为本学期安排的时间，以后学期以学期初的教学安排为准。

其他学科暂以研讨课的形式开展，每位老师每期必须上一堂公开课，以学科组为单位安排。

2. 活动期限

同课异构活动各级部老师需在两天内完成；同课递进活动各级部一周内必须完成。

四、组织保障及人员职责

（一）领导机构

由周涛校长任组长，王永军副校长任副组长，教科室刘琼香任主任，学科教研员为成员。主要负责教研活动的领导、指导、日常管理等工作，制定活动的实施办法，分析并解决实施中的问题，资料的收集、整理、归档。

（二）督查机构

由联系级部的分管副校级干部任各级部活动开展的督查组长，各级部主任为成员。负责对本级部教研活动的督促、检查、指导和考核考勤工作。

（三）实施组织

各级部的同一学科教师为一个教研单位，设执行组长一名，轮流担任。负责本级部的本学科教研活动的安排、协调、实施，负责活动前后的资料收集、整理、上报。

2014年9月15日

2015年5月20日　星期三　　　　　　　　　天气：晴

坚持就是特色

前些天，教科室主任整理学校市级课题阶段成果资料时，颇有感触地说，她现在回过头去看过去写的教育随笔，好有意义，写得真好，希望我们学校把"规定"找回来。

2011年，我带着自己的教育理想来到"三小"，按照理想的状态开始了新的工作。记得上任伊始，首抓的工作就是教师队伍建设。在教师专业成长方面定了新规：每位教师每天都要写教育随笔，并上传到自己的教育博客上，每月检查。做出这样的决定是因为我在永安工作时，带领老师写反思，一批老师很快成长起来了。规定一出，全校一片反对的声音。理由很多，集中表现为两点：一是"我从来就不喜欢写作"；二是天天写，太理想化了，做不到。我不是一个强硬的人，既然大家都反对，就改吧，但写是一定的。征求大家的意见，最后决定每个人都要建自己的教育博客，教育博客要链接到学校网站上，每周上传一篇教育随笔到自己的教育博客上。就这样，"三小"的老师都在网上有了自己的空间，安了一个思想交流的家。我几乎每天都要到老师的博客中逛逛，留言鼓励大家。其实老师们就是"怕"字在作怪，他们真的写得很好。一个学期过去了，出现了新情况，他们待到月末检查时，才突击完成，显然写是为了应付检查；接下来，就是不写，在网上找几段文字，组合一下，就算完成任务；再到后来，渐渐地有人开始偷懒了，每周一篇也完不成了。"行为难以自觉"，怎么办呢？于是决定，任务不减，凡是认真完成，没有抄袭的，每月给100元奖励，每篇25元，完成多少给多少。从每个月的奖金发放情况来看，绝大部分老师是认真的，在这个过程中肯定会有一部分人脱颖而出，一部分人坚持不了。我把自己的理想化的想法进行调整，实在赶不上去的，就放下吧。

十八大以后，中央出台了一系列的严禁发放奖金及津补贴的规定。每月的教育随笔奖励也随之取消，尽管我们也在要求老师自觉地写，但是没有一个人坚持下来，包括我自己。

前几天，和一位老师谈到这个话题。她说，虽然老师们平时都不想多做事，有些工作布置了也不去认真做，但对我的思想和做法还是认可的。

记得有位老师说过："办特色学校其实很简单，就是把一件事长期坚持做下去，久了就是特色。"海尔总裁张瑞敏也说过："把简单的事情坚持做好就是不简单，把平凡的事情坚持做好就是不平凡。"这些道理可能人人都懂，都知道坚守的品质对做人、做事的重要意义，但是能把同一件事长期坚持做下去，真的很难。要让成长成为每位老师的自觉需要，这是不是一件理想的事情？是不是老师只有在被"逼"的状态下才能成长？过去在永安工作时为什么有那么多坚守者？可能主要原因是我"逼"得不够，还是软了点吧！也可能是我也变懒了，示范作用不够吧！当然，现行的学校管理体制也许是更重要的原因。

总之，必须认定：成绩在坚持中提升，成功在坚持中实现。

2015年7月29日　星期三　　　　　　　　天气：晴

让梦想伴我们远航
——在海外学子支教活动汇报演出活动上的讲话

亲爱的同学们、志愿者朋友们：

时间过得真快，第六届海外学子支教项目——2015四川通江三小"七彩英语周"到今天就要落下帷幕了。十天前，在满怀期待中，十位海外学子不远万里，漂洋过海，来到美丽的大巴山，来到革命老区，来到年轻的通江三小；明天，你们将踏上归途，去迎接下一次志愿活动。感谢你们为孩子带来的精彩十天，让我们把最热烈的掌声献给我们最亲、最爱的人！

这十天里，每当我走到孩子们中间，看到大家灿烂的笑容、专注的神态、漂亮的作品，我就知道，娃娃们学得很开心，很快乐，很享受。我由衷地为同学们高兴，并希望你们把这种感觉延续到以后的学习、生活中去。

志愿者老师们来到我们学校，传播英语知识，分享学习经历，为大家学习英

语打开了兴趣的窗口。通过这个窗口，大家克服了学习英语的畏难情绪。同时，通过志愿者海外经历这个窗口，孩子们也感受到了异国风情与文化，知道了外面的世界很精彩，外面的世界不能没有我！更可贵的是，你们的志愿者行动，让孩子们打开了人性善良的窗口，希望孩子们把爱扎根在心中，并在今后的人生道路上不断传递！

非常感谢项目组把这届活动落地到我们学校，感谢为这届活动顺利、圆满结束付出努力的台前幕后的所有志愿者们！让我们一起携手，为了山里孩子的希望与梦想，为了中国教育梦想做出应有的贡献！

2015年7月30日 星期四   天气：晴

告别了，"三小"！

经过周密的准备、认真的组织，海外学子支教项目圆满完成了任务。这项活动我也全程参与了。此事是我经过努力争取来的，是我在即将告别"三小"之际所做的大事之一。能为"三小"多做一些事，是我的责任所在，也是感情所在。

原计划在离开"三小"前，不再动自己的办公室，让新校长上任后，入驻新的办公室，开始"三小"的新工作，但由于学校教育装备统计工作的需要，给音乐组让保管室，不得不搬出去。上午，我来到学校，坐在新的校长办公室，打开电脑，做出自己的重大决策——写辞去"三小"校长职务的申请书。这个时候才发现，真要离开"三小"了，心里却有万般不舍，很难受。对"三小"，我还有很多的想法没实现，还有很多重要的事没做完，还有做出的承诺没兑现，更有四年来建立起来的感情难以割舍。

关于四年来为"三小"做出的努力，在辞职申请中我是这样评价自己的：

一是完成了学校的危房改造任务，拆除危房3 000余平方米，新建校舍8 000余平方米，现在学校有幼儿班教室9个，小学班教室36个，各类功能教室14间，基本能满足现有学生的教学需要；二是初步建立了学校的教育思想体系，基本确立了学校文化建设的核心思想，并在实践中验证、充实和完善；三是立足学校实际建设了学校的课程框架，通过一年的实践，架构渐趋完善；四是着力改善了教职工的工作环境和办公条件，结束了几个人挤一张办公桌的历史。这四年，尽管工作中出现了很多波折，但我对自己的工作是满意的，自认为承担起了校长应当履行的责任。可能在"三小"的发展历史上，不会留下多少痕迹，但我认为"三小"这一届校长时光没有虚度，没有让"三小"在前进的道路上减速。也不得不承认，"三小"发展还能更好更快，我的工作还能做得更好，那是因为自己的能力有限，不是自己的主观态度不好。

关于为什么要提出辞去"三小"校长职务，在申请书中我阐述了以下几个原因：

一是四年来自己虽一直认认真真工作，却发现已力不从心，觉得很累，处于身心疲劳期，自己对"三小"的发展难有更大的提升贡献，需要新的力量来推动学校更好更快地发展；二是需要更多元的思想来充实和引领"三小"，让学校发展更加有内涵、有特色；三是自己深知在管理上的缺陷，作为一把手不很合适，"不适合当一把手"也是自己对自己的定位；四是巴中棠湖外语实验学校邀请我加入，我也想在新环境中挑战自己，让我的教育经历更丰富，教育思想更加充实，努力实现自己的教育追求。

即使不再担任"三小"的校长，但我会一直关注"三小"的发展。为"美好三小"付出自己最大的努力，仍然是我的责任所在、感情所在。真诚希望全体"三小人"理解我的离别！原谅我没有兑现承诺！感谢四年来我们"三小人"一起随行相伴！

坚信"三小"的明天更美好！

做最好的自己
走过通江三小的那段时光

做最好的自己
走过通江三小的那段时光

做最好的自己
走过通江三小的那段时光

后 记

　　审视自己,我不是一个很好的校长,只是一个对教育有想法、有追求、有责任的老师。

　　当一名学生能记住的老师,就是老师最大的快乐与幸福。

　　初来"三小"时,我计划在校长岗位上干六年,完成"三小"的硬件建设规划,形成"三小"自己的教育思想和校园文化,构建好有特色的课程体系。

　　但是,四年后决定离开,风雨操场、校门和天桥工程前期工作刚刚完成,校园文化还未完全定型,课程体系还不成熟,没有实现自己的初衷,没有兑现对朋友的承诺,我心里一直不安。还能为"三小"做些什么呢?把这四年的工作向组织、向学校、向在校老师们作一个交代,把做了什么,做好了什么,没做好的是什么,择其重点进行记录与整理,算是为"三小"做的一点贡献吧!

　　离开"三小"一年了,利用暑假这个机会,我才静下心来把这些文字整理成书稿,这多少可以慰藉一下我这颗不安的心。

周　涛

2016年8月5日